Flávio Denis Dias Veloso

inter
saberes

IMPROVISAÇÃO E O ENSINO DE MÚSICA

aportes à prática docente

intersaberes

Rua Clara Vendramin, 58 . Mossunguê
CEP 81200-170 . Curitiba . PR . Brasil
Fone: (41) 2106-4170
www.intersaberes.com
editora@intersaberes.com

Conselho editorial
Dr. Alexandre Coutinho Pagliarini
Dr.ª Elena Godoy
Dr. Neri dos Santos
Dr. Ulf Gregor Baranow

Editora-chefe
Lindsay Azambuja

Gerente editorial
Ariadne Nunes Wenger

Assistente editorial
Daniela Viroli Pereira Pinto

Preparação de originais
Gilberto Girardello Filho

Edição de texto
Guilherme Conde Moura Pereira
Osny Tavares
Palavra do Editor
Tiago Krelling Marinaska

Capa e projeto gráfico
Charles L. da Silva
tanya_wild/Shutterstock (imagem)

Diagramação
Estúdio Nótua

Designer responsável
Charles L. da Silva

Iconografia
Sandra Lopis da Silveira
Regina Claudia Cruz Prestes

Dados Internacionais de Catalogação na Publicação (CIP)
(Câmara Brasileira do Livro, SP, Brasil)

Veloso, Flávio Denis Dias
  Improvisação e o ensino de música : aportes à prática docente/ Flávio Denis Dias Veloso. Curitiba: InterSaberes, 2020. (Série Alma da Música)

  Bibliografia.
  ISBN 978-65-5517-727-5

  1. Música - Estudo e ensino 2. Música - Instrução e estudo I. Título. II. Série.

20-39652   CDD-780.7

Índices para catálogo sistemático:
1. Música: Estudo e ensino   780.7

Cibele Maria Dias - Bibliotecária-CRB-8/9427

1ª edição, 2020.

Foi feito o depósito legal.

Informamos que é de inteira responsabilidade do autor a emissão de conceitos.

Nenhuma parte desta publicação poderá ser reproduzida por qualquer meio ou forma sem a prévia autorização da Editora InterSaberes.

A violação dos direitos autorais é crime estabelecido na Lei n. 9.610/1998 e punido pelo art. 184 do Código Penal.

SUMÁRIO

6 Apresentação
10 Como aproveitar ao máximo este livro

Capítulo 1
15 A improvisação na educação musical: uma visão geral

17 1.1 Improvisação em música: aspectos teórico-conceituais
21 1.2 Um pouco de história: as origens da improvisação musical
36 1.3 Improvisar é explorar, tocar, cantar e criar
42 1.4 Improvisação e aprendizagem musical
49 1.5 A improvisação musical como ferramenta pedagógica

Capítulo 2
66 A improvisação e o desenvolvimento musical

68 2.1 A natureza musical das crianças: um olhar para a educação infantil
82 2.2 Cantar e improvisar: do canto espontâneo à aquisição da canção
90 2.3 Explorar o mundo sonoro é improvisar

99 2.4 Apreciação musical e improvisação
112 2.5 O corpo na improvisação musical

Capítulo 3
135 Improvisação e aprendizagem musical: aspectos psicológicos, sociais e educacionais

137 3.1 As bases sociais e psicológicas da aprendizagem musical
147 3.2 O pensamento lógico e intuitivo na improvisação musical
153 3.3 As práticas musicais formais e informais
163 3.4 A aprendizagem musical na infância: música, jogo e desenvolvimento
173 3.5 A dimensão social da aprendizagem musical de adolescentes e jovens

Capítulo 4
193 Criatividade e improvisação: propostas para as ações docentes

194 4.1 Criatividade no ensino e aprendizagem musical
200 4.2 Ensinar música de maneira criativa
205 4.3 Ensinar para a criatividade
209 4.4 Ensinar encorajando o pensamento criativo: a aprendizagem criativa em foco
212 4.5 Estudos sobre improvisação musical e criatividade

Capítulo 5
226 As pedagogias musicais ativas: contribuições às práticas de improvisação no ensino de música

228   5.1 Os paradigmas tradicionais do ensino de música
239   5.2 As pedagogias ativas e os novos paradigmas em educação musical
246   5.3 A educação musical no século XX: primeira geração de metodologias ativas
266   5.4 A segunda geração da educação musical moderna
277   5.5 Improvisação musical e as abordagens integradoras no ensino de música: proposições de Keith Swanwick

299   Considerações finais
302   Referências
324   Bibliografia comentada
328   Respostas
331   Sobre o autor

APRESENTAÇÃO

Planejar e desenvolver um livro consiste em um complexo processo de tomada de decisão. Por essa razão, representa um posicionamento ideológico e filosófico diante dos temas abordados. A escolha de incluir determinada perspectiva implica a exclusão de outros assuntos igualmente importantes, em decorrência da impossibilidade de dar conta de todas as ramificações que um tópico pode apresentar. Nessa direção, a difícil tarefa de organizar um conjunto de conhecimentos sobre determinado objeto de estudo - neste caso, a improvisação no âmbito do ensino de música - requer a construção de relações entre conceitos, constructos e práxis, articulando-se saberes de base teórica e empírica. Em outros termos, trata-se de estabelecer uma rede de significados entre saberes, experiências e práticas, assumindo-se que tais conhecimentos encontram-se em constante processo de transformação. Assim, a partir de cada novo olhar, novas associações e novas interações acontecem, diferentes interpretações se descortinam e outras ramificações intra e interdisciplinares se estabelecem. Embora desafiadora, a natureza dialética da construção do conhecimento é o que sustenta o dinamismo do aprender, movendo-nos em direção à ampliação e revisão dos saberes.

Ao organizarmos este material, vimo-nos diante de uma infinidade de informações que gostaríamos de apresentar aos interessados nesta obra. Fizemos escolhas assumindo o compromisso de auxiliar o leitor na expansão dos conhecimentos sobre o ensino de música e a improvisação musical como estratégia didático-pedagógica. Assim, a primeira decisão foi abordar a improvisação sob a perspectiva da educação musical e à luz da interdisciplinaridade. A estratégia nos pareceu pertinente, haja vista que o domínio da educação musical nasceu da aproximação entre as duas áreas: música e educação. Além disso, a linha discursiva adotada neste livro está fortemente apoiada em evidências científicas, sendo referenciadas pesquisas teóricas e empíricas. Concebendo o fazer ciência como um exercício essencialmente interdisciplinar, buscamos sustentação no diálogo em diferentes áreas do saber que oferecem contribuições ao ensino e à aprendizagem musical. Portanto, os cinco capítulos que integram este livro reúnem contribuições da educação musical, da cognição musical, da psicologia da música, da *performance* musical, da musicologia, da psicologia social e do desenvolvimento, da sociologia, da antropologia e da filosofia educacional, entre outros campos do conhecimento.

Tendo elucidado alguns aspectos do ponto de vista epistemológico, é necessário esclarecer que o estilo de escrita adotado é influenciado pelas diretrizes da redação acadêmica. Todavia, procuramos alternar momentos de maior ou menor rigor no tratamento e na exposição das informações. Incluímos seções e trechos dialógicos, nos quais almejamos nos aproximar dos leitores como em uma aula expositiva dialogada, simulando reações, dúvidas e inquietações de um contexto real de sala de aula.

A respeito da estrutura da obra, importa frisar que os cinco capítulos têm autonomia, uma vez que cada um contempla um subtema específico. Contudo, as grandes seções do texto estão relacionadas entre si. A propósito, menções a passagens anteriores e posteriores são recorrentes. Buscamos estabelecer vínculos entre as partes do livro, de forma a facilitar a compreensão. Essa função é reforçada por recursos didático-pedagógicos, apresentados na seção "Como aproveitar ao máximo este livro". Distribuídos ao longo do texto, esses elementos possibilitam retornos para a revisão de conceitos e/ou saltos para a abordagem de temas de interesse específico. Em resumo, a leitura sequencial e linear da obra na íntegra, embora possível, não é obrigatória para um melhor aproveitamento e compreensão das informações aqui dispostas.

A respeito da estrutura dos capítulos, você observará um parágrafo introdutório, seguido de cinco seções, algumas com subdivisões. Cada capítulo é encerrado por um parágrafo ou figura que busca sintetizar os principais assuntos abordados, seguido de uma seção de atividades com cinco questões de múltipla escolha, uma atividade reflexiva e uma atividade prática. Use essas seções de atividades como uma oportunidade para organizar os conhecimentos em construção, revisar e aprofundar os tópicos mais importantes. O pensamento divergente e convergente exigido para a realização de tais tarefas – bem como as associações necessárias e a resolução de problemas – certamente tornará sua aprendizagem mais significativa.

Por fim, é preciso salientar que esta obra não é um método de educação musical, tampouco um inventário de atividades ou um compêndio de práticas pedagógicas. Trata-se, por outro lado, da organização, com finalidades didáticas, de parte dos saberes concernentes à improvisação inserida no âmbito da educação musical, especialmente nas práticas de musicalização. Diversos paradigmas teóricos foram contemplados, de modo a oferecer uma compreensão ampla a respeito da improvisação no ensino de música. Estamos alinhados às perspectivas da educação musical abrangente, integrando as diferentes modalidades da experiência musical: criação (improvisação e composição), audição (especialmente de maneira ativa) e execução (para além dos parâmetros da *performance* em nível de *expertise*). Dessa maneira, buscamos valorizar a exploração dos sons e do corpo em sua integralidade.

Esperamos que este material contribua para a formação de educadores musicais dispostos a atuar de maneira criativa e consciente nos mais diferentes contextos. A vocês, estudantes, pesquisadores, professores de música e demais interessados no ensino de música, desejamos excelentes reflexões.

COMO APROVEITAR AO MÁXIMO ESTE LIVRO

Empregamos nesta obra recursos que visam enriquecer seu aprendizado, facilitar a compreensão dos conteúdos e tornar a leitura mais dinâmica. Conheça a seguir cada uma dessas ferramentas e saiba como estão distribuídas no decorrer deste livro para bem aproveitá-las.

Primeiras notas

Logo na abertura do capítulo, informamos os temas de estudo e os objetivos de aprendizagem que serão nele abrangidos, fazendo considerações preliminares sobre as temáticas em foco.

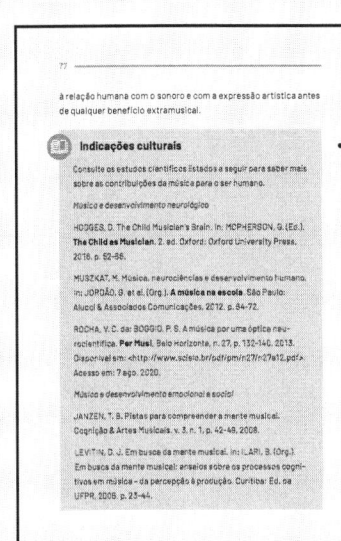

Indicações culturais

Para ampliar seu repertório, indicamos conteúdos de diferentes naturezas que ensejam a reflexão sobre os assuntos estudados e contribuem para seu processo de aprendizagem.

Em alto e bom som

Algumas das informações centrais para a compreensão da obra aparecem nesta seção. Aproveite para refletir sobre os conteúdos apresentados.

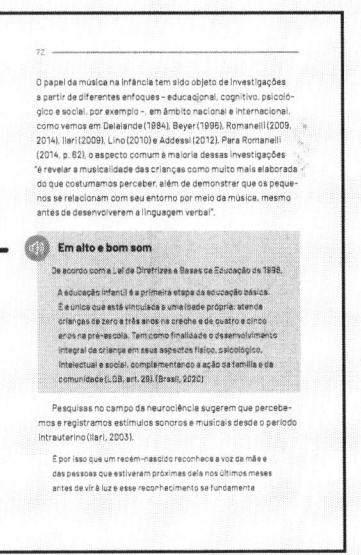

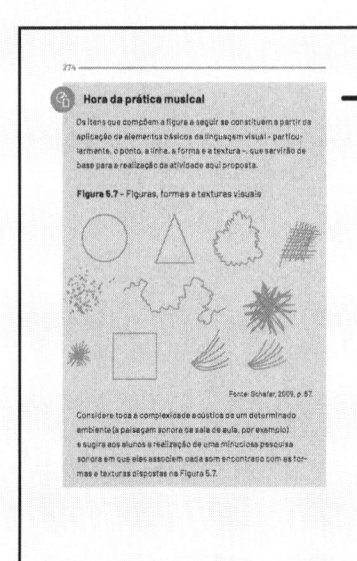

Hora da prática musical

Nesta seção, propomos atividades práticas com o propósito de estender os conhecimentos assimilados no estudo do capítulo, transpondo os limites da teoria.

Resumo da Ópera

Ao final de cada capítulo, relacionamos as principais informações nele abordadas a fim de que você avalie as conclusões a que chegou, confirmando-as ou redefinindo-as.

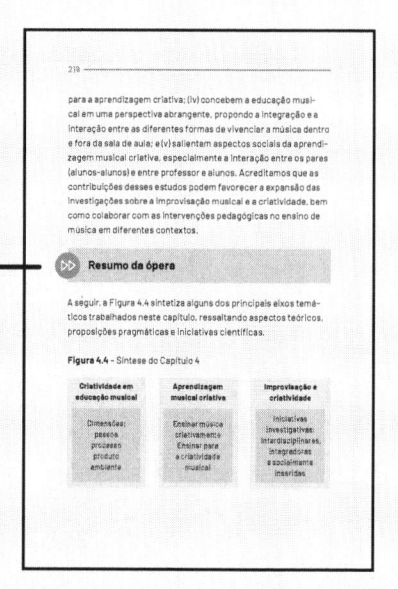

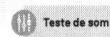

Teste de som

Apresentamos estas questões objetivas para que você verifique o grau de assimilação dos conceitos examinados, motivando-se a progredir em seus estudos.

Treinando o repertório

Aqui apresentamos questões que aproximam conhecimentos teóricos e práticos a fim de que você analise criticamente determinado assunto.

Bibliografia comentada

Nesta seção, comentamos algumas obras de referência para o estudo dos temas examinados ao longo do livro.

Capítulo 1
A IMPROVISAÇÃO NA EDUCAÇÃO MUSICAL: UMA VISÃO GERAL

A improvisação musical é um tema amplo e complexo. Por essa razão, faz-se necessário delimitarmos alguns aspectos teórico-conceituais subjacentes à improvisação, para promovermos a aproximação entre essa temática e o campo da educação musical. Entre as questões que nortearam a elaboração deste primeiro capítulo, destacam-se: O que é improvisação musical? Quais são os fatores históricos inerentes às práticas improvisatórias em música? Como esse fenômeno se insere nas diferentes modalidades do fazer musical? Quais são as relações entre a improvisação e os processos de aprendizagem em música? É possível compreender a improvisação como ferramenta pedagógica para o ensino de música? Essas e outras perguntas orientarão nossas reflexões introdutórias.

Como propõe o título deste primeiro capítulo, nossa intenção é construir um panorama teórico a respeito do tema, tendo como objetivo central elucidar as relações existentes entre a improvisação e as dimensões do fazer musical (criação, apreciação e execução musical). Alguns objetivos específicos nortearão nossos estudos, a saber: (i) estabelecer os marcos teórico-conceituais e históricos relativos à improvisação; (ii) explicitar a natureza composicional, performática e pedagógica da improvisação musical; (iii) aproximar, por um viés teórico e empírico, a prática improvisatória dos processos de ensino, tomando-a como uma variável interveniente à aprendizagem musical.

1.1 Improvisação em música: aspectos teórico-conceituais

Iniciemos nossa análise assumindo a tarefa de definir a improvisação musical. Uma consulta a dicionários musicais nos oferece algumas considerações preliminares a respeito da pergunta "O que é improvisação em música?". De acordo com o *Dicionário Grove de música* (1994, p. 450), trata-se da "criação de uma obra musical, ou de sua forma final, à medida que está sendo executada. Pode significar a composição imediata da obra pelos executantes, a elaboração ou ajuste de detalhes numa obra já existente, ou qualquer coisa dentro desses limites". Já no *Dicionário de la música Labor* (1954, p. 1266, tradução nossa), o verbete *improvisação* apresenta a seguinte definição: "execução musical repentina não preparada nem notada previamente", caracterizada por distintos níveis de liberdade no processo de criação. Na mesma fonte, podemos encontrar o termo *improvisar*, conceituado como a "execução de uma peça musical ao mesmo tempo que é criada" (Dicionário..., 1954, p. 1266).

Observe que essas definições conservam dois elementos em comum: (i) a dimensão composicional, visto que improvisar implica a criação musical (em diferentes níveis de complexidade, sistematização e refinamento), e (ii) a dimensão performática, considerando-se que a improvisação demanda experiências diretas de manipulação das fontes sonoras (instrumentos musicais ou voz). Nachmanovitch (1993) chama a atenção para os aspectos temporais, criacionais e cognitivos desse fenômeno, tendo em vista a fusão entre o pensamento lógico e o intuitivo. O autor esclarece que "na improvisação [...] a inspiração, a estruturação e a criação da música, a execução e a exibição perante uma plateia ocorrem simultaneamente num único momento em que se fundem memória e intenção (que significam passado e futuro) e intuição" (Nachmanovitch, 1993, p. 28).

Como veremos ao longo deste livro, em uma perspectiva mais abrangente, a improvisação musical compreende criar, adaptar ou arranjar, no sentido de elaborar um arranjo musical. O conceito é válido tanto para uma composição instantânea, de um fragmento ou obra musical, quanto para a alteração de peças já existentes, como no caso de uso de ornamentos melódicos, variações rítmicas, substituições harmônicas, reorganização estrutural das partes que integram uma música e até mesmo pequenas inflexões de natureza interpretativa, como mudanças na dinâmica, na articulação ou na agógica.

Ao improvisar, o sujeito é convidado a se engajar em um intenso processo de tomada de decisões e de resolução de problemas. Esse processo, segundo Gainza (1983), é marcado por dois momentos distintos:

1. **Expressivo** – manifesta-se quando o músico (profissional ou em formação), menos preocupado com os resultados do ponto de vista estético, empenha-se em exteriorizar aspectos internos, revelando uma dimensão expressiva (comunicativa e emocional) das realizações musicais.
2. **Introspectivo** – demanda exploração, pesquisa e manipulação das fontes sonoras, sendo orientado por objetivos e oportunizado por meio de ações estratégias.

Observe que a intuição (associada à expressão) e a lógica (relativa à introspecção) são os elementos psicológicos que distinguem esses dois momentos que, de acordo com Gainza, compõem o ato de improvisar. No Capítulo 3, especialmente, retornaremos a esses temas ao tratar do viés educacional e cognitivo da improvisação.

Até agora, podemos inferir que a atividade improvisatória pode partir de uma forma/estrutura musical e de elementos harmônicos, rítmicos e melódicos predefinidos (como as variações sobre um tema) ou ser livre, pautada na exploração sonora e orientada pelos impulsos criativos. Todavia, parece difícil desvencilharmos uma execução musical improvisada de traços estilísticos, referências idiomáticas ou influências intertextuais internas ou externas ao sujeito que improvisa. Comumente, comparamos *performances* (improvisadas ou não) a elementos característicos de determinados estilos musicais, fazendo referência à maneira muito particular com que determinado(s) compositor(es) elabora(m) suas obras ou às idiossincrasias de instrumentistas ou cantores de referência. Nesse sentido, parafraseando o químico francês Antoine Lavoisier, na música, como na natureza, nada se cria, nada se perde, tudo se transforma. Nessa visão, uma improvisação é uma transformação – uma reelaboração, uma releitura, uma nova forma de organizar um material sonoro com o qual já se teve contato – e uma síntese a partir da multiplicidade de experiências musicais vivenciadas pelo sujeito que improvisa.

Ainda sobre o conceito de improvisação musical, consideremos o que indica o *Atlas de música*, de Ulrich Michels (1985). Para esse autor, a compreensão do que é a improvisação não pode prescindir de um olhar histórico. Michels (1985) explica que o ato de improvisar foi um traço marcante para a chamada *música antiga*, que contempla desde as manifestações musicais da Idade Média até o ápice da produção musical barroca, estando associado às transmissões orais. Brito (2003, p. 151) enfatiza que "presente em todas as culturas musicais, a improvisação está intimamente ligada à tradição musical oral, que independe da notação e não tem como meta a perpetuação, mas sim a comunicação imediata". Essa tendência é umas das justificativas para a carência de fontes documentais sobre a produção musical na Idade Média e em boa parte do Renascimento. Tal cenário representa um desafio aos musicólogos e historiadores na descrição dos hábitos musicais desses períodos (Bailey, 1993). Por se tratar de períodos tão marcados pela improvisação, poucos registros notacionais chegaram a nós. Por essa razão, contentamo-nos com uma visão limitada dos aspectos interpretativos desses momentos históricos. Esse fato também está associado à precariedade dos sistemas de notação musical, especialmente nas fases que antecedem o período barroco, até meados do século XVI.

A respeito da improvisação na música antiga, Michels (1985) salienta os seguintes temas:

- **Expansão das texturas** – refere-se à sobreposição de camadas sonoras, envolvendo a gradativa ampliação do número de vozes nas obras vocais.
- **Realização do baixo-contínuo** – consiste no acompanhamento harmônico feito por instrumentos de teclado ou cordas, baseado em um sistema de cifragem.
- **Prática ornamental** – adição de notas ornamentais a uma melodia, com a finalidade de embelezar as notas reais. Assim como o baixo-contínuo, representa uma marca do período barroco.

- **Improviso nas cadências dos solistas** – considera a possibilidade da improvisação nas seções de solo instrumental, prática central para o desenvolvimento da forma "concerto solista" no classicismo.

A ênfase oferecida por Michels (1985) à práxis da música antiga para o entendimento da improvisação revela a importância de um olhar histórico para esse tema. Sob essa ótica, Ferand (1961, citado por Albino, 2009, p. 66) explica que não existe nenhum "campo na música que não tenha sido afetado pela improvisação, nem uma única técnica musical ou forma de composição que não tenha tido origem na prática improvisadora [...]. Toda a história do desenvolvimento da música é acompanhada por manifestações de impulsos para se improvisar".

1.2 Um pouco de história: as origens da improvisação musical

Realizaremos, a seguir, um breve recuo histórico orientado pelo panorama cronológico que destaca os seis períodos relativos à história da música ocidental. É importante destacar a relatividade das delimitações temporais dos períodos da histórica da música. Mudanças históricas são fenômenos demasiadamente complexos. É impossível, portanto, datar com precisão o início e o término desses eventos. Ofereceremos uma ênfase exclusiva às práticas de improvisação e seu desenvolvimento ao longo dos séculos.

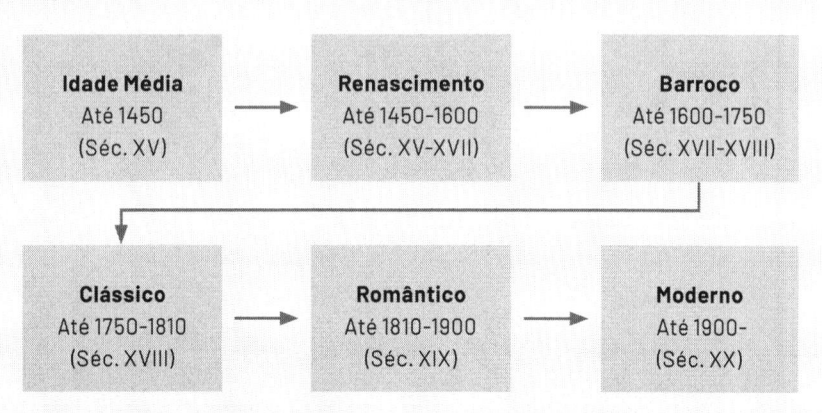

Figura 1.1 – Os seis períodos da história da música ocidental

Idade Média	Renascimento	Barroco
Até 1450	Até 1450-1600	Até 1600-1750
(Séc. XV)	(Séc. XV-XVII)	(Séc. XVII-XVIII)

Clássico	Romântico	Moderno
Até 1750-1810	Até 1810-1900	Até 1900-
(Séc. XVIII)	(Séc. XIX)	(Séc. XX)

Fonte: Elaborado com base em Grout; Palisca, 2007.

Durante a Idade Média, especialmente na música eclesiástica, os cantores comumente adicionavam novas linhas melódicas a um cântico litúrgico durante a execução, por meio do improviso. Esse procedimento representou uma das primeiras manifestações de improvisação sistemática na história da música e está diretamente associado à produção musical da chamada Escola de Notre-Dame (1160-1250), uma vertente composicional que teve como expoentes os músicos e poetas franceses Léonin (c. 1135-1201) e Pérotin (c. 1160-1236). Estes são os primeiros compositores ocidentais de que temos conhecimento.

É atribuída à Escola de Notre-Dame a forma de *organum*, que deu origem à música polifônica (denominado *organum de Notre-Dame*). Para compreendê-lo, é preciso ter em mente que a música medieval é, em geral, vocal e predominantemente monofônica (constituída de uma única linha melódica, como no caso do canto gregoriano). Porém, alguns compositores desse período, notadamente os membros da Escola de Notre-Dame, experimentaram adicionar uma ou mais linhas melódicas às construções monofônicas, dando origem ao estilo composicional denominado *organum* (Bennett, 1986).

> ### 🔊 Em alto e bom som
>
> ***Organum*** é o termo atribuído às primeiras músicas polifônicas (que datam de meados do séc. IX). Em termos procedimentais, consistiu no acréscimo de uma ou mais linhas melódicas a uma melodia do canto gregoriano. O *organum* assumiu as seguintes formas: paralelo, livre, melismático e de Notre-Dame.
>
> O termo **polifonia** descreve uma textura musical (isto é, a quantidade das camadas sonoras de uma música e a forma como se relacionam) na qual duas ou mais linhas melódicas independentes se entrelaçam, construindo uma complexa rede de sons. Também pode ser chamada de *textura contrapontística*. A escrita contrapontística (particularmente nas obras vocais) é uma importante característica do Renascimento (período posterior à Idade Média).

O *organum* de Notre-Dame alcançou um notável estágio de complexidade, sendo comumente executado em diversas regiões da Europa, especialmente em Paris, um dos grandes centros cosmopolitas desse período, "onde era, provavelmente, improvisado pelos cantores em ocasiões festivas" (Grout; Palisca, 2007, p. 105).

Mais tarde, nas primeiras fases do Renascimento (séculos XV e XVI), essas tendências resultaram na prática da improvisação sobre um *cantus firmus*, uma linha melódica construída em notas longas "que serve de base para a composição contrapontística"

(Koellreutter, 1996, p. 26). Ainda no Renascimento, essa perspectiva atingiu grande complexidade na forma do contraponto imitativo, a principal e mais rica expressão da polifonia vocal renascentista. Na passagem do Renascimento para o período barrroco, a improvisação como criação musical "não premeditada" e baseada nas experiências musicais em "tempo real" foi marcada pelo uso de procedimentos como a contração e a dilatação rítmica em melodias conhecidas, bem como pelo uso de padrões harmônicos como base para a elaboração melódica.

Embora no período barroco os elementos básicos da notação musical já estivessem consolidados, a prática da improvisação seguia em franco desenvolvimento. Para Albino (2009, p. 69), por volta do século XVII, consagrou-se uma tradição na qual "a improvisação com certeza fazia parte do cotidiano musical. J. S. Bach [principal compositor barroco] foi mais conhecido em sua época como exímio improvisador [na execução de instrumentos de teclado, como o cravo] do que como compositor". O amplo reconhecimento de sua produção composicional ocorreu apenas no século XIX, durante o romantismo, em um movimento de resgate da música antiga.

Ainda sobre o período barroco, no que concerne à improvisação, destacam-se os continuístas – instrumentistas responsáveis pela realização do baixo-contínuo no acompanhamento de cantores e instrumentistas solistas. Sua atuação esteve fortemente associada à improvisação musical. A função desses instrumentistas "era fornecer, geralmente num instrumento de teclado [como o cravo] ou dedilhado [instrumentos de corda, como o alaúde, a teorba e a viola da gamba], o fundo harmônico exigido" (Dicionário..., 1994, p. 450). Trata-se de uma espécie de condução harmônica a uma melodia cantada ou executada por um ou mais instrumentos. O registro notacional do baixo-contínuo limitava-se a cifras (indicações numéricas na parte inferior da linha do baixo) cuja resolução, isto é, a construção das unidades acórdicas, ficava a cargo do instrumentista acompanhador.

> O baixo figurado [baixo-contínuo] é um sistema de taquigrafia para notar certos elementos relativos à harmonia da música. Consiste de uma linha de baixo escrita de forma convencional a ser executada comumente pelo cravo e o violoncelo, embora pudesse ser executada também pelo órgão, a viola da gamba ou o fagote. O músico encarregado de executar o instrumento de teclado deveria tocar esse baixo com a mão esquerda e improvisar com a mão direita a harmonia indicada pelas figuras (números) sob a linha do baixo. Geralmente, esse executante era também o maestro do grupo e o compositor da música [...]. (Albino, 2009, p. 70)

Considerando o exposto, observe na Figura 1.2, a seguir, um trecho da canção *Amarilli* (1602), do compositor barroco Giulio Caccini (1551-1618). No pentagrama superior (clave de sol) constam a linha melódica e o texto a ser cantado. No pentagrama inferior (duplo – claves de fá e de sol) está a resolução do baixo-contínuo, com os acordes sugeridos pela cifragem numérica.

Figura 1.2 – Trecho da canção *Amarilli*

Fonte: Bennett, 1986, p. 36.

> **Indicação cultural**
>
> CACCINI: Amarilli mia bella. Disponível em: <https://www.youtube.com/watch?v=SUhDIrwuURE>. Acesso em: 7 ago. 2020.
>
> Acesse o *link* para ouvir a obra *Amarilli mia bella*, de Giulio Caccini.

Além das já mencionadas *performances* públicas improvisadas e do frequente uso do baixo-contínuo, uma outra característica do período barroco estava fortemente associada à improvisação: a ornamentação. Para Med (1996, p. 293), os ornamentos são "notas ou grupos de notas acrescentadas a uma melodia. Sua finalidade é adornar as notas reais [...], aquelas que fazem parte integrante da melodia". Do mesmo modo, Lacerda (1961, p. 111) apresenta a seguinte definição: "dá-se o nome de ornamento a uma ou mais notas acessórias, que se agregam a uma nota da melodia ou do acompanhamento".

Segundo o autor, o uso desse recurso se tornou mais recorrente durante os séculos XVII e XVIII e surgiu como uma solução às limitações do cravo, instrumento que não dispunha de recursos para prolongar o som ou para estabelecer nuances de dinâmica (contrastes entre diferentes volumes sonoros).

> **Em alto e bom som**
>
> O **cravo** é um instrumento de teclado característico do período barroco, no qual "o som é produzido por cordas pinçadas, diferente do clavicórdio e do piano, que têm as cordas batidas ou marteladas" (Bennett, 1989, p. 19).

Via de regra, os ornamentos se dividem em três categorias: (i) grafados detalhadamente na partitura; (ii) indicados com símbolos específicos; e (iii) inteiramente improvisados. Essa última modalidade representou o principal meio para a realização de improvisações melódicas nos âmbitos instrumental e vocal. Conforme Med (1996, p. 293), "até o início do século XVII os ornamentos não eram, em geral, grafados ou mesmo indicados na partitura", visto que os recursos notacionais eram significativamente limitados nesse período. Entre os ornamentos mais comuns, destacam-se: apogiatura, mordente, trinado, grupeto, glissando, portamento, floreio e arpejo. Para um aprofundamento a esse respeito, recomendamos a bibliografia pertinente à teoria elementar da música (Med, 1996; Lacerda, 1961; Priolli, 2006).

Em síntese, a improvisação por meio do uso das ornamentações no período barroco se consagrou à medida que instrumentistas e cantores foram progressivamente adornando as linhas melódicas com considerável liberdade. Essa tendência colaborou para uma ampliação da riqueza e variedade melódica, representando também um momento para os musicistas apresentarem suas habilidades técnicas e criativas em exposições solo.

Tendo isso em vista, observe a seguir, na Figura 1.3, a partitura do trecho inicial da obra *La galante*, para cravo, do compositor barroco François Couperin (1668-1733).

Figura 1.3 – Trecho inicial da obra *La galante* (para cravo)

Fonte: Bennett, 1990, p. 23.

Indicação cultural

SECOND livre de pièces de clavecin, Ordre 12: III La galante. Disponível em: <https://www.youtube.com/watch?v=bi7B-5N-JdqY>. Acesso em: 7 ago. 2020.

Acesse o *link* indicado para ouvir a obra *La galante*, de François Couperin.

Para encerrar as considerações sobre a improvisação no período barroco, é importante salientar uma limitação notacional característica do período: a ausência de sinais precisos de dinâmica, recurso que se consolidou apenas na fase tardia do classicismo, entre os séculos XVIII e XIX. Não obstante, a escassez de ferramentas notacionais não indica a inexistência de oscilações de dinâmica, visto que esse é um aspecto imprescindível à interpretação musical. No barroco, portanto, os musicistas realizavam intencionalmente nuances de volume – bem como de agógica e articulação, por exemplo –, em um processo consciente de tomada de decisão que revelava traços improvisatórios da prática musical desse período, os quais influenciaram as fases subsequentes da história da música.

Aproximando nossa revisão histórica do século XVIII, passaremos a tratar do classicismo. No que tange à improvisação, dois aspectos marcaram a transição do período barroco para o clássico. Em primeiro lugar, destaca-se a significativa ampliação dos grupos instrumentais, como as orquestras, que ganharam maior proporção e representatividade. Para Albino (2009, p. 72), essa é uma das razões pelas quais "a prática improvisatória passou a ter uma aplicabilidade bem mais restrita" (considerando-se os desafios da improvisação em grandes grupos musicais). Em segundo lugar, está o fato de que "no decorrer do século XVIII, [especialmente após o período barroco] menor ênfase foi dada às ornamentações, salvo exceções" (Michels, 1985, p. 83, tradução nossa). O uso de ornamentos passou a ser cada vez mais uma questão de gosto e de escola, ou seja, de vertentes estilísticas específicas.

No classicismo, observamos a representatividade da improvisação em uma das formas musicais que, embora tenha surgido no período antecedente, consolidou-se nesse momento histórico: o concerto solista. A essência da forma *concerto* reside no diálogo de um solista (frequentemente piano e violino, podendo ser destinado a qualquer outro instrumento) contra a massa sonora da orquestra. Nessa proposta, os compositores reservam aos solistas um momento de atuação exclusiva e improvisada, denominado **cadência**, "uma passagem virtuosística, baseada em temas já expressos, que exibe o brilhantismo de sua técnica" (Bennett, 1986, p. 52).

> A chegada do solista virtuoso ampliou o papel da improvisação. Na ópera, o cantor sempre tivera liberdade para embelezar uma ária ou conjunto, mas essa liberdade chegou mais tarde para os instrumentistas. Mozart é um dos primeiros verdadeiros mestres do momento que, em um concerto, é chamado de *cadenza*, chegando antes do final *tutti* – que em italiano quer dizer "todos" –, quando a orquestra para, cabendo ao solista improvisar sobre temas e figurações do movimento precedente. [...] Usualmente a *cadenza* era inserida no primeiro e último movimentos. (Menuhin; Davis, 1981, p. 164)

Em alto e bom som

Em termos gerais, a cadência situa-se próxima

do final do primeiro movimento de um concerto solista, ou perto do final de uma ária vocal, em que o compositor indica com um sinal de fermata que alguma coisa deve ser

> acrescentada – ou um simples floreio ou, a partir dos tempos de Mozart [classicismo], uma passagem mais trabalhada, que pode envolver a elaboração de temas já conhecidos (Dicionário..., 1994, p. 450)

Com o tempo, os solistas passaram a ter sua liberdade de improvisação cerceada no momento da cadência, uma vez que os compositores – insatisfeitos com as improvisações realizadas ou intencionando oferecer contribuições para o momento de exposição solo – começaram a compor as seções de cadência, delimitando o material musical com o qual os instrumentistas deveriam trabalhar. "Beethoven foi o primeiro a fazer isso para seu último concerto de piano [n. 5], o *Imperador*. Gradualmente, os compositores adotaram uma escrita musical extremamente precisa e completa, aboliram qualquer espaço para a improvisação" (Albino, 2009, p. 72-73), em um processo que perpassou e influenciou diretamente a produção musical do século XIX (período do romantismo musical).

Como mencionamos, a improvisação sempre esteve presente como um traço marcante na história da música ocidental. Nesse sentido, "Bach e Haendel foram famosos por suas fugas improvisadas" durante o período barroco, e "Mozart e Beethoven por suas variações improvisadas" (Dicionário..., 1994, p. 450), no auge do classicismo e na passagem para o romantismo. Um pouco mais tarde, "a tradição da improvisação ao órgão, habitualmente com caráter fugal, floresceu particularmente na escola francesa de órgão do final do século XIX e início do século XX" (Dicionário ..., 1994, p. 450).

A entrada no século passado, como aponta Griffiths (1998), foi marcada por várias tendências de reação ao estilo romântico do século XIX. Entre as marcas desse período, destaca-se a expansão dos timbres – com a criação de novas fontes sonoras e a utilização não convencional de instrumentos tradicionais – e da ampla valorização do ritmo nos processos composicionais – em contraste com o formalismo clássico e a ênfase melódico-harmônica característica do romantismo.

> **Indicação cultural**
>
> MOZART – Concerto no 23 in A major k 488 – Daniil Trifonov and the Israel Camerata Orchestra. Disponível em: <https://www.youtube.com/watch?v=-s68kHOnpiE>. Acesso em: 7 ago. 2020.
>
> Acesse o *link* para escutar o *Concerto solista para piano e orquestra n. 23*, de W. A. Mozart (1756-1791).

Nesse período, a improvisação musical, que estava perdendo representatividade desde o fim do período clássico, novamente ganhou notoriedade na emergência do "indeterminismo" e da exploração do "acaso" nos processos de criação musical. Essas propostas estabeleceram novos paradigmas na relação entre compositor e intérprete, conferindo maior liberdade criativa ao primeiro e mais autonomia interpretativa ao segundo. De certa forma, o intérprete ganhou o *status* de cocriador da obra executada. Kuehn (2012, p. 9) defende que "é no momento da sua reprodução que a composição passa por um processo de 'atualização', cujo alcance ultrapassa em muito a noção de interpretação", visto que cada nova *performance* representa uma recriação da obra, influenciada essencialmente pelos estados fisiológicos e emocionais do intérprete e pelas variáveis contextuais.

Sobre a improvisação na música do século XX, merece destaque também a chamada *música aleatória*, a qual confere liberdade e responsabilidade aos intérpretes na tomada de decisão a respeito dos ritmos, alturas e/ou ordem da disposição dos eventos musicais no momento da *performance*, por exemplo. Nesse contexto, cabe ao compositor oferecer materiais musicais com os quais os intérpretes possam trabalhar. Dado o caráter fortuito dessa proposta, cada nova execução torna-se única, sendo balizada pela subjetividade de quem a interpreta.

> A música aleatória [...] procura maior liberdade, jogando com certo grau de imprevisibilidade e de sorte, tanto no processo da composição, quanto durante a execução da obra, ou em ambos os momentos [...]. Ao executante se apresentam diversas alternativas, cabendo-lhe escolher que notas ou que parte da música irá tocar, e também em que ordem o fará. A altura das notas pode ser indicada, mas não sua duração, ou vice-versa. Também se pode pedir que ele [o *performer*] contribua com algumas notas de sua escolha, tocadas de improviso. Em algumas peças, nem mesmo as notas são fornecidas: apenas uma série de símbolos, um diagrama, um desenho, ou nada mais que uma ideia, tudo para ser livremente interpretado. (Bennett, 1986, p. 77)

Um exemplo é a obra *In C* (1964), do compositor estadunidense Terry Riley (1935-). Considerada semialeatória, ela também é caracterizada como minimalista, por fazer uso da repetição de pequenos fragmentos. A partitura contém 53 pequenas frases musicais. A quantidade de instrumentistas e os instrumentos a serem utilizados não estão especificados. O compositor oferece algumas instruções, como repetir indeterminadamente as pequenas frases musicais sequencialmente. É permitido pular frases, mas não retornar. A duração da obra varia de acordo com a quantidade de repetições que os instrumentistas realizam individualmente. Portanto, o número de repetições varia de músico para músico e de frase para frase.

    Embora o andamento seja orientado por um único instrumentista, que estabelece um pulso, conduzindo o grupo por meio da execução ininterrupta da nota dó, a manipulação dos demais elementos (como a dinâmica, a articulação e o fraseado) fica a cargo de cada musicista. Desse modo, ainda que as entradas sejam sucessivas e individuais, a conclusão da execução ocorre de maneira simultânea. O resultante sonoro é uma harmonia massiva, concêntrica, uma vez que há ênfase na tonalidade de dó maior (como o título sugere).

Indicação cultural

TERRY Riley: In C. Disponível em: <https://www.youtube.com/watch?time_continue=149&v=yNi0bukYRnA>. Acesso em: 7 ago. 2020.

Acesse o *link* para ouvir na íntegra a obra *In C*, de Terry Riley.

Brito (2003, p. 151) afirma que "a música classificada como erudita, produzida no mundo ocidental a partir do século XVII, passou a privilegiar a composição escrita, valorizando sobremaneira o compositor e o intérprete, deixando, assim, a improvisação para o domínio da música popular". Tomando o exposto por essa autora, podemos considerar que, para além da música de concerto (também denominada **música erudita** ou **música**

clássica, aquela apoiada nas tradições musicais europeias), a improvisação sempre ocupou lugar de destaque na música popular, principalmente no século XX, sobretudo em manifestações artístico-culturais como o *jazz*.

> ### Em alto e bom som
>
> Romanelli (2014, p. 65-66, grifo nosso) explica que "o termo *música clássica* é amplamente utilizado para se referir à música de concerto. Entretanto, a locução também pode designar a música do classicismo europeu, período que ocorreu na segunda metade do século XVIII" e teve como principais expoentes os compositores da chamada *Primeira Escola de Viena*: J. Haydn (1732-1809), W. A. Mozart (1756-1791) e L. V. Beethoven (1770-1827).

Tendo em vista a extensão do tema da improvisação para além das práticas tradicionais e formais, reservamos um espaço de aprofundamento no Capítulo 3. Você terá, então, a oportunidade de conhecer os estudos desenvolvidos pela musicista, educadora e pesquisadora britânica Lucy Green e os conceitos de prática formal e informal no âmbito da aprendizagem musical.

1.3 Improvisar é explorar, tocar, cantar e criar

As afirmações listadas a seguir são "comentários feitos por crianças de seis e sete anos sobre o significado de 'improvisar'" (Brito, 2003, p. 149). Vamos refletir sobre essas falas:

- Improvisar é tocar a música.

- Improvisar é assim, por exemplo, se a gente não tem uma bateria, a gente vai lá e faz uma, arruma uma, sabe?

- Improvisar pode ser assim: entra um instrumento, depois o outro, depois o outro, até juntar todo mundo.

- Improvisar é inventar uma música na hora, uma música que ainda não existe.

- Eu sempre improviso. Sabe por quê? Porque eu esqueço qual era o combinado. (Brito, 2003, p. 149)

Buscando analisar o que cada um desses pontos de vista expressa, mostraremos que essas assertivas revelam o que é a improvisação musical, além de indicar como e em quais contextos ela pode ser utilizada. As considerações apresentadas a seguir oferecerão uma visão ampla a respeito da natureza interpretativa e composicional da improvisação, estabelecendo relações com o campo da educação musical.

A primeira das cinco afirmativas – "Improvisar é tocar a música" – evidencia a ideia do improviso em sua dimensão performática. Em música, toda atividade improvisatória demanda respostas musicais oriundas da manipulação de objetos sonoros (incluindo, além dos instrumentos musicais e do próprio corpo, qualquer objeto com potencial para produção sonora). Mais tarde, veremos que esse fenômeno pode ser observado em diferentes níveis, desde a conduta de bebês – quando exploram de modo rudimentar e primário objetos quaisquer que possam produzir sons, deliciando-se com o prazer da brincadeira sonora – até o ato performático em nível de *expertise* realizado por músicos profissionais – sem deixar por isso de ter apelo emocional e motivacional (Delalande, 1984).

O segundo comentário – "Improvisar é assim, por exemplo, se a gente não tem uma bateria, a gente vai lá e faz uma, arruma uma, sabe?" – apresenta a manipulação e a adaptação de recursos e fontes sonoras como pertencentes às práticas de improvisação. Lançando um olhar à dimensão física e estrutural dos contextos ambientais, podemos entender que essa perspectiva se aproxima das reflexões sobre criatividade em educação musical.

Para Lubart (2007), o exercício da criatividade demanda a capacidade de produzir e/ou adaptar determinados elementos, como uma manifestação artística, uma ideia ou um objetivo, de modo inovador e apropriado ao contexto ao qual se destina. Indo ao encontro desse ponto de vista, Gardner (1993, citado por Barrett, 2000, p. 34) caracteriza como criativa "uma pessoa que regularmente resolve problemas, imagina produtos ou define novas questões num domínio [...]". Dessa forma, o trabalho com o material disponível, de maneira inventiva e adequada aos propósitos das atividades musicais, está associado à criatividade por se relacionar à resolução de problemas. No caso do comentário aqui analisado, "não ter uma bateria" é o desafio material que se apresenta, enquanto "fazer/construir uma bateria" (reaproveitando recursos materiais e utilizando instrumentos alternativos, por exemplo) representa uma conduta com potencialidade criativa, por se tratar da resolução de um problema.

A terceira declaração – "Improvisar pode ser assim: entra um instrumento, depois o outro, depois o outro, até juntar todo mundo" – exprime o viés social das realizações musicais, especialmente aquelas apoiadas na improvisação. Os estudos situados na intersecção entre a etnomusicologia, a psicologia da música e a educação musical tendem a concordar que as experiências musicais são inerentemente sociais, dada sua inserção sociocultural, e socializadoras, tendo em vista seu potencial para promover as relações interpessoais e socioculturais. Nessa dinâmica, os indivíduos não são apenas influenciados pelos contextos socioambientais nos quais a música se faz presente, mas também interferem em tais contextos.

Em alto e bom som

A **etnomusicologia** é uma vertente socioantropológica da musicologia que se dedica ao estudo de aspectos sociais, históricos e culturais da produção musical em diferentes contextos. Esse domínio compreende as abordagens etnográficas e antropológicas como importantes aliadas no estudo dos fenômenos musicais.

Assim, podemos afirmar que se atua diretamente em processos de socialização durante as experiências artístico-musicais, aspecto evidenciado nas interações que o próprio discurso musical pode propor. Citemos como exemplos os possíveis diálogos entre os instrumentistas, as entradas sucessivas de instrumentos e vozes e as passagens em *tutti* com texturas densas em contraste com os momentos de solo. Por fim, retornando a afirmativa aqui analisada, note que o uso do verbo *poder* ("improvisar *pode* ser assim...") justifica a inserção da improvisação na prática coletiva como uma possibilidade, não se limitando as atividades improvisatórias ao fazer musical em grupo.

A quarta asserção – "Improvisar é inventar uma música na hora, uma música que ainda não existe" – resgata a perspectiva criativa da improvisação e vai ao encontro das ideias defendidas pelo compositor e educador musical brasileiro de origem alemã Hans-Joachim Koellreutter (1915-2005). Ao esclarecer que a improvisação é uma "realização musical que deixa margem a interferências que não estão predeterminadas" (Koellreutter, 1987, citado por Brito, 2003, p. 150), esse autor lança um olhar aos processos de criação musical nos quais as etapas e os elementos constituintes não são premeditados.

Para Barrett (2000), um aspecto comum às definições possíveis para o conceito de *criatividade* diz respeito à emergência de uma novidade, isto é, ao ineditismo de uma determinada realização (como uma composição musical). Os estudos recentes a respeito dessa temática indicam uma superação da concepção reducionista de *criatividade* como sinônimo de *genialidade*, um "dom" atribuído a uma parcela exclusiva dos seres humanos (Craft, 2005). Em outra direção, tem-se defendido que todas as pessoas podem promover realizações musicais criativas, tendo em vista suas idiossincrasias, as particularidades de cada contexto musical e a efetiva inserção nesse domínio, oportunizada pela educação musical.

As considerações aqui realizadas apontam para uma importante mudança paradigmática no campo da criatividade: a indissociabilidade entre o "produto" (isto é, os resultados de um empreendimento criativo) e o "processo" criativo (procedimentos, estratégias, recursos e conhecimentos mobilizados em uma produção criativa). A compreensão da improvisação nesse cenário possibilita a coexistência desses fatores (processo e produto) na realização criativa, visto que improvisar é executar uma nova obra musical ao mesmo tempo em que é criada. É nesse sentido que Young (2003, citado por Beineke, 2009, p. 145) defende que "o produto musical das crianças não pode ser separado do contexto da produção, do momento do fazer musical, sendo necessário considerar que, na perspectiva das crianças, processo e produto formam um mesmo conjunto".

O quinto e último enunciado – "Eu sempre improviso. Sabe por quê? Porque eu esqueço qual era o combinado!" – revela, entre muitos aspectos, dois de interesse central: (i) o domínio do material musical necessário à realização de improvisações, de modo a permitir a reelaboração consciente em tempo real, bem como a realização de ajustes e mudanças intencionais no curso das ações (no caso do relato referenciado, em decorrência de lapsos de memória: "Porque eu esqueço..."); e (ii) um elevado nível de envolvimento com a tarefa executada, caracterizado essencialmente pelo equilíbrio entre as exigências da atividade e as habilidades de que os indivíduos dispõem.

A esse respeito, é importante mencionar as recentes contribuições oferecidas pela psicologia cognitiva ao campo da educação musical no tocante à chamada *experiência de fluxo* (*flow*). Postulado pelo psicólogo húngaro Mihaly Csikszentmihalyi (1934-), esse conceito descreve um estado de intenso envolvimento (total imersão) na execução de determinada tarefa. Entre as condições para sua ocorrência, destacam-se: as metas, que representam a consciência sobre os objetivos de determinada realização (devem ser exequíveis); o equilíbrio entre os desafios da tarefa e as habilidades dos sujeitos; e os elevados níveis de concentração que asseguram o engajamento pessoal (e social) do ponto de vista cognitivo. Nessa perspectiva, Niéri (2011, p. 194) explica que a improvisação "guia-se pelo sentir e ouvir o outro, num processo de profunda concentração e respeito pelo grupo, ampliando as possibilidades de exploração, de liberdade e criatividade musicais".

Sob essa ótica, o estado de fluxo é compreendido

> como um momento de grande harmonia entre energia psíquica e física, que promove uma distorção na noção de tempo (faz as horas parecerem minutos transcorridos). Nesta experiência o sujeito tem sua energia psíquica totalmente concentrada na atividade executada, não deixando espaço na consciência para pensamentos e sentimentos externos durante a execução da atividade. Tal experiência propicia uma percepção de resultado (*feedback*) imediato e permite que o indivíduo experimente emoções positivas tais como satisfação, alegria e prazer. (Csikszentmihalyi, 2014, 1999, citado por Araújo; Veloso; Silva, 2019, p. 22-23)

Nas pesquisas desenvolvidas no âmbito da educação musical, a experiência de fluxo tem sido considerada na prática, no ensino e na aprendizagem da música. Dessa forma, nota-se uma ênfase nos domínios da *performance* (prática instrumental/vocal) e da musicalização em diferentes contextos. A concepção de musicalização aqui adotada alinha-se ao exposto por Madalozzo e Costa (2016, p. 2), ao esclarecerem que a educação musical

> deve ser realizada de forma lúdica, a partir de uma série de atividades musicais que, gradualmente, propiciem um contato mais amplo das crianças [jovens e adultos] com a linguagem musical, desenvolvendo as habilidades perceptivas para que [as pessoas] se tornem cada vez mais receptivas ao fenômeno sonoro, e também para que sejam capazes de reagir a estes estímulos com respostas musicais.

Nessa visão, as aulas de musicalização devem incentivar atividades de improvisação por meio de experiências ricas psicológica, emocional e musicalmente (como no caso do fluxo), considerando o papel fundamental dessas tarefas no desenvolvimento cognitivo e musical. Assim, "quanto mais os elementos que proporcionam o estado de fluxo estão presentes na prática musical das crianças, maior é a motivação dos mesmos [sic] para aprender música" (Araújo; Campos; Banzoli, 2016, p. 51).

1.4 Improvisação e aprendizagem musical

Como vimos até aqui, a improvisação é compreendida como um meio de expressão da subjetividade artística e da criatividade. Nesse sentido, improvisar demanda a articulação de pensamentos e ações, a motivação para praticar e aprender música e o engajamento nos níveis afetivo e cognitivo, além da disponibilidade para se arriscar e ser criativo e da ciência do próprio funcionamento (autoconhecimento) e das competências pessoais. Esse último aspecto, sob a ótica psicológica, diz respeito aos **conhecimentos metacognitivos**, isto é, às informações que os indivíduos têm acerca das próprias habilidades, das estratégias de que dispõem para empreender ações em determinadas situações e das especificidades das tarefas nas quais se engajam. Estes são alguns dos fatores que direcionarão nossas reflexões no campo da aprendizagem.

A improvisação pode ser pensada tanto em contextos de aprendizagem não sistematizada (que trataremos como práticas informais) quanto em ambientes formais de ensino. Nesses âmbitos, a visão de improvisação como uma iniciativa superficial (uma exploração sonora descompromissada com o desenvolvimento de um discurso musical coeso) é substituída pela ideia de uma prática musical que, embora também seja guiada pela intuição, é necessariamente planejada e orientada pela previsão de resultados. Como explica Brito (2003, p. 150), "ao improvisar, o músico estabelece critérios baseados em referenciais externos e internos. Com base em suas experiências, ele seleciona o material com que irá trabalhar (fontes sonoras, tema, modo, escala...); durante a improvisação, surgem ideias musicais que se transformam e amadurecem". Assim, a improvisação se apresenta como uma rica experiência musical que se associa à **composição** e integra elementos da **execução** e da **apreciação** musical.

Ao incluir a improvisação nas práticas educativas, considerando-se seu potencial para a aprendizagem musical, é preciso reconhecer que "há nessa postura músico-pedagógica uma preocupação com a ampliação dos conceitos de composição musical e do ensino musical baseado no repertório tradicional, principalmente o europeu" (Niéri, 2011, p. 194). Desse modo, é possível superar o estigma atribuído à composição musical que lhe confere o *status* de expressão máxima da musicalidade, uma competência exclusiva de poucos indivíduos, reconhecendo-se, portanto, que os processos de criação podem e devem ser integrados à formação musical desde os seus primeiros estágios, particularmente por meio da improvisação.

A inclusão sistemática da improvisação no ensino de música possibilita a descentralização do foco exclusivo no repertório, uma consequência da exploração desproporcional e demasiada de atividades de escuta sem que os alunos sejam engajados em outras realizações criativo-musicais. Nesse cenário, a improvisação se apresenta como uma via acessível para a promoção da aprendizagem musical, visto que não necessariamente demanda amplas habilidades técnico-instrumentais prévias. Quando compreendida como a manipulação exploratória do material sonoro em direção a uma invenção musical autêntica, a improvisação ameniza barreiras que a sociedade, a mídia e, lamentavelmente, algumas de nossas práticas educacionais têm sustentado há décadas, favorecendo a superação da concepção de talento musical como uma propensão inata.

Por assumir diferentes formas, a improvisação representa uma complexa modalidade do fazer musical. Diante desse fato, podemos nos questionar: É possível distinguir diferentes tipos de improvisação? A literatura da área sugere que sim. Verificaremos, a seguir, a diferenciação entre **improvisação estruturada** (ou dirigida) e **improvisação livre**. A primeira oferece maior controle sobre o produto resultante dos processos de criação guiados pela improvisação, sendo possível estabelecer parâmetros musicais e sistematizar aspectos dos procedimentos de criação. Em contextos formais de ensino, os professores (em colaboração com os alunos) podem predeterminar os objetivos das atividades que envolvam a improvisação, as estratégias de ação, as fases do processo e os estímulos criativos, bem como os recursos a serem utilizados (musicais e materiais, como os instrumentos e as demais fontes sonoras).

Assim, tendo em vista a categoria de improvisação estruturada, apresentamos a seguir uma proposta de atividade que pode ser trabalhada em sala de aula com os alunos.

Hora da prática musical

Considere uma atividade na qual o professor deve sugerir a um grupo de alunos a realização de um ostinato rítmico por meio de sons percussivo-corporais. Esse ostinato pode ser um ritmo característico, como o do *funk* norte-americano. A esse respeito, veja o trecho musical a seguir (Figura 1.4).

Figura 1.4 – Trecho da obra *Stomp*, de Carl Smith (1927-2010)

No primeiro espaço do pentagrama, as notas devem ser executadas com os pés (batendo-os no chão) e, no terceiro espaço, com palmas.

Após a realização desse ostinato, o professor deve propor que, a cada quatro repetições dessa frase musical (construída em um compasso quaternário simples), cada aluno improvise ritmicamente com sons corporais, de modo a preencher dois compassos (tempo equivalente a duas repetições da frase). A atividade terminará quando todos os alunos tiverem a oportunidade de improvisar individualmente, intercalando momentos de execução coletiva do ostinato e de improvisação.

Essa proposta de atividade está associada à improvisação dirigida/estruturada, uma vez que: (i) o professor busca controlar e dirigir diretamente aspectos do processo de improvisação; (ii) o período (tempo) que as improvisações deverão durar é delimitado; (iii) há uma base musical (ostinato rítmico) carregada de características estilísticas que certamente influenciarão as improvisações musicais dos aluno; (iv) as fontes sonoras foram especificadas (percussão corporal); e (v) aspectos das interações sociais (intercalando-se execuções individuais e coletivas) também foram determinados. Dessa forma, embora haja espaço para expressões criativas, o resultado musical está parcialmente sob controle.

Em alto e bom som

Ostinato é um fragmento musical (um motivo rítmico, uma pequena frase, uma figuração melódica) que é repetido

> continuamente sem alterações em sua estrutura, estabelecendo-se um padrão a partir do qual outras vozes/instrumentos podem desenvolver as suas partes de forma independente.

Em contraste com a improvisação dirigida, há a improvisação livre. Essa modalidade amplia as possibilidades de expressão espontânea das ideias musicais dos alunos, sendo fortemente caracterizada pelas formas exploratória e imitativa, conforme observa Gainza (1988). Embora a improvisação dirigida também comporte essas formas de expressão musical, elas parecem exercer maior impacto em uma improvisação livre de predeterminações. Assim, o improviso pode estar associado à realização de alusões, com base em elementos musicais e aspectos extramusicais. Isso inclui a interação entre diferentes manifestações artísticas (dança, artes visuais, teatro) e variações sob determinado material sonoro, podendo representar também uma fiel reprodução (emulação) de uma ideia musical.

Para Niéri (2011, p. 193), a improvisação livre consiste em uma "forma de fazer música mais ligada à expressão do corpo, voz ou instrumento pela exploração sonora e escuta do que ao apego a um determinado repertório ou sintaxe musical". Na mesma direção, Alonso (2008, p. 8, tradução nossa) reforça que essa modalidade é caracterizada "pela ausência de um marco normativo", sendo fortemente influenciada "pelo desejo de criar no momento e coletivamente uma música nova".

A seguir, apresentamos outra proposta de atividade, agora tendo em vista a improvisação livre.

Hora da prática musical

Considere uma atividade que inclua a exploração da gestualidade corporal como parte do processo de criação musical. Nessa proposta, os alunos devem ser separados em duplas, possibilitando-se a realização da atividade por pares.

Cada aluno deve assumir uma função: enquanto um representará suas intenções sonoras com gestos, explorando movimentos corporais e a espacialidade (expressando-se quase como em uma dança), o outro realizará uma imitação, uma espécie de conversão dos gestos em sons, por meio do uso de instrumentos e demais fontes sonoras (objetos e sons corporais/vocais). A intenção é promover uma interação reflexiva entre os pares, na qual um aluno responde sonoramente como reflexo das representações gestuais do colega.

Essa proposta se alinha à improvisação livre, uma vez que: (i) as interferências externas (como a influência exercida pelo professor) não são determinantes para a realização da tarefa; (ii) há a utilização integral do corpo como forma de expressão artística, bem como uma liberdade na seleção das fontes sonoras; (iii) o caráter marcadamente socializador da tarefa, dadas as interações interpessoais, é central para a proposta; (iv) há a presença de condutas imitativas e interativo-reflexivas na construção de respostas sonoras baseadas nos estímulos visuais (gestos corporais); e (v) não se pretende predeterminar os aspectos temporais, estruturais ou quaisquer outros parâmetros sonoro-musicais.

1.5 A improvisação musical como ferramenta pedagógica

Para iniciar esta última seção deste capítulo, tomemos como ponto de partida os seguintes questionamentos:

I. Qual é o papel da improvisação na educação musical, considerando-se as concepções atuais a respeito do ensino de música?
II. Como o improviso musical pode ser caracterizado como ferramenta pedagógica?
III. Quais condutas do professor de música podem favorecer o exercício da improvisação?

Para responder a essas perguntas, partiremos do princípio de que, dada a variabilidade e a versatilidade das atividades de improvisação e de seu potencial para o desenvolvimento musical, especialmente quando é tomada como um meio e não como um fim em si, a improvisação pode ser vista como um importante recurso didático-pedagógico, que deve permear todo o processo de formação musical, não se limitando à musicalização infantil.

Sob essa ótica, segundo Koellreutter, a improvisação não deve ser tida apenas como uma ferramenta pedagógica, devendo integrar (de maneira natural e orgânica) as atividades com o foco no ensino de música. "Ele adverte, porém, que 'nada deve ser tão preparado como uma improvisação', alertando para a confusão entre improvisar e 'fazer qualquer coisa' (o que ele chama de 'vale-tudismo')" (Brito, 2003, p. 152). Portanto, as atividades que fazem uso da improvisação como estratégia pedagógica devem apresentar objetivos musicais claros e factíveis.

Desse modo, ao propor atividades pautadas na improvisação, o professor deve se questionar: Quais competências podem ser desenvolvidas com a realização dessas atividades? As atividades resultam em um aprendizado significativo? Esse aprendizado é de natureza cumulativa? Como é possível reconhecer as conquistas em termos de aprendizagem a partir da realização de determinada atividade? As atividades contribuem para um progresso efetivo? Elas valorizam o caráter expressivo da música como manifestação artística? As respostas para essas perguntas devem considerar, além dos aportes teóricos do campo da educação musical (especialmente aqueles em consonância com as reformulações paradigmáticas iniciadas no século XX no campo da educação), as experiências empíricas como fontes de evidência.

Nesse caminho, ensinar música demanda o planejamento das atividades, o constante monitoramento de suas realizações e a avaliação das respostas obtidas, com vistas à promoção da aprendizagem musical. Parafraseando Swanwick (2014), os educadores musicais têm a obrigação de orientar suas ações pedagógicas de forma a oportunizar o desenvolvimento de competências musicais para todos e, ao mesmo tempo, valorizar as idiossincrasias dos aprendizes. Tendo isso em vista, no que concerne à formalização dos objetivos e critérios avaliativos nas aulas de música, "não podemos agora escapar da obrigação de declarar nossas intenções e práticas (Swanwick, 2014, p. 196).

Podemos considerar que a ênfase nas atividades improvisatórias (e, portanto, essencialmente práticas) reforça a aproximação entre a educação musical e o conceito de **aprendizagem ativa** – uma tendência marcante nas propostas em educação e educação musical no século XX (Mateiro; Ilari, 2012; Cambridge

Assessment International Education, 2020). Trata-se, pois, de um alinhamento às perspectivas contemporâneas que enfatizam que a experiência, em termos práticos, deve anteceder a construção dos conhecimentos teórico-conceituais. Esse olhar epistemológico leva-nos a compreender que o problema da ênfase demasiada na dimensão teórica dos conhecimentos musicais "é que eles só captam fragmentos da experiência total" (Swanwick, 2014, p. 186), perdendo-se "o senso do todo ao tornar explícito o que foi antes tacitamente apreendido" (Swanwick, 2014, p. 186).

Swanwick (2014) faz um alerta sobre o perigoso apego ao viés teórico da música, que resulta em práticas educacionais nas quais ela serve de mero artefato para ilustrar conceitos não suficientemente vivenciados na prática. Nas palavras do autor, "um perigo com 'conceitos' é que temos a tendência de trabalhar a partir deles e em direção a eles, procurando a música que exemplifica suas características [...] como se a música fosse meramente uma ilustração de outra coisa" (Swanwick, 2014, p. 186). É como se abdicar de experiências essencialmente musicais em aulas de música fosse uma conduta pedagógica aceitável, ao passo que não é. Nesses casos – tragicamente mais recorrentes do que possamos prever –, a consequência é um ensino de música no qual os valores e objetivos artísticos e estéticos são negligenciados em favor da construção de um arcabouço teórico que pouco significado carrega quando está distanciado do fazer artístico-musical.

Elucidando uma conduta alternativa, Swanwick (2014) explica que o ensino de música deve ter seu início apoiado em encontros genuinamente musicais, por meio da criação (composição e improvisação musical), da *performance* (manipulação das fontes sonoras com maior ou menor sistematização – desde uma exploração sonora de natureza sensorial realizada por uma criança pequena até uma execução instrumental com elevadas exigências musicais e técnicas empreendidas por jovens ou adultos) e da apreciação, que, assim como as modalidades já mencionadas (criação e *performance*), assume diferentes níveis de complexidade e refinamento.

Nessa direção, as atividades integradas às aulas de música devem assumir, em alguma medida, o caráter de experimentação direta, de modo que os alunos possam trabalhar improvisadamente com semitons descendentes, por exemplo, "investigando um pouco de suas possibilidades sensoriais quando tocados em diferentes registros ou diferentes volumes e velocidades [...]. É claro que, no final de tudo isso, os 'semitons descendentes' podem realmente ter se tornado um 'conceito', uma abstração generalizada" (Swanwick, 2014, p. 187), mas não sem antes ter aguçado os sentidos, instigado a criatividade e propiciado uma experiência sonora real, expressiva e autêntica.

Retomemos as reflexões pertinentes aos nomeados *novos paradigmas educacionais* para caracterizarmos os papéis de alunos e de professores de música em situações nas quais o uso da improvisação representa uma ferramenta didático-pedagógica. Conforme o Cambridge Assessment International Education (2020, p. 1, tradução nossa), o conceito de aprendizagem ativa "descreve uma abordagem em sala de aula que reconhece que os alunos são ativos no processo de aprendizagem mediante a construção de conhecimentos em resposta às oportunidades oferecidas por seus professores". Isso implica considerar que os alunos são agentes de sua aprendizagem e capazes de influenciar direta e conscientemente a direção das condutas pessoais em seu desenvolvimento, atuando desde a tomada de decisões a respeito das metas de aprendizagem até a avaliação do próprio desempenho. Do ponto de vista pragmático, mais do que ser convidado a improvisar, o aluno deve ser requisitado a selecionar os materiais com os quais vai trabalhar (recursos sonoros) e estabelecer as diretrizes musicais em termos de manipulação dos elementos musicais, além dos parâmetros para autoavaliar suas realizações musicais, permitindo-se ajustes no decorrer da experiência de criação/improvisação.

Sob essa ótica, "os professores são facilitadores e ativadores da aprendizagem, em vez de 'palestrantes' ou 'entregadores de ideias'" (Cambridge Assessment International Education, 2020, p. 1, tradução nossa). Estamos tratando, portanto, de uma visão educacional na qual os alunos assumem a crescente responsabilidade pela própria aprendizagem, especialmente à medida que avançam no desenvolvimento biológico, cognitivo e social. Nesse cenário, os professores medeiam a construção de conhecimentos e habilidades musicais. Dessa maneira, "cabe ao professor proporcionar uma aprendizagem musical significativa" (Albino, 2009, p. 75), que valorize a aplicação prática e o potencial relacional dos novos conhecimentos e habilidades em relação aos saberes já construídos. Sua função é criar ambientes favoráveis ao desenvolvimento criativo, de modo que as práticas de improvisação, quando tomadas como recursos pedagógicos, possam efetivamente contribuir para a aprendizagem musical.

Podemos, então, realizar um exercício reflexivo e questionar: Quais são os limites da intervenção docente na realização de atividades baseadas na improvisação musical? Autores do campo da educação musical têm expandido esse questionamento para o contexto do ensino formal de música. Os resultados de suas investigações sugerem que, em situações de prática musical, os alunos são capazes de autogerenciar a própria aprendizagem, avaliando e efetuando correções quando preciso, sem que a interferência de um professor se faça constantemente necessária. Nessas circunstâncias, os alunos apresentam níveis surpreendentes de progresso musical (Green, 2012). Tais considerações não deslegitimam a relevância da figura docente. Por outro lado, levam-nos a revisar os paradigmas que orientam as relações entre professores e alunos, atualizando as condutas docentes em um momento histórico no qual, dadas as demandas e implicações da era digital, a conquista da autonomia é imprescindível.

As novas perspectivas educacionais tocam diretamente o conceito de autonomia, pessoal e coletiva. Mas estão os professores de música prontos para incentivar e promover os ambientes favoráveis à independência intelectual e artística dos aprendizes? Como eles devem agir em face dessas novas demandas? Listamos, a seguir, algumas condutas esperadas dos professores na supervisão das atividades de improvisação musical. Os docentes devem:

- saber se distanciar quando necessário, evitando inibições no processo criativo;
- mesmo não se fazendo presente todo o tempo, observar os objetivos que os alunos definem para suas experiências musicais;
- por meio do exercício de observação, diagnosticar possíveis problemas (dificuldades no percurso da improvisação)

para estar em condições de oferecer orientação quando necessário;
- estimular nos alunos a auto-observação e a autoavaliação do desempenho, tanto individual quanto coletivo;
- em atividades de grupo, incentivar a interação entre os pares, esclarecendo as funções sociais, educacionais e musicais dessa abordagem, para que as tomadas de decisão sejam conscientes e intencionais;
- estimular a autorreflexão, convidando os alunos a tomar ciência de seus pensamentos e comportamentos durante as experiências improvisatórias.

Essas recomendações não esgotam as possibilidades de orientação em atividades de improvisação musical sob a supervisão docente. É preciso considerar as especificidades dos contextos e da demanda de estudantes, assim como os objetivos educativo-musicais norteadores de cada processo de ensino e aprendizagem em música. Todavia, podemos entender que esses breves apontamentos abrem caminho para a imprescindível conquista da autonomia discente e reforçam o papel mediador inerente ao exercício docente.

▷▷ Resumo da ópera

Tendo em vista o grande volume de conceitos trabalhados neste capítulo, sintetizamos os principais temas, conceitos e constructos teóricos discutidos na Figura 1.5.

Figura 1.5 – Síntese do Capítulo 1

I
Improvisação em música: aspectos teórico-conceituais
- Dimensões composicional e performática da improvisação.
- Natureza expressiva e subjetiva da improvisação musical.

II
Um pouco de história: as origens da improvisação musical
- Desenvolvimento histórico da improvisação no Ocidente, da Idade Média ao modernismo.

III
Improvisar é explorar, tocar, cantar e criar
- Improvisação na *performance*.
- Aspectos psicológicos, cognitivos e sociais da improvisação musical.

IV
Improvisação e aprendizagem musical
- Improvisação e autonomia criativa.
- Fatores cognitivos, habilidades pessoais e estratégias de prática musical.

V
A improvisação musical como ferramenta pedagógica
- A improvisação como exercício de criação musical passível de sistematização e deliberação no ensino-aprendizado da música.

Teste de som

1. O conceito de improvisação musical pode variar a depender do contexto no qual se aplica. Contudo, a literatura especializada tem caracterizado esse fenômeno aproximando-o de duas modalidades centrais do fazer musical. A esse respeito, analise as afirmações a seguir e marque V para as verdadeiras e F para as falsas:

    ( ) A improvisação musical se relaciona com a composição, uma vez que implica a elaboração de uma nova obra "em tempo real", de modo que o processo de criação e a emergência do produto coexistam temporalmente.

    ( ) A improvisação musical demanda escuta/apreciação, visto que toda atividade de improviso requer o contato com um material musical já elaborado para que possa ser imitado (consistindo apenas na realização de variações pontuais).

    ( ) A improvisação musical se aproxima da *performance* musical (aqui compreendida como a manipulação das fontes sonoras – instrumentais ou não) em diferentes níveis de complexidade e elaboração.

    ( ) A improvisação musical requer elevado domínio técnico-instrumental e, por essa razão, está mais associada com as práticas interpretativas em nível de *expertise* do que com os contextos de musicalização.

Agora, assinale a alternativa que apresenta a sequência correta:

a) F, V, V, V.
b) V, F, V, V.
c) F, F, V, V.
d) V, V, V, F.
e) V, F, V, F.

2. Considere a seguinte citação:

> Essa alegria de improvisar enquanto se canta e se toca um instrumento é evidente em quase todas as fases da história da música. Essa foi sempre uma força poderosa na criação de novas formas, e todo o estudo histórico que se limita à prática ou às fontes teóricas que nos foram deixadas de forma escrita ou impressa, sem levar em conta o elemento de improvisação e a vivência da prática musical, deve ser considerado necessariamente como algo incompleto, certamente um retrato distorcido.
> (Ferand, 1961, citado por Albino, 2009, p. 66)

O trecho reforça a importância da compreensão da improvisação musical sob a perspectiva histórica. A esse respeito, analise as afirmativas a seguir e assinale a alternativa correta:

a) A inserção da improvisação na história da música ocorreu exclusivamente no século XX, visto que o surgimento da prática do improviso está associado ao *jazz*, importante manifestação artístico-cultural norte-americana.

b) A forma *concerto solista* – na qual um instrumentista dialoga musicalmente com a orquestra, atuando em momentos de execução em conjunto e de exposição individual (denominada *cadência*) – marcou o surgimento da improvisação na história da música.

c) Entre os principais temas relativos à improvisação na música antiga (especialmente no período barroco), destacam-se o baixo-contínuo (acompanhamento harmônico) e a ornamentação melódica vocal e instrumental.

d) O fato de a improvisação estar fortemente associada à transmissão oral (prescindindo de registros notacionais) inviabilizou a compreensão de seu desenvolvimento em termos históricos, limitando o estudo desse tema a meras especulações musicológicas.

e) A musicologia histórica tem descrito a improvisação como parte das manifestações musicais desde a Idade Média. Porém, essa tendência entrou em declínio em meados do século XIX (em decorrência dos avanços na escrita musical) e acabou exercendo pouca influência na produção musical do século XX até a atualidade.

3. Podemos afirmar que improvisar é _____, uma vez que compreende desde a conduta de bebês (quando manipulam objetos quaisquer que possam produzir sons) até os comportamentos musicais de jovens e adultos que, em diferentes níveis de sistematização, permitem-se descobrir novas possibilidades sonoro-musicais por meio da exploração. Improvisar é também _____, tendo em vista o viés

interpretativo (performático) atribuído a essa prática. Por último, mas não menos importante, improvisar é _____, considerando-se que a improvisação representa um processo que objetiva a elaboração de um novo produto musical.

Assinale a alternativa cujas opções preenchem corretamente as lacunas:

a) tocar e cantar; criar; explorar sons.
b) explorar sons; tocar e cantar; criar.
c) ouvir; criar; tocar e cantar.
d) explorar sons; criar; tocar e cantar.
e) criar; ouvir; explorar sons.

4. Com base nos assuntos trabalhados neste primeiro capítulo, relacione corretamente as assertivas aos conceitos a seguir:
   I) Improvisação dirigida
   II) Improvisação livre
   III) Improvisação imitativa
   ( ) Consiste em uma experiência associada à expressão do corpo/voz e à manipulação de recursos instrumentais ou objetos que produzem som, com ênfase na exploração sonora em detrimento do apego a determinado estilo ou sintaxe musical.
   ( ) Consiste em variações sob determinado material sonoro, envolvendo a reprodução de uma ideia musical já existente com modificações em aspectos específicos.
   ( ) Consiste em improvisar exercendo o controle parcial sobre o resultado, sendo possível estabelecer parâmetros musicais, bem como sistematizar aspectos do processo de improvisação.

Agora, assinale a alternativa que apresenta a sequência obtida:

a) II, I, III.
b) II, III, I.
c) I, III, II.
d) III, I, II.
e) I, II, III.

5. Considere a seguinte citação:

> [A improvisação] permite vivenciar e conscientizar importantes questões musicais, que são trabalhadas com aspectos como autodisciplina, tolerância, respeito, capacidade de compartilhar, criar, refletir etc. O professor entende que, por meio do trabalho de improvisação, abre-se espaço para dialogar e debater com os alunos e, assim, introduzir os conteúdos adequados. (Brito, 2001, p. 45)

Esse trecho, de autoria da educadora musical brasileira Teca Alencar de Brito, reforça a relevância da prática da improvisação como ferramenta pedagógica, destacando seus benefícios musicais e extramusicais. A esse respeito, analise as asserções a seguir e assinale a alternativa **incorreta**:

a) Quando tomada como parte das propostas do ensino de música – sendo um meio e não um fim em si –, a improvisação pode ser vista como um importante recurso didático-pedagógico que deve permear todo o processo de formação musical, não se limitando à musicalização infantil.

b) Enfatizar as atividades de improvisação (e, portanto, essencialmente práticas) é aproximar a educação musical do conceito de aprendizagem ativa, reforçando a ideia de que as experiências diretas devem anteceder a construção dos conhecimentos teóricos.

c) O ensino de música deve ter seu início apoiado em encontros genuinamente musicais, por meio da criação (composição e improvisação musical), da *performance* (manipulação das fontes sonoras) e da apreciação (que deve assumir diferentes níveis de complexidade e refinamento).

d) Em uma visão atualizada dos paradigmas educacionais, mais do que ser convidado a improvisar, o aluno deve ser requisitado a selecionar os materiais com os quais vai trabalhar e estabelecer as diretrizes musicais e os parâmetros para autoavaliar suas realizações musicais.

e) Embora os alunos sejam capazes de gerenciar a própria aprendizagem musical, cabe aos professores assumir o controle sobre as realizações musicais dos aprendizes, direcionando cada aspecto das atividades propostas, de modo a assegurar a validade da avaliação do desempenho musical dos discentes.

Treinando o repertório

Pensando na letra

1. Você já realizou (com ou sem supervisão docente) alguma atividade de improvisação musical? Em qual contexto essa experiência foi vivenciada?

2. Caso você tenha tido a oportunidade de realizar atividades de improvisação em sua formação musical, você acredita que isso contribuiu para seu desenvolvimento? Se sim, como? Se não, por quais razões?

Som na caixa

1. Morato e Gonçalves (2014) abordam a importância da observação da realidade educacional em diferentes contextos para a formação de professores de música. Segundo esses autores, a observação é indispensável à formação docente "por estar associada à concretude da ação pedagógica" e oferecer a possibilidade de o futuro educador musical "conhecer a realidade na qual o ensino e aprendizagem de música estão inseridos" (Morato; Gonçalves, 2014, p. 126).

   Nessa perspectiva, convidamos você a assistir a uma aula de música (preferencialmente, uma que assuma o caráter de musicalização) no contexto da educação básica (da educação infantil ao ensino médio) ou em escolas especializadas de música, incluindo projetos sociais ou equivalentes. Opte por contextos nos quais você tenha algum contato direto, pois isso facilitará o acesso.

Apresente-se como um estudante de música e deixe claro que não é sua pretensão realizar julgamentos de qualquer natureza. Mesmo sendo um agente externo, procure se portar da maneira mais discreta possível e esteja disponível para colaborar, se for necessário. Considere também a possibilidade de participar das atividades como aluno, se as condições permitirem e se o professor fizer o convite.

Roteiro de observação

As seguintes questões devem nortear suas observações nesse contexto:

i) Durante o encontro, foram realizadas atividades de improvisação musical? Se sim, faça uma breve descrição delas.
ii) Foi possível identificar as pretensões (objetivos) da realização de tais atividades?
iii) Quais competências musicais você acredita que a realização dessas atividades pode desenvolver?
iv) O aprendizado oportunizado pela realização dessas atividades é de natureza cumulativa? É possível estabelecer relações com outros conhecimentos/ habilidades? Quais?
v) Quais foram as respostas dos alunos para a realização dessas atividades? Eles participaram ativamente?

Observação 1: caso na aula observada não tenha sido desenvolvida nenhuma atividade de improvisação, descreva, na Questão I, a(s) principal(is) atividade(s) realizada(s) e responda às demais perguntas com base nela(s).

Observação 2: você tem autonomia para incluir questões no "Roteiro de observação". Exercite-a!

Capítulo 2

A IMPROVISAÇÃO E O DESENVOLVIMENTO MUSICAL

Neste capítulo, daremos ênfase ao desenvolvimento de habilidades musicais, considerando as principais formas por meio das quais vivenciamos a música, a saber: a **criação** (com destaque para a improvisação e a exploração sonora), a **execução** (com foco na aquisição de competências para a execução de canções) e a **apreciação** (sob a ótica da audição musical ativa). Nessa direção, buscaremos esclarecer aspectos relativos às culturas sonoro-musicais da infância, salientado a natureza musical das crianças, e elucidar a preponderância do corpo (movimento e gesto) na improvisação musical.

O objetivo geral deste capítulo é a construção de conhecimentos sobre a improvisação e o desenvolvimento musical, destacando variáveis cognitivas, sociais e emocionais. Os seguintes objetivos específicos guiarão nossa incursão sobre os temas aqui elencados: aprofundar a compreensão acerca do potencial humano para o desenvolvimento musical manifestado desde a infância; compreender a relação entre a exploração sonoro-musical, as práticas vocais (execução de canções) e a improvisação; verificar a indissociabilidade entre corpo e mente nas realizações musicais, especialmente na improvisação, reforçando a relevância do uso consciente e intencional do gesto; aproximar as práticas de improvisação da perspectiva da educação sonora, proposta por R. M. Schafer; e, por fim, corroborar as evidências que confirmem a relação intrínseca entre improvisação e criação, execução e escuta musical.

2.1 A natureza musical das crianças: um olhar para a educação infantil

> *Antes de falar, as crianças cantam. Antes de escrever, elas desenham. Assim que aprendem a levantar, elas dançam. A arte é fundamental para a expressão humana.*
>
> (Phylicia Rashad)

A epígrafe que inaugura esta seção é, antes de mais nada, um posicionamento contrário à ideia de talento artístico-musical como uma habilidade exclusivamente inata e restrita a um grupo específico de pessoas. As proposições defendidas neste livro vão ao encontro da concepção de que a musicalidade é uma potencialidade compartilhada universalmente, podendo ser aprimorada em condições ideais, com os estímulos e recursos adequados. Nesse caminho, acreditamos que a improvisação, como ferramenta pedagógica, contribui sobremaneira para o desenvolvimento musical.

Iniciaremos nossa reflexão pela análise do conceito de desenvolvimento musical, buscando esclarecer suas raízes epistemológicas e suas contribuições para as ações docentes no âmbito da educação musical, especialmente no que concerne ao uso da improvisação. De modo genérico, o conceito de **desenvolvimento** se relaciona com crescimento, evolução e progresso. Recorrendo às abordagens psicológicas, percebemos que o estudo do desenvolvimento humano comporta diversos enfoques, entre os quais destacamos o biológico, o emocional, o cognitivo, o psicológico e o social. Importa frisar que essas diferentes dimensões do desenvolvimento se vinculam intrinsecamente. Portanto, os progressos em termos intelectuais/cognitivos não podem ser dissociados da evolução biológica dos indivíduos, por exemplo.

As realizações musicais (tocar, cantar, compor, improvisar e apreciar música), na condição de complexas expressões humanas, comportam traços das diferentes formas de desenvolvimento, influenciando-as e sendo por elas influenciadas. A esse respeito, Galvão (2006, p. 169) chama atenção para "uma ideia há muito presente na pesquisa psicológica: de que a atividade musical tem importantes consequências para o desenvolvimento emocional e cognitivo da pessoa". Ainda conforme o autor, "devido às suas demandas físicas, afetivas e cognitivas, a aprendizagem da música instrumental talvez seja uma das mais complexas aventuras humanas, o que certamente tem implicações para o desenvolvimento cognitivo" (Galvão, 2006, p. 172).

As demandas motoras para a execução musical estão associadas aos aspectos biológicos e físicos, como os comportamentos motores. O viés afetivo e expressivo da música toca diretamente o desenvolvimento emocional e linguístico. Os progressos intelectuais que representam avanços das capacidades cognitivas são constantemente requeridos na construção de conhecimentos e habilidades musicais. Além disso, como vimos no Capítulo 1, o fazer musical é essencialmente social – por estar inserido em contextos sociais – e socializador – por favorecer tais inserções –, o que reforça a proximidade dessa manifestação artística com o desenvolvimento humano em nível sociocultural. Por tais razões, uma dissociação entre música e desenvolvimento parece, além de limitante, equivocada.

Nessa perspectiva, Braghirolli et al. (2015, p. 164, grifo nosso) explicam que "o desenvolvimento depende de dois fatores: a **maturação** e o **ambiente**. A maturação é um processo biológico, é o aspecto inato do desenvolvimento". Nesse sentido, o aparato físico e biológico dos indivíduos (bem como os fatores genéticos) não pode ser ignorado na compreensão dos processos de desenvolvimento musical. Na mesma direção, o "ambiente engloba todas as experiências vividas pela criança e oriundas do meio circundante" (Braghirolli et al., 2015, p. 164). Compreendendo as influências exercidas pelo meio nos processos de desenvolvimento, podemos valorizar as experiências educacionais, artísticas e culturais como propulsoras de tais processos.

Sob essa ótica, Beyer (1996, p. 9) esclarece que o **desenvolvimento musical** é influenciado pelos "dados do próprio meio [ambiente], o sujeito com suas percepções e compreensões [musicista em formação], e os dados que este sujeito retorna ao meio [expressões musicais]". Sobre esse último aspecto, a autora ressalta que as expressões humanas podem assumir as formas verbal (oral), escrita (representações gráficas), motora e gestual (comportamentos) e musical (que, em certa medida, engloba todas as anteriores). Dessa maneira, destaca-se a interação entre os seres humanos e a música como uma importante via para o desenvolvimento. Nessa dinâmica, "o indivíduo poderá dar ênfases diversas no seu fazer musical, enfocando mais a audição ou a expressão (produtiva ou reprodutiva), ou a composição (como processo de criação [que inclui a improvisação]) ou ainda a combinação entre algumas delas, realizadas a partir de motivações e/ou interesses pessoais" (Beyer, 1996, p. 11).

Com base nessas considerações, podemos inferir que os educadores musicais são importantes agentes do desenvolvimento nos ambientes de aprendizagem. É parte das responsabilidades desses profissionais oferecer uma diversidade de oportunidades/experiências que possibilitem uma aprendizagem musical significativa e um desenvolvimento efetivo dos indivíduos em termos intelectuais, sociais, psicológicos e, particularmente, artístico-musicais. Portanto, o presente livro assume, entre os muitos objetivos já apontados, o compromisso de promover reflexões sobre como a improvisação é uma importante aliada nos processos de desenvolvimento musical.

Retomando a pretensão primeira desta seção, consideremos que (i) a música é um elemento central da cultura infantil (Ilari, 2009) e, (ii) no contexto escolar, essa manifestação artística deve extrapolar a visão puramente utilitária (Hummes, 2004). Tais assertivas balizarão nossas reflexões, possibilitando-nos aprofundar a compreensão sobre a cultura musical das crianças e a função da música (e das artes, em geral) na educação infantil.

2.1.1 A música no universo infantil

> *[...] as crianças não podem ser encaixadas em grandes generalizações binárias (com talento/sem talento, afinado/desafinado, com ritmo/sem ritmo, intérprete/compositor etc.), porque sua atividade musical é 'ampla, multivariada e definitivamente plural'.*
>
> (Lino, 2010, p. 82)

O papel da música na infância tem sido objeto de investigações a partir de diferentes enfoques – educacional, cognitivo, psicológico e social, por exemplo –, em âmbito nacional e internacional, como vemos em Delalande (1984), Beyer (1996), Romanelli (2009, 2014), Ilari (2009), Lino (2010) e Addessi (2012). Para Romanelli (2014, p. 62), o aspecto comum à maioria dessas investigações "é revelar a musicalidade das crianças como muito mais elaborada do que costumamos perceber, além de demonstrar que os pequenos se relacionam com seu entorno por meio da música, mesmo antes de desenvolverem a linguagem verbal".

Em alto e bom som

De acordo com a Lei de Diretrizes e Bases da Educação de 1996,

> A educação infantil é a primeira etapa da educação básica. É a única que está vinculada a uma idade própria: atende crianças de zero a três anos na creche e de quatro e cinco anos na pré-escola. Tem como finalidade o desenvolvimento integral da criança em seus aspectos físico, psicológico, intelectual e social, complementando a ação da família e da comunidade (LDB, art. 29). (Brasil, 2020)

Pesquisas no campo da neurociência sugerem que percebemos e registramos estímulos sonoros e musicais desde o período intrauterino (Ilari, 2003).

> É por isso que um recém-nascido reconhece a voz da mãe e das pessoas que estiveram próximas dela nos últimos meses antes de vir à luz e esse reconhecimento se fundamenta

principalmente na identificação do timbre dessas vozes [...]. Além desse processamento complexo do som, o recém-nascido é capaz de reconhecer músicas que foram tocadas no seu entorno enquanto ainda era feto, o que permite afirmar que, diferentemente de outros aspectos culturais, a cultura musical da criança já começa a se formar antes mesmo de nascer. (Romanelli, 2014, p. 63)

Ilari (2009, p. 44) explica que, à medida que crescem, "as crianças não apenas ouvem bem, mas se movimentam, dançam, cantam, criam, improvisam, imitam, representam, tocam e, sobretudo, apreciam a música com entusiasmo". Verificamos, desse modo, o viés holístico das experiências musicais das crianças, nas quais corpo, movimento, expressão, exploração sonora, criação e imaginação coexistem. Nesse sentido, observar a maneira como as crianças interagem com a música ensina que somos naturalmente receptivos aos fenômenos sonoros e predispostos a experienciar a música de maneira sensível. Se pensávamos serem essas competências desenvolvidas exclusivamente por meio da educação musical formal – aquela que pretende tornar os indivíduos sensíveis aos estímulos sonoros e receptivos aos fenômenos musicais –, as próprias crianças nos convidam a expandir nossos propósitos e concepções. Portanto, a educação musical (no contexto da educação infantil) não consiste em ensinar as crianças a interagir e se expressar por meio da música (o que elas já fazem com naturalidade e qualidade). Trata-se de oferecer uma diversidade de experiências que tornem os encontros das crianças com a música cada vez mais significativos em termos de desenvolvimento.

Considerando o exposto, podemos inferir que um ensino de música que desconsidere a complexidade da cultura musical das crianças (desenvolvida nos diferentes contextos sociais por elas compartilhados) está em descompasso com nossas pretensões pedagógico-musicais. É necessário, pois, valorizar a autenticidade da produção musical das crianças, salientando a dimensão sociocultural de tais produções. Nesse contexto, as experiências constituídas nos espaços de ensino e aprendizagem merecem destaque, visto que a escola representa um ambiente no qual as trocas entre os pares ocorrem de maneira contínua, direta e efetiva.

Uma pesquisa etnográfica realizada por Romanelli (2009) no âmbito do ensino fundamental revelou a diversidade e a riqueza das manifestações musicais das crianças no espaço escolar. Segundo o autor, "foi possível notar que, mesmo sem aulas de música, a cultura musical das crianças pode ser bastante elaborada" (Romanelli, 2009, p. 101). Logo, "qualquer proposta de educação musical deve levar em conta o conhecimento musical que as crianças já possuem" (Romanelli, 2009, p. 101). Todavia, constatar que as crianças naturalmente constroem sua cultura musical não diminui a relevância do ensino de música nos contextos da educação na infância, e sim reforça a importância de se valorizarem os conhecimentos e as experiências musicais que as crianças já vivenciaram. Tendo em vista as considerações aqui apresentadas – que ressaltam a riqueza da cultura musical infantil –, podemos seguramente afirmar que "nascemos para ser musicais, e nossa musicalidade faz diferença na qualidade de vida humana" (Hodges, 2016, p. 62, tradução nossa).

2.1.2 Qual é o papel da música nos contextos educativos na infância?

Embora no Brasil o ensino de música esteja longe de receber a devida atenção e valorização – especialmente em termos de políticas públicas –, os últimos anos foram marcados por movimentos que reforçam a importância do ensino dessa arte, especialmente após a aprovação da Lei n. 11.769, de 18 de agosto de 2008 (Brasil, 2008). Esta lei estipulou a obrigatoriedade da música no currículo escolar (integrada ao componente curricular Artes). Com a aprovação da Lei n. 13.278, de 2 de maio de 2016 – a qual substituiu a Lei 11.769/08 –, vislumbramos uma nova perspectiva para a arte-educação no âmbito da educação básica, considerando que, a partir de então, "as artes visuais, a dança, a música e o teatro são as linguagens que constituirão o componente curricular [Artes]" (Brasil, 2016).

Tem sido comum encontrarmos campanhas publicitárias de instituições educacionais ou matérias veiculadas pela mídia que destacam os inúmeros benefícios de se estudar música. Um exemplo é a publicação da *ZME Science* que apresenta um estudo realizado no Centro de Pesquisa Avançada em Educação da Universidade do Chile:

> Pessoas que estudam música apresentam melhorias duradouras nos mecanismos cognitivos que nos tornam mais atentos e difíceis de distrair, relata a pesquisa. Músicos treinados exibem maior controle executivo da atenção (um componente principal do sistema cognitivo) do que os não músicos, explica [o responsável pela investigação], e esse efeito aumenta à medida que os estudos musicais avançam. (Micu, 2019, tradução nossa)

A música apura a coordenação motora, aprimora as habilidades sociais e as relações interpessoais, auxilia no desenvolvimento cognitivo e da personalidade, melhora o rendimento escolar como um todo, colabora na regulação das emoções, potencializa a memória, a atenção e a concentração, otimiza a capacidade de resolução de problemas, estimula a criatividade e é uma importante aliada no tratamento de patologias diversas. Essas são algumas das premissas comprovadas (parcial ou integralmente) pela ciência, já apropriadas pelo senso comum quando se trata de responder à pergunta "Por que investir no ensino de música?".

Indicação cultural

COMO tocar um instrumento musical beneficia seu cérebro – Anita Collins. Disponível em: <https://www.youtube.com/watch?v=R0JKCYZ8hng>. Acesso em: 7 ago. 2020.

Ao tocarmos um instrumento ou simplesmente ouvirmos uma música, ativamos e utilizamos intensamente múltiplas áreas de nosso cérebro. Tendo isso em vista, acesse o *link* indicado e compreenda melhor as implicações neurológicas e cognitivas das experiências musicais.

Não obstante, todas essas justificativas encontram-se nas adjacências de um desenvolvimento essencialmente musical, por colocarem a música a serviço da aquisição de competências físicas (comportamentos motores), psicológicas (personalidade, cognição e emoção) e sociais, além das abordagens terapêuticas. Devemos, portanto, conceber uma distinção entre desenvolvimento musical e desenvolvimento por meio da música. Felizmente, evidências científicas nos permitem afirmar que a música contribui com o desenvolvimento e a qualidade de vida em nível geral, o que corrobora os discursos que ressaltam a urgência do ensino de música nas escolas. Entretanto, tais achados não devem sobrepujar o fato de que a música representa uma área de conhecimento autônoma cujas contribuições se referem à relação humana com o sonoro e com a expressão artística antes de qualquer benefício extramusical.

Indicações culturais

Consulte os estudos científicos listados a seguir para saber mais sobre as contribuições da música para o ser humano.

Música e desenvolvimento neurológico

HODGES, D. The Child Musician's Brain. In: MCPHERSON, G. (Ed.). **The Child as Musician**. 2. ed. Oxford: Oxford University Press, 2016. p. 52-66.

MUSZKAT, M. Música, neurociências e desenvolvimento humano. In: JORDÃO, G. et al. (Org.). **A música na escola**. São Paulo: Alucci & Associados Comunicações, 2012. p. 64-72.

ROCHA, V. C. da; BOGGIO, P. S. A música por uma óptica neurocientífica. **Per Musi**, Belo Horizonte, n. 27, p. 132-140, 2013. Disponível em: <http://www.scielo.br/pdf/pm/n27/n27a12.pdf>. Acesso em: 7 ago. 2020.

Música e desenvolvimento emocional e social

JANZEN, T. B. Pistas para compreender a mente musical. **Cognição & Artes Musicais**, v. 3, n. 1, p. 42-49, 2008.

LEVITIN, D. J. Em busca da mente musical. In: ILARI, B. (Org.). **Em busca da mente musical**: ensaios sobre os processos cognitivos em música – da percepção à produção. Curitiba: Ed. da UFPR, 2006. p. 23-44.

SLOBODA, J. A. **A mente musical**: a psicologia cognitiva da música. Londrina: Eduel, 2008.

Música, linguística e cognição

BORGES-NETO, J. Música é linguagem? In: DOTTORI, M.; ILARI, B.; SOUZA, R. C. (Org.). **Anais do Primeiro Simpósio de Cognição e Artes Musicais**. Curitiba: Ed. do DeArtes, 2005. p. 1-9.

SCHROEDER, S. C. N.; SCHROEDER, J. L. As crianças pequenas e seus processos de apropriação da música. **Revista da ABEM**, Londrina, v. 19, n. 26, p. 105-118, jul./dez. 2011. Disponível em: <http://www.abemeducacaomusical.com.br/revista_abem/ed26/revista26_artigo9.pdf>. Acesso em: 7 ago. 2020.

Música e desenvolvimento cognitivo

BAMBERGER, J. What Develops in Musical Development? In: MCPHERSON, G. (Ed.). **The Child as Musician**: Musical Development from Conception to Adolescence. Oxford: Oxford University Press, 2006. p. 69-91.

HARGREAVES, D.; ZIMMERMAN, M. Teorias do desenvolvimento da aprendizagem musical. In: ILARI, B. (Org.). **Em busca da mente musical**: ensaios sobre os processos cognitivos em

> música – da percepção à produção. Curitiba: Ed. da UFPR, 2006. p. 231-269.

Apropriemo-nos do que Romanelli (2014), apoiado em Almeida (2001), considera como função contextualista e essencialista do ensino da música. Segundo o autor, a **visão contextualista** diz respeito "a todos os benefícios que poderiam ser alcançados por meio da música, sem que essa arte fosse o principal objetivo" (Romanelli, 2014, p. 66). Trata-se menos do aprendizado da música e mais de uma aprendizagem através da música, tomando essa expressão humana como uma estratégia para o ensino de outras artes ou áreas do conhecimento – como no caso de usar músicas para memorizar fórmulas da física. Nesse caso, há dois elementos em jogo: o aprimoramento de uma função cognitiva (o armazenamento) e a construção de conhecimentos em uma área do saber específica (a física). Em contraste, a **visão essencialista** "defende a música pela música [...] enquanto área do conhecimento que deve fazer parte dos espaços educacionais" (Romanelli, 2014, p. 66), tendo seu valor equiparado ao das demais disciplinas. "Nessa concepção, o principal benefício de aprender música é ampliar os conhecimentos e experiências musicais" (Romanelli, 2014, p. 66).

Partindo dessa distinção conceitual, devemos ter cautela com a supervalorização dos progressos externos à música no uso da educação musical como instrumento para o ensino de habilidades alheias às experiências artísticas. Assim, no âmbito educacional, as visões contextualista e essencialista não são opostas, mas complementares. Afinal de contas, é legítimo que a música, por fazer parte de nossa vida plenamente, também seja integrada ao exercício didático-pedagógico nos demais campos do conhecimento, contribuindo para a formação global dos sujeitos.

Nesse cenário, Campbell (1998, citada por Hummes, 2004, p. 20) elucida que "as crianças usam a música de todas as formas e funções, e descobrem que, ao pensar e fazer música, são animadas por ela, confortadas nela, reflexivas através dela, exuberantes com o resultado dela. O seu uso da música varia do lúdico ao sério, e do solitário ao social". As crianças, portanto, não procuram distinguir as funções da música em sua vida e especialmente no espaço escolar. Elas não ponderam se os resultados de suas realizações artísticas estarão a serviço do desenvolvimento da competência x ou y. Como esclarece Campbell, a música, antes de mais nada, serve ao deleite das crianças. Para elas, a motivação para o engajamento musical é, em primeiro lugar, a satisfação da brincadeira com os sons. Nesse sentido, o educador musical belga Jos Wuytack (1935-) fundamenta suas proposições pedagógico-musicais na busca pela felicidade, assumindo a dimensão emocional das realizações musicais nas relações de ensino e aprendizagem, como veremos no último capítulo.

Tendo em mente que o fazer musical, tanto na infância quanto em outras fases da vida, representa um fenômeno complexo e de elevado valor expressivo e artístico, não podemos negar que essa manifestação humana é uma importante forma de conhecimento e, como tal, deve integrar o cotidiano escolar das crianças, objetivando especificamente o desenvolvimento musical, e não apenas a melhora no pensamento lógico-matemático ou o aprimoramento das habilidades para trabalhar em equipe (exemplos de aspectos extramusicais). Ouvindo, tocando e criando – especialmente improvisando –, as crianças se emocionam com a música, engajam-se em nível psicológico com as experiências artístico-musicais, ampliam seu aporte de conhecimentos e habilidades motoras e cognitivas, por exemplo, exercitam as potencialidades criativas, reconhecem as idiossincrasias que constituem sua subjetividade e, dessa forma, buscam se inserir socialmente. Todavia, tão relevante quanto todos esses ganhos é o fato de que as crianças, quando encontram oportunidades para fazer música, são beneficiadas pela ampliação de seus conhecimentos musicais, o que lhes garantirá a autonomia em suas escolhas musicais, sob uma orientação criteriosa e autoconsciente.

Indicação cultural

A MÚSICA NA ESCOLA. **Por que estudar música?** Disponível em: <https://www.youtube.com/watch?v=xA6vdwSccHg>. Acesso em: 7 ago. 2020.

Desde a aprovação da Lei n. 11.769/2008 – substituída em 2016 pela Lei n. 13.278/2016 –, a obrigatoriedade do ensino de música na educação básica passou a ser assegurada legalmente. Acesse o *link* e assista a uma roda de conversa sobre música e educação com Magali Kleber, Carlos Kater, Celso Favaretto e Lucas Robatto.

2.2 Cantar e improvisar: do canto espontâneo à aquisição da canção

Suzigan e Suzigan (2003) abordam o canto como uma forma de expressão humana desde a primeira infância – do nascimento até aproximadamente 5 anos. Eles esclarecem que, nesse período da vida, o ato de cantar está diretamente relacionado com a livre expressão, a experimentação sonora e o desenvolvimento afetivo. Nessa perspectiva, Delalande (1984) associa a expressão e a experimentação sonora, entre outros aspectos, ao prazer sensorial e à descoberta do próprio corpo, do aparato vocal e das potencialidades físicas e motoras. O desenvolvimento afetivo por meio das expressões vocais se justifica pelo fato de que a voz é nosso primeiro instrumento musical, com o qual temos contato desde a mais tenra idade.

É nesse sentido que Addessi (2012) propõe uma análise das relações musicais tanto nos espaços educacionais quanto no âmbito familiar, tratando especialmente da interação vocal entre bebês e pais em situações rotineiras, como os momentos de troca de fraldas. Para a autora, "durante o processo de interação vocal, a criança aprende a compartilhar emoções, gestos, sons e ao mesmo tempo controlá-los" (Addessi, 2012, p. 21).

O desenvolvimento das competências para o canto e a inserção da improvisação nesse processo constituem um tema amplo e denso. Assim, para nortear nossas reflexões, tomaremos os seguintes eixos: (i) a passagem do balbucio para o canto espontâneo e (ii) a aprendizagem de canções. Nossas considerações serão orientadas por uma revisão dos achados do campo do desenvolvimento cognitivo-musical nos últimos 50 anos e pelas proposições educativo-musicais de diversos autores nacionais e internacionais. Observando-se a maneira como as crianças interagem com a música, é possível afirmar que suas primeiras experiências ativas no fazer musical "são a exploração do próprio trato vocal, experimentando todo tipo de combinação de sons que elas conseguem produzir"(Romanelli, 2014, p. 67). Esse processo inclui desde a descoberta de novas possibilidades a partir da voz falada e o uso de vocalizações até o canto propriamente dito – inicialmente, sem o compromisso de precisão rítmica, melódica e textual. O início desse processo de desenvolvimento vocal, marcado essencialmente pela improvisação, considera a emergência do **balbucio** nos recém-nascidos. De acordo com Delalande (1984), as vocalizações relativas ao ato de balbuciar são descompromissadas de qualquer precisão musical e caracterizadas pela repetição continuada de sílabas e/ou vogais isoladas, por exemplo. Embora rudimentares, essas iniciativas já representam um importante exercício sonoro que, aos poucos, torna-se expressivo.

> O balbucio musical está para a música assim como o balbucio está para o processo linguístico, que corresponde no processo da fala ao período pelo qual a criança passa antes de conseguir pronunciar adequadamente as palavras e deter o domínio da linguagem. Musicalmente este período refere-se às primeiras tentativas de emissão de vocalizes. (Mariano, 2015, p. 84)

À medida que as funções linguísticas e cognitivas progridem e que a capacidade de emissão de sons vocais avança, graças às explorações do balbucio, surge o **canto espontâneo**. Essa expressão musical é predominante até aproximadamente os 3 anos e caracteriza-se pela execução vocal parcialmente estável em termos de altura, duração e elementos textuais, podendo apresentar a ausência de palavras. Geralmente, inclui o uso integral do corpo, compreendendo, além da expressão vocal, a movimentação e a gestualidade características das brincadeiras infantis, sendo que podem estar presentes danças, movimentos com os braços e batidas de pés. Dessa forma, o canto espontâneo favorece o desenvolvimento musical por meio da ludicidade, proporcionando altos níveis de engajamento emocional e motivacional por parte das crianças (Ilari, 2009).

Por volta dos 3 anos, o canto espontâneo se amplia em extensão e qualidade, apresentando certa organização interna. É nesse período que as crianças passam a associar a já praticada espontaneidade do improviso vocal aos processos de imitação – parcial ou integral – de canções da cultura na qual se encontram imersas.

Em alto e bom som

Como em Caregnato (2017b, p. 9), assumimos que, "embora a imitação não seja vista tradicionalmente como uma atividade de criação, para Piaget (1990) ela não é uma mera reprodução da realidade, mas sim uma reconstrução dessa realidade empreendida pelo sujeito que imita, por isso sua inserção aqui como 'criação' [e improvisação]".

Os contornos melódicos, as intenções rítmicas e os elementos textuais se tornam mais concisos, apesar de a precisão na execução ainda não ser observada. Em síntese, podemos considerar que o canto espontâneo possibilita a exploração da gestualidade, a criação sonoro-musical com forte apelo criativo, as experiências de improviso – tanto livre quanto sobre uma base estabelecida, ainda que pouco precisas em termos de alturas e durações – e o uso de textos cujas temáticas frequentemente se relacionam com os contextos e as situações cotidianas, como o lar ou o espaço escolar, ou menos corriqueiras, quando as letras das canções criadas assumem temas como uma ida ao posto de saúde ou à clínica veterinária. Ludicidade, criatividade, motivação e engajamento emocional são características marcantes do canto espontâneo, que, além de proporcionar o divertimento, favorece a aprendizagem musical na infância.

2.2.1 O que a ciência já sabe sobre a aprendizagem de canções?

O período posterior ao canto espontâneo é marcado pelo aprendizado das competências necessárias para a execução de canções. Salvo raríssimas exceções – relativas a disfunções e patologias do trato vocal –, podemos considerar que todos os seres humanos são capazes de cantar. Para sustentarmos tal assertiva, abdicamos de exigências em termos de timbre, de estilo e, especialmente, das referências midiáticas. Assim, por *cantar* entendemos toda forma de expressão musical vocal, improvisada ou não. Tendo em mente esses aspectos, podemos nos perguntar: Como as crianças aprender a cantar? Quais são as competências necessárias para a prática vocal? Quais são os fatores (em termos musicais, ambientais, sociais, psicológicos e emocionais) envolvidos nesse processo de aprendizagem? A esse respeito, a citação a seguir nos oferece algumas pistas:

Em primeiro lugar, [nas pesquisas relatadas pela literatura] as crianças captavam as palavras e, depois, a forma rítmica da canção. Em seguida, vieram o contorno e finalmente as relações intervalares e de altura [precisas]. As notas e intervalos não eram exatos, já que as crianças pequenas não têm senso de tonalidade, isto é, um centro tonal estável. Por volta dos 6 ou 7 anos, as crianças cantam canções espontâneas e conhecidas com referências de altura cada vez mais diferenciadas e estáveis. (Werner, 1948; McKernon, 1979; Davidson, 1985, citados por Hargreaves; Zimmerman, 2006, p. 257)

Sloboda (2008), revisando a literatura concernente a essa temática, apresenta estudos sobre o aprendizado de canções posterior ao canto espontâneo, esclarecendo que as crianças primeiramente aprendem as palavras (o texto da canção), depois o ritmo (a sucessão das diferentes durações) e, por fim, as alturas dispostas com precisão parcial no contorno melódico.

Em alto e bom som

Canção é uma forma musical destinada para instrumentos e voz, consistindo na associação entre música e poesia (elementos textuais). Trata-se de uma das formas mais antigas da história da música, tendo surgido na Idade Média.

Altura é a propriedade do som que envolve as qualidades agudo e grave, designadas pelas diferentes frequências sonoras, isto é, o resultado da quantidade de vibrações da onda sonora por segundo. Quanto maior é a frequência, mais agudo é o som; quanto menor é a frequência, mais grave é o som.

> **📖 Indicação cultural**
>
> PAREJO, Enny. **Compasso virtual**. Disponível em: <https://www.youtube.com/watch?v=VhJNfHhO2vs>. Acesso em: 7 ago. 2020.
>
> Assista ao vídeo indicado no *link* para conhecer algumas propostas pedagógico-musicais apresentadas pela educadora musical brasileira Enny Parejo a respeito dos temas de estudo referentes a propriedades do som e aspectos rítmicos.

Em uma iniciativa teórico-científica semelhante à de Sloboda (2008), Hargreaves e Zimmerman (2006) compilaram investigações cujos achados sugerem quatro fases para a aquisição de canções, a saber: elementos textuais, superfície rítmica, contorno das alturas (contorno melódico) e estabilidade tonal. A Figura 2.1 busca sistematizar os resultados das pesquisas apresentadas por Sloboda (2008) e Hargreaves e Zimmerman (2006), destacando os aspectos comuns.

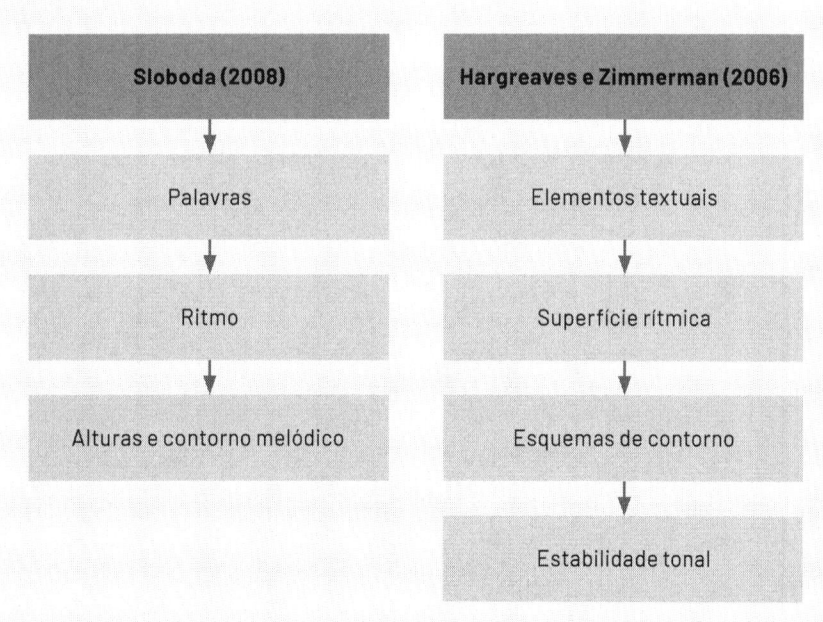

Figura 2.1 – Fases da aquisição de canções

Sloboda (2008)	Hargreaves e Zimmerman (2006)
Palavras	Elementos textuais
Ritmo	Superfície rítmica
Alturas e contorno melódico	Esquemas de contorno
	Estabilidade tonal

Nota: Ambas as fontes apresentam estudos que consideram: (i) o desenvolvimento de habilidade para a execução de canções no período pós-canto espontâneo; (ii) a influência dos processos imitativos e dos fatores socioculturais; e (iii) a fase dos 5 aos 8 anos como o período no qual as habilidades na aquisição de canções se estabilizam.

Fonte: Elaborado com base em Sloboda, 2008; Hargreaves; Zimmerman, 2006.

A partir dos 5 anos, aproximadamente, a execução mais precisa de canções se torna recorrente por consequência da consolidação de estruturas cognitivas relativas à autorreflexão e à autoconsciência, o que favorece a avaliação do desempenho e a realização de autocorreções, possibilitando imitar com maior precisão. Sob essa ótica, para Sloboda (2008, p. 278), uma importante conquista desse período é o fato de a criança se tornar "capaz de cantar a mesma canção em andamentos ou alturas diferentes". Hargreaves e Zimmerman (2006) esclarecem que a adoção de referências tonais mais precisas (em substituição aos contornos melódicos instáveis) ocorre por volta dos 8 anos de idade. É a partir dessa fase que "tanto na percepção quando na produção, o desenvolvimento musical das crianças pode ser caracterizado como progredindo rapidamente através de estágios paralelos de conhecimento cada vez mais sistemáticos" (Davidson; Scripp, 1988, citados por Hargreaves; Zimmerman, 2006, p. 258).

O que os achados sobre o desenvolvimento das habilidades para cantar revelam sobre a improvisação musical? As evidências sugerem que o canto emerge da livre exploração sonora, característica da improvisação em suas diferentes formas e empreendida pelos indivíduos desde a infância. Em um primeiro momento, o apego aos aspectos textuais da canção alinha-se aos progressos iniciais das funções linguísticas. As ciências cognitivas têm se apropriado desse fenômeno, estabelecendo relações entre o desenvolvimento musical e a aquisição da linguagem. Em um segundo momento, a apreensão do ritmo das canções implica inevitavelmente as execuções musicais exploratórias ou sistematizadas, considerando-se a relação intrínseca entre o processamento cognitivo-musical e a corporeidade, como veremos na Seção 2.5. Por fim, a percepção (especialmente as funções auditivas) e as habilidades para a execução de alturas e contornos melódicos surgem por meio do canto espontâneo, que, como mencionamos, constitui uma expressão relacionada à improvisação livre empreendida pelas crianças – uma forma elementar de expressão musical. Assim, em um exercício reflexivo, podemos nos perguntar: Como os professores de música podem se apropriar desses achados em suas práticas pedagógicas? Não há uma resposta única para essa pergunta. Todavia, se pudéssemos indicar um caminho, este seria a exploração sonoro-musical, tema examinado na próxima seção.

2.3 Explorar o mundo sonoro é improvisar

> O mundo é aquilo que nós percebemos [...]. O mundo não é aquilo que eu penso, mas aquilo que eu vivo; eu estou aberto ao mundo, comunico-me indubitavelmente com ele, mas não o possuo, ele é inesgotável.
>
> (Merleau-Ponty, 1999, p. 14)

Para compreendermos o desenvolvimento musical por meio da improvisação com ênfase na exploração sonora, precisamos recorrer à visão de **exploração** preconizada pela psicologia do desenvolvimento. Conforme expõe Delalande (1984) - apoiado nas proposições realizadas pelo psicólogo suíço Jean Piaget (1896-1980) -, a exploração se relaciona com a mobilização de competências motoras e sensoriais em desenvolvimento, possibilitando que a criança construa habilidades e conhecimentos musicais mediante a investigação de sons em seu corpo e nos demais objetos sonoros presentes em seu entorno físico.

Até aproximadamente os 2 anos – período denominado por Piaget de *sensório-motor* –, a capacidade de organização sonora é praticamente inexistente. Todavia, a criança nessa fase já tem condições "de realizar jogos de exploração sobre o mundo dos sons" (Kebach, 2013, p. 22), partindo inicialmente dos sons corporais (o balbucio, as vocalizações e o choro) e da manipulação de objetos (como amassar um saco plástico ou explorar o som resultante da queda de um brinquedo). Conforme a criança vai crescendo e se desenvolvendo do ponto de vista cognitivo, biológico e físico/motor, descobre "novos sons, fazendo repetições e variações destes [...] desenvolvendo sua criatividade e suas construções musicais por meio das ações que exerce sobre os objetos de modo exploratório" (Kebach, 2013, p. 22).

Em alto e bom som

Diversos estudos têm sido realizados no âmbito da educação musical à luz dos pressupostos teóricos defendidos por Piaget. Para um aprofundamento, recomendamos Kebach (2013), Caregnato (2013) e Swanwick (2014). A respeito das principais proposições teóricas piagetianas, importa destacar que, em paralelo às competências de exploração, expressão e construção, observam-se os estágios de desenvolvimento sensório-motor, pré-operatório e operatório concreto, que abrangem de zero a 12 anos (em média).

Explorando o mundo dos sons, as crianças (em diferentes períodos do desenvolvimento) ampliam seu vocabulário sonoro-musical, desenvolvem competências criativas e se motivam para reiterar as experiências de manipulação sonora, engajando-se com as explorações em nível afetivo e expressivo. Nesse processo, tomam a música como uma forma privilegiada de manifestação da subjetividade, um modo de inserir-se socialmente e uma parte indispensável de sua existência. Cientes das contribuições da exploração sonora para a formação global das crianças, podemos considerar que a aprendizagem musical também é beneficiada sempre que uma criança encontra a oportunidade e as condições para explorar seu entorno sonoro. Entre os benefícios da exploração sonora para o aprendizado da música está a compreensão dos fenômenos acústicos inerentemente musicais, sendo "por meio da exploração de objetos sonoros [...] que as crianças reconhecem e estabelecem comparações entre os parâmetros do som: altura, intensidade, duração e timbre" (Romanelli, 2014, p. 68).

> Além das experiências essencialmente vocais que as crianças fazem, a exploração dos objetos sonoros é uma constante em seu desenvolvimento. Não é por acaso que a maioria dos brinquedos elaborados para bebês produzem algum tipo de som, ou que panelas e suas tampas são transformadas em "baterias". O fascínio que a criança tem pelas fontes sonoras é o elemento essencial na construção de seu repertório de sons que posteriormente fundamentará suas experiências musicais. (Romanelli, 2014, p. 63)

Dadas as evidências teóricas e empíricas da relevância da exploração sonora para o desenvolvimento musical, poderíamos afirmar que o título desta seção constitui uma assertiva amplamente aceita, não fossem as preconcepções e recusas associadas à relação causal estabelecida pelo enunciado "explorar sons é aprender música". Para alguns, o exercício exploratório representa uma iniciativa puramente recreativa ou, ainda, uma trivialidade. Ora, se as crianças "improvisam quando começam a falar, construindo frases, inventando palavras, isso pode ocorrer também com a expressão musical" (Brito, 2003, p. 152). Se a livre exploração sonora se assemelha puramente à realização de barulhos (aparentemente sem significado ou valor musical), devemos ter em mente que "a música das culturas da infância é o BARULHAR" (Lino, 2010, p. 84). Distantes da visão utilitária da música e do rigor técnico e estético atribuído pelos adultos, as crianças encontram nas brincadeiras sonoras entretenimento, expressão, emoção, prazer sensorial e a descoberta do novo e, mesmo que pouco conscientes disso, estabelecem uma relação íntima com a música, despidas do referido utilitarismo.

Lino (2010) assume a exploração sonora na infância como um **barulhar**, isto é, produzir sons sem prévia determinação. Nesse caminho, "Campbell (1998) afirma que as **crianças são música**, manipulando espontaneamente os objetos sonoros que decidem explorar, investigar, experimentar" (Lino, 2010, p. 82, grifo do original). Note que o uso do verbo *decidir* direciona nossas reflexões para os paradigmas contemporâneos da educação (e da educação musical) associados à autonomia discente e à autenticidade criativa, atribuindo-se aos aprendizes o protagonismo em seus processos de aprendizagem, da tomada de decisão às ações efetivas. Assim, "o ato de barulhar é para as crianças um processo de transbordamento conquistado sempre que elas têm liberdade para brincar com sons e/ou encontrar provisoriamente espaços de indeterminação, imprevisibilidade e não linearidade no contexto escolar" (Lino, 2010, p. 86).

Tendo em vista os aspectos até aqui expostos, podemos nos indagar: Por quais razões as crianças "barulham"? A literatura concorda que a livre exploração sonora decorre do anseio, por partes das crianças: (i) de reconhecer e explorar o potencial sonoro de seus corpos em uma iniciativa inerentemente humana; (ii) de interagir com os pares por meio das realizações lúdicas; e (iii) de inserir-se em sociedade e, em um processo de enculturação, assimilar aspectos de suas culturas, ao mesmo tempo que contribuem para expandi-las, "inventando autonomamente formas singulares de perpetuá-las, compreendê-las, significá-las, afrontá-las ou transformá-las" (Lino, 2010, p. 84), mesmo que inconscientemente. Além desses elementos, outra justificativa para o "barulhar" das crianças se relaciona à natureza expressiva e ativa do fazer musical, que implica as experiências práticas antecedendo a construção de conhecimentos teóricos. Assim, "o ato de barulhar carrega a necessidade humana de sentir antes de dar sentido" (Lino, 2010, p. 85).

Ainda em Lino (2010) encontramos uma lista de comportamentos infantis relacionados ao "barulhar", elencados com base em um estudo de natureza etnográfica no contexto de uma turma de educação infantil. Expandimos as proposições dessa autora e apresentamos uma categorização no Quadro 2.1.

Quadro 2.1 – Comportamentos relativos ao "barulhar" infantil

Iniciativas exploratórias	Exemplos práticos
Experimentação genuína	Gritar dentro de uma garrafa PET ou com a cabeça imersa em um balde d'água; bater palmas em um ambiente com eco; deslizar a ponta da faca sobre os dentes de um garfo.
Jogos de escuta	Posicionar verticalmente e com distâncias variadas as peças de um dominó na intenção de ouvi-las caindo umas sobre as outras em intervalos distintos de tempo.
Narrativas sonoro-musicais vernaculares	Cantar fragmentos musicais, integrando-os à "trilha sonora" do cotidiano (como no caso de trechos de canções aprendidas pela simples imersão social na mídia, na escola ou em casa).
Marcos sonoros icônicos	Simular vocalmente o som de uma sirene; reproduzir (com golpes na madeira) o som de cavalos galopando; imitar (com sopros contínuos) o som da ventania.
Invenção musical	Situações nas quais espontaneamente as crianças inventam músicas (geralmente canções), cujas temáticas podem relatar tanto eventos cotidianos quanto situações específicas.

Fonte: Elaborado com base em Lino, 2010.

Se analisarmos as iniciativas exploratórias apresentadas no Quadro 2.1, compreenderemos que todas elas guardam ao menos dois aspectos em comum. O primeiro é a livre adesão à exploração, isto é, a liberdade que as crianças têm para se engajar ou não em tais realizações. Assim, improvisando por meio das explorações sonoras, as crianças reconhecem um espaço no qual seu poder de decisão e sua subjetividade dificilmente serão cerceados por alguma variável ambiental, como no caso de um adulto dizendo a elas "o que" e "como" fazer. O segundo aspecto se refere à dimensão social de tais iniciativas, evidenciadas pela necessidade de estímulos estruturais e socioculturais que favoreçam a quantidade e a qualidade das explorações sonoras.

Retornando ao título desta seção para esclarecermos o uso da expressão *mundo sonoro*, vislumbramos uma aproximação entre a exploração e o conceito de **paisagem sonora** – integrado à concepção de educação sonora –, contribuições teóricas atribuídas ao compositor e educador musical canadense Raymond Murray Schafer (1933-). Nas palavras desse autor, uma paisagem sonora é um ambiente acústico, ou seja, "o campo sonoro completo onde quer que estejamos" (Schafer, 2009, p. 14); ela incorpora os sons dos ambientes interno e externo, compondo, assim, a paisagem de sons de uma situação/um ambiente particular. No contexto aqui abordado, entendemos o **mundo sonoro** como toda a diversidade acústica real e potencial que constitui as paisagens (contextos ambientais e situacionais) nas quais os aprendizes se inserem. Tanto os sons ocasionais e aqueles sobre os quais não exercemos controle quanto os sons potenciais (aqueles que podemos ou não acionar) fazem parte dos mundos sonoros. Nesse sentido, os espaços ocupados pelas crianças apresentam uma trilha sonora (não apenas "musical") muito particular. Devemos observar, portanto, que "a paisagem sonora escolar e suas significações na rotina das crianças afetavam diretamente seus comportamentos e estilos de vida musical" (Lino, 2010, p. 86).

No momento em que escrevemos estas linhas, o ambiente ao redor, embora calmo, por ser um domingo de Páscoa, é bastante rico em sons. Chove, e as gotas d'água orquestram uma complexa experiência sonora ao atingirem o vidro da janela, seu entorno de alumínio, as plantas e o azulejo da sacada; há ainda o som do vento e dos trovões (tímidos, mas perceptíveis). Na parte interna do ambiente, poucas interferências acústicas; destaca-se o tic-tac de um relógio distante. Sobre a escrivaninha, ouvem-se os significativos sons da passagem das folhas dos livros e dos artigos referenciados neste texto, um ruído intermitente de frequência aguda emitido pelo computador e, por último, mas não menos importante, a trilha musical que embala essa manhã chuvosa: a canção *Your Song*, de Elton John, na voz de Lady Gaga. Convidamos você a replicar esse exercício: interrompa momentaneamente a leitura deste livro e ouça a paisagem sonora de seu ambiente, buscando organizar mentalmente o acervo de sons percebidos.

"Precisamos aprender a ouvir. Parece que esquecemos esse hábito. Precisamos sensibilizar o ouvido para o mundo miraculoso de sons à nossa volta" (Schafer, 2009, p. 17). A preocupação manifestada por Schafer representa o cerne da chamada **educação sonora**, uma abordagem pedagógico-musical orientada à melhoria na qualidade da escuta, ao alcance de níveis mais elevados de consciência das pessoas em relação aos sons e à "experiência direta com o som, de maneira lúdica e prazerosa" (Fonterrada, 2009, p. 10). Assim, além de incentivar uma "abertura" dos ouvidos para as paisagens acústicas, a educação sonora procura estimular "os indivíduos a organizar e compor pequenas peças a partir de materiais sonoros percebidos em seu ambiente" (Fonterrada,

2009, p. 9), tomando os elementos da paisagem sonora como matéria-prima (fonte de sons) para a criação - composição e improvisação - musical.

Finalizando esta exposição, propomos a seguinte reflexão: De que modo os conhecimentos relativos (i) à exploração sonora como aspecto inerente (e indispensável) ao desenvolvimento musical e global dos indivíduos (Delalande, 1984; Kebach, 2013), (ii) a valorização do ato de "barulhar" para as culturas da infância e para a aprendizagem musical (Lino, 2010; Romanelli, 2014) e (iii) a educação sonora proposta por Schafer (1991, 2009) podem contribuir para as práticas educacionais?

As crianças são naturalmente cativadas a perceber, expressar e organizar os sons que as cercam, além de serem detentoras de uma escuta sensível, afetiva e criativa, que favorece a ludicidade e a atribuição de significados aos eventos musicais (Lino, 2010). Assim, cabe aos professores conduzir as crianças ao que elas já fazem com maestria: a escuta acurada e a produção sonora por meio da exploração. Além disso, é atributo do exercício docente valorizar os comportamentos musicais espontâneos, proporcionando condições para que a exploração, a experimentação e a pesquisa sonora resultem em novas e fascinantes descobertas musicais. Em síntese, "basta desvendar e encorajar os comportamentos espontâneos e guiá-los para que tomem a forma de uma autêntica invenção musical" (Delalande, 1984, p. 7, tradução nossa).

2.4 Apreciação musical e improvisação

Apreciar auditivamente a música é uma forma primária, acessível e democrática de engajamento musical. O hábito de ouvir música (em diferentes níveis de sistematização, intencionalidade e consciência) permeia nossa existência de modo integral. Ouvimos música como forma de entretenimento em ocasiões festivas, para nos concentrarmos em determinada realização, para potencializarmos estados emocionais ou pelo prazer inerentemente estético. Em casa, em um *shopping center*, no consultório médico ou na sala de concerto, estabelecemos contato direto com a arte musical por meio da recepção do material sonoro pelas vias auditivas, sem que necessariamente façamos adesão voluntária a essa experiência. A música preenche os espaços e as ocasiões cotidianas, queiramos ou não. Considerando esse fato, nosso objetivo nesta seção é realizar um aprofundamento sobre os diferentes níveis de escuta musical, promovendo uma aproximação ao conceito de audição musical ativa.

Indicação cultural

CAZNOK, Y. **Compasso virtual.** Disponível em: <https://www.youtube.com/watch?v=W2UaH1dXBE4>. Acesso em: 7 ago. 2020.

Os processos de escuta nos contextos de ensino-aprendizagem da música têm se apresentado como um tema de crescente interesse para o campo da educação musical. Sob essa ótica,

> assista ao vídeo indicado no *link* para melhor compreender esse fenômeno.

Diferentemente de autores como Swanwick (2014) e Romanelli (2014), abdicaremos da distinção entre *ouvir* e *escutar*, tomando os verbos *apreciar*, *escutar* e *ouvir* como sinônimos. Entretanto, visando não negligenciar as distinções em termos de níveis de escuta que a literatura especializada tem apresentado, reportemo-nos aos **planos de escuta** definidos por Copland (2011), a saber: planos sensível, expressivo e puramente musical.

O **plano sensível** representa uma escuta musical elementar, com menos engajamento do ponto de vista cognitivo (apresentando baixos níveis de intencionalidade, consciência e concentração). Baseia-se no potencial da música de atrair nossos sentidos para as ocasiões de escuta (por essa razão, pode ser denominado *plano sensório*). Nas palavras do autor, "é o plano em que nós ouvimos música sem pensar, sem tomar muita consciência disso. Ligamos o rádio enquanto fazemos outra coisa e tomamos um banho de som. A mera percepção do som já é capaz de produzir um estado mental que não é menos atraente por ser desprovido de ideias" (Copland, 2011, p. 25).

O **plano expressivo**, por seu turno, está associado à semântica da música (atribuição de significado aos eventos sonoros) e ao seu viés emocional. Para Copland (2011, p. 27), "a música expressa, em momentos diferentes, serenidade ou exaltação, tristeza ou vitória, fúria ou delícia. Ela expressa cada um desses humores, e muitos outros, em uma variedade infinita de nuances diferentes".

Por fim, o **plano puramente musical** diz respeito a uma escuta na qual a atenção está direcionada aos elementos essencialmente musicais. Assim, instrumentação, forma e estrutura, texturas, aspectos melódicos, rítmicos e harmônicos ficam em evidência, em uma escuta altamente consciente e reflexiva. "Além da atração do som [plano sensível] e dos sentimentos expressivos que ela transmite [plano expressivo], a música existe no plano das próprias notas e da sua manipulação [plano puramente musical]" (Copland, 2011, p. 29).

> O ouvinte inteligente deve estar preparado para aumentar a sua percepção do material musical e do que acontece a ele. Deve ouvir as melodias, os ritmos, as harmonias, o colorido tonal de maneira mais consciente. [...] Entender todos esses elementos é entender o plano exclusivamente musical. Ouvimos simultaneamente, sem pensar, os três planos [...]. O ouvinte ideal está ao mesmo tempo dentro e fora da música, julgando-a e desfrutando dela [...], [devendo] procurar uma maneira 'mais ativa' de ouvir, aprofundando o seu entendimento da música tornando-se um ouvinte mais atento e consciente – não alguém que está apenas ouvindo, mas alguém que está ouvindo alguma coisa. (Copland, 2011, p. 29-30)

A escuta musical assume dimensões acústicas, fisiológicas (na recepção de estímulos sonoros pelas vias sensoriais) e psicológicas (no processamento cognitivo dos eventos sonoros, que inclui da entrada de informações pelas vias auditivas à codificação e à significação). Assim, ouvir música é um processo ativo do ponto de vista cognitivo, congregando representações simbólicas, decodificação de informações, resolução de problemas perceptuais (como as expectativas de escuta), associações (intra e intermusicais) e significações atribuídas ao material musical

(Bamberger, 2006). Sob essa ótica, podemos compreender a escuta musical como uma atividade criativa e personalizada, considerando a influência das experiências pessoais e do *background* dos indivíduos no processamento das informações. Em resumo, a riqueza e a complexidade da apreciação sonora justificam sua influência no desenvolvimento musical e integral dos indivíduos, sendo "parte do processo de formação de seres humanos sensíveis e reflexivos, capazes de perceber, sentir, relacionar, pensar, comunicar-se" na música e por meio dela (Brito, 2003, p. 187).

2.4.1 Corpo e mente na escuta: por uma audição musical ativa

As considerações apresentadas a seguir estão fortemente apoiadas no exposto por Fux (1983, citado por Rodrigues, 2009, p. 47) ao esclarecer que "a música é uma experiência de mobilização pessoal que o corpo absorve em sua totalidade. O movimento propicia uma compreensão da música diferente de quem apenas a ouve ou se move sem escutar". Uma visão aprofundada da integração entre corpo e cognição – na perspectiva da mente incorporada – será oferecida na Seção 2.5. Por ora, enfocaremos exclusivamente as questões relativas à apreciação musical, apoiados no paradigma da audição ativa.

A autoria do conceito de **audição musical ativa** é atribuída a Jos Wuytack, que, em sua proposta pedagógica, identifica essa modalidade a partir de uma expansão das possibilidades perceptivas e sensoriais, considerando que as percepções visuais e cinestésicas (processos representacionais, movimento e gestualidade) podem oferecer suporte à percepção auditiva (processos de escuta). Nesse sentido, de acordo com Palheiros e Bourscheidt (2012), a audição musical ativa inclui: (i) o engajamento físico (corporal) e mental (cognitivo); (ii) a atenção e a concentração durante a apreciação, com foco no processamento dos materiais musicais; e (iii) "a análise da forma musical, através de uma representação visual da totalidade da música" (Palheiros; Bourscheidt, 2012, p. 324). Assim, Wuytack entende que a integração desses elementos prepara "os ouvintes para a audição por meio de atividades que envolvam a expressão verbal, vocal, corporal ou instrumental" (Palheiros; Bourscheidt, 2012, p. 324).

Indo ao encontro das proposições de Wuytack, Bastião (2004, citada por Stiffit, 2009, p. 29) defende que a audição ativa diz respeito a "uma escuta mais consciente da música, considerando, sobretudo, o envolvimento efetivo e inventivo do aluno nas diversas maneiras de perceber e reagir a música escutada". O uso do termo *efetivo* supõe uma ação direta no momento da escuta, como no caso da associação entre o processamento auditivo e os comportamentos motores. Já a adoção do adjetivo *inventivo* direciona essas reflexões para o campo da criatividade, tendo em vista a ideia de que a audição ativa – por implicar o engajamento integral dos indivíduos na experiência de apreciação musical – propicia as condições para que os indivíduos possam expressar sua subjetividade, suas ideias e intenções musicais, oferecendo contribuições criativas por meio da improvisação.

> Ouvir música ativamente significa que a criança não pode ter uma atitude passiva durante o momento de audição musical. Para que os pequenos possam se concentrar diante de algo tão abstrato quanto a música, é necessário que haja propostas ativas, muitas delas corporais. Respeitando a tríade inseparável:

criança, música e movimento, Wuytack (1995) sugere uma série de atividades para que a criança preste atenção no trecho ouvido. Para isso, é possível, por exemplo, fazer brincadeiras coreográficas e rítmicas de partes da música antes e depois de ouvir o trecho original. Esse tipo de atividade permite que a criança reconheça no trecho ouvido elementos musicais de que ela se apropriou por meio das atividades práticas, o que torna sua escuta mais concentrada e consequentemente mais rica. (Romanelli, 2014, p. 69)

A seguir, apresentaremos (com finalidade ilustrativa) um conjunto de ideias para a condução de uma atividade de apreciação ativa considerando-se a obra "No salão do rei da montanha", parte final da *Suíte orquestral Peer Gynt*, do compositor norueguês Edvard H. Grieg (1843-1907). A escolha dessa obra se justifica pela variedade de elementos musicais possíveis de serem trabalhados de maneira ativa a partir de uma escuta dirigida e focalizada. É importante frisar que essa proposta não representa uma sugestão de atividade definida, tampouco o planejamento de uma aula de música. Trata-se de um conjunto de ideias para uma audição ativa de uma obra específica, com base no qual poderão surgir *insights* a serem aplicados em diferentes contextos.

Hora da prática musical

Audição musical ativa – ideias para uma atividade

- **Obra sugerida**

    Considere uma atividade de apreciação tendo em vista a música "No salão do rei da montanha", parte de uma obra musical maior – de autoria de Edvard H. Grieg – composta para a peça teatral *Peer Gynt*, do dramaturgo norueguês Henrik J. Ibsen (1828-1906). Posteriormente, a música foi incorporada como parte final da *Suíte orquestral Peer Gynt*, n. 1, *opus* 46.

- **Sobre a obra**

    A música é caracterizada por um início lento, com notas bem articuladas (executadas por violoncelos, baixos e fagotes). Após a exposição do tema (Figura 2.2), iniciam-se a inclusão de mudanças pontuais na harmonia (tonalidade) e a ampliação da instrumentação, que paulatinamente passa a incluir todos os instrumentos da orquestra. Daí em diante, a música é marcada por um acelerando (aumento gradual da velocidade), de modo que sua passagem conclusiva é bastante enérgica, culminando em um final apoteótico.

    Ouça a execução realizada pela Orquestra Filarmônica de Berlim (Alemanha), disponível no seguinte *link*:

    GRIEG: Peer Gynt / Järvi Berliner Philharmoniker. Disponível em: <https://www.youtube.com/watch?v=pPLXNmKvLBQ>. Acesso em: 7 ago. 2020.

- **Contexto-alvo**: preferivelmente, educação infantil e séries iniciais do ensino fundamental.

- **Aspectos musicais possíveis de serem trabalhados**:

    - Articulação: *staccato* (*pizzicato* nas cordas com arco).
    - Aspectos rítmicos: contratempo.
    - Dinâmica: crescendo.

- Andamento: acelerando.
- Timbres: variações na instrumentação.
- Métrica: compassos quaternários.
- Forma musical: desenvolvimento temático.

♦ **Procedimentos sugeridos**:

- Audição inicial da obra (não dirigida).
- Direção do exercício de escuta ativa: gestos/movimentos a serem trabalhados.

    i) Disposição da turma: um grande círculo, pequenos círculos ou dispersa.

    ii) Divisão da obra em partes: a cada exposição do tema (pequenas seções da música), selecionar um movimento corporal que esteja em consonância com os aspectos musicais explorados pela obra (articulação, contratempos, dinâmica, andamento, timbre, métrica e forma). Exemplos: caminhar em círculos para a direita ou esquerda; interromper o caminhar; estalar os dedos; bater palmas ou pés; agachar e levantar em momentos específicos. É importante convidar as crianças a colaborar, considerando suas sugestões em termos de exploração gestual.

- Realização da sessão de audição musical ativa.
- Reflexões compartilhadas sobre a realização: neste momento, é oportuno promover discussões com a turma com base na experiência como um todo e, especialmente, na correlação entre os movimentos e os aspectos musicais explorados.

♦ **Associações possíveis:**

- Estalar os dedos: cordas em *pizzicato* (notas articuladas).

- Caminhar ou cessar: sons e pausas.

- Aumento progressivo da velocidade do caminhar: acelerando.

- Palmas: ataques em contratempo.

- Ação com pés e palmas: momentos de *tutti* orquestral (toda a orquestra em execução).

- Agachar e levantar: crescendo (súbito) realizado pelos tímpanos no final da música.

Figura 2.2 – Apresentação do tema da obra referenciada (redução da orquestra para piano solo)

Fonte: Grieg, 1926, p. 12.

Conhecendo um pouco melhor a proposta da audição musical ativa, podemos nos questionar: Quais tipos de repertórios podem ser referenciados na apreciação musical de natureza ativa? Um breve olhar para as propostas pedagógicas em educação musical do século XX nos oferece algumas pistas a esse respeito.

Em alto e bom som

As discussões a respeito da seleção de repertórios no âmbito da educação musical são amplas e complexas, sendo objeto de estudo explorado por diversos autores (Zagonel, 1984; Brito, 2003; Swanwick, 2014; Elliott; Silverman, 2015). Tendo em vista a amplitude desse tema, a abordagem introdutória aqui realizada não finda as reflexões que lhe são pertinentes. Assim, para um maior aprofundamento, sugerimos a consulta à bibliografia especializada.

Ao compreendermos a improvisação musical como recurso pedagógico, aproximamo-nos das chamadas *pedagogias musicais ativas*, especialmente das propostas criativas concernentes a essas correntes educativo-musicais (as quais serão exploradas no capítulo final deste livro). Nessa direção, pedagogos e teóricos (especialmente na Europa e no norte da América) teceram críticas ao uso exclusivo de repertórios consagrados (baseados em provérbios, canções tradicionais e obras de natureza folclórica, por exemplo) em detrimento do estimulo à criação musical (incluindo a improvisação). A limitação dos repertórios é observada nos espaços que supervalorizam a música dita *escolar* ou *pedagógica*, aquela que os adultos assumem como pertencente ao universo musical infantil. Dessa forma, os alunos são submetidos a uma imersão musical em um recorte (quase sempre restrito) de possibilidades apreciativas determinadas pelos professores.

> A finalidade de todos esses métodos [tradicionais do ensino de música] é formar para a música tonal. Há técnicas diferentes, mais ou menos astuciosas, mais ou menos sensíveis, que são mais ou menos espaços ao jogo improvisado, mas, de forma geral, ao fim do caminho nos encontramos com esse mesmo objetivo: a música tonal, do Ré, Mi, Fá, Sol, semínima colcheia, maior e menor. (Delalande, 1984, p. 12, tradução nossa)

Isto posto, podemos conceber que a valorização dos processos de criação (incluindo as realizações criativas e a improvisação musical), do engajamento ativo dos alunos e das particularidades de cada contexto sociocultural representa a abertura de caminhos para a reformulação dos paradigmas tradicionais associados aos repertórios utilizados em educação musical, um tema há décadas problematizado pela literatura. Romanelli (2014, p. 68) reforça esse ponto de vista, esclarecendo que, quanto mais amplo for o repertório musical oferecido aos educandos, "maior será sua capacidade de criar e improvisar musicalmente, além de estabelecer relações mais ricas entre músicas diferentes". Dessa maneira, "a variedade de músicas ouvidas será essencial para a ampliação do repertório e consequente criatividade musical da criança" (Romanelli, 2014, p. 69).

Como temos visto, a concepção de audição musical ativa está intimamente ligada ao movimento, à dança e, até mesmo, a um apelo cênico, correspondendo a uma expressão multiartística. Além disso, essa proposta abre precedentes para a utilização de repertórios não tonais, incluindo manifestações musicais não ocidentais e mesmo a música contemporânea. "Trata-se de obras que não se fundamentam em um sistema elaborado pela tradição" (Delalande, 1984, p. 17, tradução nossa), contemplando os movimentos de vanguarda do século XX e as correntes estéticas que surgiram em reação às tendências do século XIX. A esse respeito, Delalande (1984, p. 17, tradução nossa), considerando a música contemporânea como sinônimo de "música nova", salienta que "as referências da música atual são frequentemente mais próximas de experiências do cotidiano do que de uma bagagem cultural". O autor destaca ainda o viés pedagógico dos repertórios ligados a vertentes como a "música concreta", uma proposta baseada na manipulação (captação e tratamento) de sons industriais, da natureza e/ou resultantes da exploração de objetivos (Griffiths, 1998). Nesse caminho, "as crianças dos anos iniciais da educação infantil são músicos 'concretos'. Elas descobrem os utensílios e quaisquer corpos sonoros [...], exploram o material, veem o que podem dele tirar, tentam gerar toda uma família de sons que se aparentam" (Delalande, 1984, p. 18, tradução nossa).

Com base em vivências particulares como músico, professor e pesquisador, podemos afirmar que as crianças são surpreendentemente mais receptivas à música contemporânea que os adultos. A exploração de novas sonoridades (acústicas e eletrônicas), a expansão das possibilidades rítmicas e a ressignificação dos conceitos de melodia e harmonia empreendida pela maioria dos compositores do século XX curiosamente causam menos estranhamento a elas que a nós, indivíduos supostamente formados e orientados intelectualmente, porém, em geral, resistentes ao novo. Esse fato nos permite inferir que, antes de serem expostas extensivamente às construções sociais e vernaculares em torno do que é a música (bem como às inibições sociais em termos de expressão sonora e corporal), as crianças não realizam distinções entre explorar sons, fazer música e mover-se no espaço. É nesse sentido que as experiências musicais delas assumem uma natureza plural do ponto de vista artístico. Observando a relação que elas estabelecem com a música, podemos aprender mais sobre a complexidade e a grandeza dessa arte.

Para encerrar a exposição deste tema, consideremos a seguinte reflexão: Como a prática docente pode se beneficiar das contribuições oferecidas pelo paradigma da audição musical ativa? Apoiados em Stiffit (2009) e Romanelli (2014), podemos considerar que a realização de exercícios de audição musical ativa inclui os seguintes aspectos: (i) **preparar a audição** – que pode abranger desde a seleção de recursos e materiais (incluindo repertórios e fontes sonoras, por exemplo) até atividades que favoreçam a concentração e a atenção (exercícios de "limpeza de ouvido"), possibilitando uma escuta focalizada (Schafer, 2009); (ii) **ouvir músicas diferentes** – que consiste na ampliação dos espectros de possibilidades em termos de repertório; (iii) **estabelecer relações entre as músicas apreciadas** – considerando-se a capacidade cognitiva de tecer associações entre eventos (identificando elementos intertextuais e/ou transferindo habilidades e conhecimentos entre contextos), o que favorece a aprendizagem significativa; (iv) **ouvir música ativamente** – tanto do ponto de vista reflexivo e psicológico (Bamberger, 2006) quanto do ponto de vista corporal e motor (Palheiros; Bourscheidt, 2012); e (v) **valorizar a qualidade da audição** – o que implica diversificar os repertórios e primar pela seleção de boas gravações, valorizando-se sempre que possível a apreciação "ao vivo" (engajando professores e alunos em situações de *performance* musical).

Para Stiffit (2009, p. 35), a apreciação é "uma atividade de base, que, além de ser em si mesma uma dimensão da experiência musical, abrange a função de complemento das demais experiências (execução e criação)". Nesse sentido, considerá-la no âmbito do ensino da música – especialmente na forma ativa – é um caminho para oportunizar a escuta e a ação sobre o ouvir, por meio do dançar, do refletir e do compartilhar, expandindo-se as possibilidades de aprender e viver a música, dentro e fora da escola.

2.5 O corpo na improvisação musical

Consideremos os seguintes resultados de pesquisas apoiadas na antropologia cultural: Seeger (1988) estudou a identidade étnica e cultural dos índios Suyá da Amazônia; Prass (1998) investigou os processos de ensino e aprendizagem e os saberes musicais envolvidos nas práticas socioculturais no contexto de uma bateria de escola de samba na Região Sul do Brasil; Mans (2002, citado por Lino, 2010) apresentou considerações a respeito da cultura musical infantil na região da Namíbia (país localizado na África Austral). O que esses diferentes estudos sugerem (para além das especificidades de cada fenômeno inserido culturalmente) é que cantar/tocar e dançar (explorar a movimentação e a gestualidade) são expressões integradas, faces distintas de uma mesma experiência artística/cultural. Esses achados reforçam a relevância da expressão corporal no fazer musical, sobretudo se tomarmos o corpo em suas múltiplas possibilidades de movimento, sensações e percepções cinestésicas.

> **Em alto e bom som**
>
> "O termo **Cinestesia** é composto por dois radicais, 'Cine' que significa movimento e 'Estesia' que indica sensação ou percepção. Cinestesia, portanto, seria uma sensação ou percepção de movimento" (Castro; Gomes, 2011, p. 125, grifo nosso).

2.5.1 O corpo no fazer musical: uma visão cognitiva

As considerações aqui apontadas se aplicam aos diferentes contextos do ensino de música, não se limitando à educação musical infantil. Para além da visão antropológica, podemos verificar a relevância das percepções corporais nas experiências musicais sob a ótica cognitiva. Estamos tratando da abordagem denominada **cognição incorporada**, "teoria segundo a qual a cognição [percepções, pensamentos, crenças e afetos] é substancialmente influenciada pelos aspectos do corpo, não apenas o cérebro; em outras palavras, o corpo [...] influencia na maneira como pensamos, sentimos e agimos" (Sternberg; Sternberg, 2016, p. 494).

> **Em alto e bom som**
>
> A **psicologia cognitiva** diz respeito ao "estudo de como as pessoas percebem as informações, aprendem-nas, lembram-se delas e pensam nelas" (Sternberg; Sternberg, 2016, p. 498).

Autores como Storolli (2011), Schroeder e Schroeder (2011) e Shifres (2015) propuseram um enfoque nos fenômenos musicais com a valorização das realizações incorporadas. Esses autores destacaram os prejuízos de reduzirmos as percepções musicais (referindo-se de modo específico às atividades de escuta) às experiências acusmáticas (fundamentadas exclusivamente na apreciação da música como fenômeno acústico), secundarizando as percepções sensoriais e as representações simbólicas pautadas no movimento. Para além dos aspectos auditivos, a literatura tem relatado "consideráveis evidências da contribuição de outras percepções (visuais, cinestésicas etc.) na prática de significação musical" (Shifres, 2015, p. 48, tradução nossa). Em outras palavras, nós significamos – compreendemos e valorizamos – nosso fazer musical por meio de experiências multissensoriais nas quais o envolvimento integral do aparato físico e a indissociabilidade entre mente e corpo são indispensáveis.

A perspectiva da cognição incorporada no âmbito da música sugere que as funções assumidas pelos corpos ultrapassam a concepção reducionista de que nosso aparato físico-motor é mero instrumento para a produção sonora, um simples meio de exploração e manipulação do material musical. Evita-se, desse modo, a "ideia de que o conhecimento musical 'deve estar [exclusivamente] na mente' e que toda ação (por exemplo, cantar ou tocar) é na realidade ferramenta coadjuvante" (Shifres, 2015, p. 48

tradução nossa), ou seja, uma via para exteriorizarmos nossa compreensão da música. Evidências científicas indicam que, ao colocarmos nosso corpo em função de determinada experiência musical, influenciamos (mesmo que inconscientemente) os significados que atribuímos a essa realização (Shifres, 2015; Caregnato, 2015). Assim, os diálogos entre a música e a cognição incorporada têm oferecido novos olhares às sensações e percepções oriundas do movimento e dos gestos mobilizados durante a prática musical.

Considere como exemplo de uma experiência musical incorporada os seguintes cenários: primeiramente, (i) a sensação de ouvir um acorde executado por você em determinado instrumento musical (um teclado ou um violão, por exemplo); trata-se de uma resposta sonora resultante de um esforço motor, envolvendo aspectos mecânicos, movimentação muscular e energia/esforços físicos empregados, fatores que, associados aos processos mentais mobilizados, influem nas sensações decorrentes desse comportamento. Agora, (ii) considere a possibilidade de ouvir internamente o mesmo acorde (sem o estímulo sonoro/acústico), apenas repousando os dedos sobre as teclas ou cordas do instrumento (sem acioná-las). Por fim, (iii) busque a mesma experiência de escuta interna sem construir nenhuma representação corpórea, isto é, sem realizar ou simular em sua mente uma movimentação gestual que incida na produção sonora.

Em alto e bom som

A experiência musical consiste no "conjunto de implicações que resultam do envolvimento do ser humano [com a música] (como

> sujeito psicológico) no plano de sua consciência, comprometendo percepção, pensamento, memória, criação, comportamento, julgamento, entre outras faculdades"(UNLP, 2018, p. 3, tradução nossa, grifo nosso).

A experiência da escuta internalizada orientada pela simulação cognitiva (mental) do gesto (cenário ii), em termos qualitativos, tende a ser mais completa que aquela na qual se desconsidera o papel do movimento na produção do som (cenário iii). Aproximando esse fenômeno de nosso objeto de interesse central (a improvisação musical), podemos nos questionar: É possível propor atividades de improvisação musical dissociadas da ação corpórea? Particularmente, acreditamos que não. Admitir o papel do corpo na improvisação musical parece inevitável.

Podemos, então, inferir que as referências visuais, as percepções cinestésicas e as metáforas relativas ao movimento, à gestualidade e à especialidade são exemplos de aspectos psicológicos e corporais que influenciam os diferentes modos de experienciar a música (executando, apreciando e criando/improvisando). A esse respeito, considere os esquemas representacionais verticais, que formam a base para a compreensão de conceitos abstratos como altura ou pulsação. No caso das alturas, sons agudos estão **acima**, ao passo que os graves estão **abaixo**. Da mesma forma, podemos vislumbrar uma parte **superior** e outra **inferior** do pulso como forma de assimilar as noções de tempo forte (parte de baixo) e tempo fraco ou contratempo (parte de cima). O mesmo se aplica à compreensão da distância intervalar entre duas notas adjacentes como um **salto** melódico. Assim, simulamos mentalmente os esforços físicos/musculares necessários à produção de determinado salto entre alturas definidas (no contexto do solfejo, por exemplo), podendo, ainda, ouvir mentalmente (audiar) os sons resultantes desses esforços corpóreos (Gallese, 2001, citado por Shifres, 2015; Caregnato, 2015).

> O corpo [tem sido] considerado um mecanismo envolvido na ativação dos dispositivos de produção sonora e é valorizado, nesse sentido, através da elaboração das técnicas instrumentais. No entanto, [a perspectiva cognitiva incorporada mostra que] o corpo, o movimento e os aspectos vinculados com o entorno físico e social são cruciais na atividade de escutar [executar, compor, improvisar] e pensar a música. É justamente o envolvimento corporal que estabelece a ponte entre a escuta musical musicológica (nos termos técnicos postulados pela teoria musical tradicional) e a natureza afetiva de toda atividade musical na vida cotidiana. O corpo expressa estados internos, intencionalidades e metas que são relevantes na prática de significação [compreensão e aprendizagem] musical e posiciona a audição [e as demais formas de fazer] musical como uma atividade social. (Shifres, 2015, p. 54, tradução nossa)

Focalizando as implicações educativo-musicais dessa temática, Delalande (1984) discute a ideia de que determinadas configurações sonoras (como um agrupamento rítmico ou melódico) podem evocar um gesto específico. O autor incita reflexões sobre como essas associações metafóricas se formaram e se cristalizaram em nossos vocabulários e práticas musicais ao longo da história. Sem a intenção de findar tais reflexões, podemos ao menos supor que a construção de todas essas metáforas entre música e movimento foram possibilitadas pelas experiências físicas e corporais que exercitamos ao longo de nossa vida. Ignorá-las é desconsiderar as relações existentes entre mente (pensamento) e corpo (matéria) no fazer musical. Diante de tantas evidências empíricas e teóricas, podemos afirmar que o vínculo existente entre o sonoro e o gestual – entre a música e o movimento – é inexorável.

2.5.2 Corpo, gesto e música: implicações para a educação musical

> *[O gesto é um] movimento capaz de expressar algo. É, portanto, um movimento dotado de significação especial. É mais do que uma mudança no espaço, uma ação corporal, ou um movimento mecânico: o gesto é um fenômeno de expressão que se atualiza na forma de movimento.*
>
> (Iazzetta, 1997, p. 33)

Além de uma arte dos sons, a música é também uma arte do gesto. Partindo dessa premissa estabelecida por François Delalande (1984), na obra *La musique est un jeu d'enfant* (A música é uma brincadeira de criança) – e trazendo à baila considerações teóricas oferecidas por autores como Small (1977), Wisnik (1989), Rodrigues (2009), Lino (2010) e Schroeder e Schroeder (2011) –, analisaremos as principais implicações do uso intencional do corpo nas experiências musicais, especialmente na improvisação, para o ensino e a aprendizagem da música.

Até aqui, temos considerado a existência de uma relação bidirecional entre gesto e som. Para isso, assumimos que o som é consequência de um movimento, um gesto que sugere uma resposta acústica. Um exemplo são as especificidades mecânicas/

motoras de um ataque realizado por um percussionista em um tambor para a produção de um som intenso e com o máximo de ressonância possível. Nesse cenário, um gesto específico resultou em um som pretendido. A assertiva aqui privilegiada é a de que o gesto desenha o som (Delalande, 1984). Por outro lado, podemos admitir que a análise de um som produzido em um violino, por exemplo, oferece-nos pistas que caracterizam o golpe de arco realizado (bem como seus elementos subjacentes: ângulo, intensidade e amplitude da arcada). Nesse caso, o resultado sonoro pode ofertar uma representação imagética do movimento realizado, favorecendo a asserção de que o som sugere o gesto (Delalande, 1984).

Tendo estabelecido uma relação intrínseca entre som e gesto, tomemos como exemplo a exposição (audição) a um estímulo musical de notória regularidade métrica, com impulsos e marcações contínuas, regulares e suficientemente perceptíveis (uma música com elevado apelo rítmico, como uma marcha). Há uma tendência natural para a emissão de respostas motoras, das mais primárias (como bater o pulso) às mais elaboradas, como dançar, e tais respostas parecem auxiliar na compreensão da música em níveis sintáticos (organização dos materiais sonoros) e semânticos (atribuição de significado). Atuando de maneira altamente consciente e intencional, poderíamos controlar a emissão de respostas motoras a fim de inibir movimentos corporais. No entanto, como explica Delalande (1984), em uma análise por meio de medições com um gravador eletromiográfico (com eletrodos sensíveis a minúcias musculares), evidenciamos a intencionalidade de uma resposta física ritmada. Do mesmo modo, Rodrigues (2009, p. 39) explica que "a música é capaz de alterar o ritmo da pulsação e da respiração, facilitando ou perturbando a concentração, excitando ou relaxando o organismo enquanto durar o estímulo. Além disso, provoca impulsos de cantar, tamborilar, ajustar o passo ao ritmo musical". Essas considerações reforçam a aproximação entre música e movimento como um traço inerente à natureza humana.

Desde as primeiras fases do desenvolvimento humano, as experiências musicais são essencialmente corporais. Por essa razão, o entendimento da relação gesto-música é evidente no fazer musical das crianças, sendo passível de expansão para as experiências artístico-musicais nas fases seguintes da vida. O fato é que, desde a primeira infância, nós experimentamos a música por meio do movimento e condicionamos a produção sonora ao encadeamento de gestos. À medida que nos desenvolvemos, aprimoramos nossas habilidades motoras e cognitivas e passamos a assumir o controle das figurações gestuais, agindo intencionalmente e orientando-nos por metas, por meio dos mecanismos de consciência e regulação do comportamento.

Assim, conforme crescem, as crianças passam a eleger certos gestos (comportamentos motores), perseguindo respostas sonoras específicas em suas explorações. As motivações que as levam a colocar o corpo em função das realizações musicais são variadas: a curiosidade da descoberta de novas possibilidades sonoras; o prazer sensório da brincadeira com os sons; a experiência em nível afetivo e emocional; a expressividade inerente ao fazer sonoro-musical; e a inserção social na escola e nos demais espaços e contextos.

Voltemo-nos à concepção de *música* como verbo, e não como substantivo. Trata-se de uma proposição – realizada por autores como Small (1977), no livro *Music, Society, Education* (Música, sociedade, educação), e Elliott e Silverman (2015), na obra *Music Matters* (Assuntos de música) – segundo a qual "música é ação", em uma concepção que foge à objetificação dessa manifestação artística, propondo uma visão holística da experiência musical. Lino (2010, p. 84) observa que conceber *música* como verbo é considerar "todas as maneiras de fazer musical, isto é, o escutar, o tocar, o interpretar, o compor, o dançar, o ouvir internamente [...]". Em complemento, Elliott e Silverman esclarecem:

> O termo *musicing* é uma contração de "fazer música". Como *musicing* entendemos todas as formas de fazer música, incluindo (mas não se limitando a) todos os tipos e formas específicas de executar, improvisar, compor, organizar, reger, gravar, amostrar, esculpir som, fazer música movendo-se, fazer música dançando, fazer música curando [sob o viés da saúde], fazer música adorando [do ponto de vista espiritual] e assim por diante, em todos os tipos de situações culturais. (Elliott; Silverman, 2015, p. 16, tradução nossa)

Nessa direção, Rodrigues (2009) defende um envolvimento integral do corpo como consequência da natureza musical do gesto, ilustrando tal ponto de vista pelo viés rítmico do movimento. Como exemplo, podemos citar o fato de a regularidade do caminhar ter inspirado proposições pedagógico-musicais consagradas, como o método O Passo, de autoria do professor carioca Lucas Ciavatta, cuja centralidade reside no ensino do ritmo, assumindo-se as realizações musicais como fenômenos indissociáveis do corpo, da imaginação e da realidade sociocultural (Ciavatta, 2016).

> **Indicação cultural**
>
> Para saber mais sobre o método, acesse o seguinte endereço:
>
> INSTITUTO D'O PASSO. **O que é**. Disponível em: <https://www.institutodopasso.org/o-metodo>. Acesso em: 7 ago. 2020.

Os elementos apresentados até aqui nos permitem afirmar que "não só a música incita o movimento, como também, o movimento poderá produzir a sua música" (Rodrigues, 2009, p. 38). Vislumbramos, assim, além da indissociabilidade, certa interdependência entre gesto e som. Não parece coerente sobrepor a importância de um à do outro. Da mesma forma, não cabem analogias ao dilema causal identificado na expressão popular "Quem nasceu primeiro: o ovo ou a galinha?". Assim, som e movimento emergem em simultaneidade, fazendo da música um fenômeno essencialmente corporal (Wisnik, 1989).

Enquanto educadores musicais, podemos nos indagar se é nosso dever elucidar para os alunos uma possível diferenciação entre o movimento e o som (propriedades que, embora sejam intimamente correlatas na manipulação sonora, existem autonomamente), com o objetivo de evitar interpretações equivocadas a esse respeito, como assumir que a arte musical não existe dissociada do gesto, particularmente por parte das crianças. Podemos ainda nos perguntar se devemos oportunizar e estruturar situações de aprendizagem que aproximem gesto e música, em uma espécie de ação estratégica para o ensino musical. Apesar de prováveis e legítimos, esses questionamentos parecem um tanto ingênuos. A organicidade e a naturalidade da conexão entre som e gesto dispensam qualquer intervenção docente direta em termos de sistematização das experiências oferecidas aos aprendizes, particularmente às crianças. Em outras palavras: não cabe aos educadores formalizar experiências sonoro-musicais e corpóreas.

Encontramos validação empírica para esse ponto de vista ao observarmos um bebê brincando com uma pequena bola de náilon ou acrílico, repetindo a ação de derrubá-la e olhando atentamente o quicar do objeto que produz significativo apelo visual e sonoro – o qual buscamos imitar nos instrumentos de corda friccionada com arco ou na percussão, utilizando o termo francês *jeté* (jogado). Portanto, movimento e som são elementos imprescindíveis às explorações sensoriais humanas, e isso não é diferente nas experimentações musicais, nas quais as vivências "acontecem através do corpo, dos sentidos, produzindo gestos, sendo estes uma das formas de expressar o que é percebido do universo sonoro" (Rodrigues, 2009, p. 41). Assim, com base no entendimento das dimensões sensório-motoras das experiências musicais, reiteramos "a importância de se trabalhar o movimento e a consciência corporal no ensino musical e de se gerar processos criativos através da atuação do corpo" (Storolli, 2011, p. 131), considerando-o não como simples instrumento a ser mobilizado para determinados fins, mas como um "agente do processo de conhecimento, provocando transformações nele e ao redor a partir de sua atuação" (Storolli, 2011, p. 131). Nessa leitura, o corpo não é mero veículo para os comportamentos musicais; ele é parte indispensável destes.

▷▷ Resumo da ópera

Para condensarmos os conceitos elencados neste capítulo, apresentamos a seguir a Figura 2.3.

Figura 2.3 – Síntese do Capítulo 2

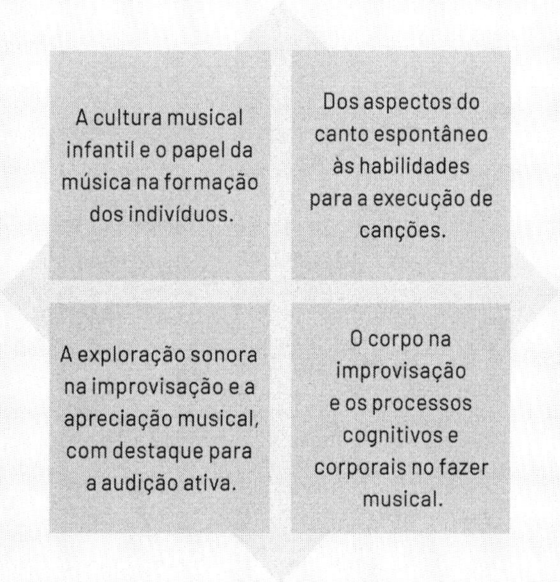

A cultura musical infantil e o papel da música na formação dos indivíduos.	Dos aspectos do canto espontâneo às habilidades para a execução de canções.
A exploração sonora na improvisação e a apreciação musical, com destaque para a audição ativa.	O corpo na improvisação e os processos cognitivos e corporais no fazer musical.

Teste de som

1. Considere a citação a seguir:

> A música pode contribuir para a formação global do aluno, desenvolvendo a capacidade de se expressar através de uma linguagem não verbal e os sentimentos e emoções, a sensibilidade, o intelecto, o corpo e a personalidade [...] a música se presta para favorecer uma série de áreas da criança. Essas áreas incluem a "sensibilidade", a "motricidade", o "raciocínio", além da "transmissão e do resgate de uma série de elementos da cultura".
> (Del Ben; Hentschke, 2002, citadas por Hummes, 2004, p. 22)

Os aspectos destacados por Del Ben e Hentschke (2002) estão em consonância com as reflexões sobre as funções e os benefícios do ensino de música, especialmente no âmbito da educação infantil. A esse respeito, assinale a alternativa correta:

a) A citação alinha-se à visão contextualista do ensino de música, segundo a qual a educação musical visa favorecer o desenvolvimento de habilidades extramusicais, como aspectos físico-motores, psicológicos e sociais.

b) A citação expressa um posicionamento que rejeita as influências sociais e culturais no desenvolvimento musical e, de certa maneira, questiona a real necessidade do ensino de música no contexto escolar.

c) A citação refere-se diretamente à visão essencialista do ensino de música, de acordo com a qual os benefícios da aprendizagem musical consistem no desenvolvimento musical por essência, dispensando as justificativas apoiadas em outras áreas do conhecimento.

d) A citação diz respeito à abordagem do ensino de música pela música, rejeitando os ganhos externos (ou apenas correlatos) à arte musical, como o progresso das funções cognitivas, emocionais e sociais.

e) A citação faz referência a uma linha de pensamento do campo da educação musical ultrapassada, visto que atribui demasiado valor ao desenvolvimento de competências que não estão diretamente associadas ao fazer musical.

2. Para Ilari (2003, citada por Ilari; Agnolo, 2005, p. 1), "o canto faz parte da musicalização de crianças em todas as partes do mundo, especialmente da educação musical de crianças pequenas em idade pré-escolar. É exatamente nessa idade que elas devem ser estimuladas a desenvolver o canto". O trecho citado ressalta a relevância das práticas vocais para o desenvolvimento musical. A premissa de que cantar é uma importante via para a aprendizagem motivou diversas investigações nas últimas décadas. Tais iniciativas científicas possibilitaram o desenvolvimento de um corpo de conhecimentos relativos à aquisição de habilidades para a execução de canções. A esse respeito, assinale a alternativa **incorreta** segundo os estudos sobre a aquisição de canções:

a) O canto espontâneo é uma expressão musical exploratória que antecede o desenvolvimento das habilidades para a execução de canções.

b) Por se tratar de um processo interno (de base cognitiva), a aprendizagem de canções não é influenciada por aspectos socioculturais.

c) O texto da canção (palavras) é o primeiro aspecto a ser aprendido pela criança.

d) As alturas (executadas com precisão relativa, seguida da apreensão do contorno melódio) constitutem o terceiro elemento a ser desenvolvido.

e) O ritmo (duração das notas) é o segundo aspecto a ser aprendido pelas crianças.

3. Romanelli (2014), no artigo intitulado "Antes de falar as crianças cantam! Considerações sobre o ensino de música na educação infantil", reforça que o ensino de música não deve prescindir da prática efetiva, da audição musical e da exploração da voz e dos objetos sonoros, integrados ao exercício da criação musical (especialmente por meio da improvisação). Considerando as reflexões propostas na Seção 2.3 ("Explorar o mundo sonoro é improvisar"), analise as afirmações a seguir e marque (V) para as verdadeiras e (F) para as falsas:

( ) Discorrendo sobre a relação das crianças com a exploração sonora-musical, Lino (2010) propõe o uso do verbo *barulhar* para descrever as iniciativas de produção sonora sem determinação prévia, de caráter experimental e improvisatório, um meio a partir do qual a criança conhece o mundo de sons ao seu redor, ao mesmo tempo que colabora com a expansão desse universo sonoro.

( ) A educação sonora remete a uma abordagem em educação musical (de autoria de R. Murray Schafer) centrada nas experiências diretas com o som, tendo a escuta (focalizada e periférica) como principal objeto de interesse. O objetivo primeiro da educação sonora é promover um aumento (quantitativo e qualitativo) dos níveis de consciência sobre o mundo sonoro que nos cerca.

( ) A concepção de exploração sonora aplica-se exclusivamente à aprendizagem musical na primeira infância, visto que o desenvolvimento de habilidades cognitivas e sociais (tais como a autorreflexão e os mecanismos inibitórios) reduz o potencial exploratório e criativo em outras fases da vida.

( ) O conceito de paisagem sonora, postulado por R. Murray Schafer, descreve todo o conjunto de sons (naturais, industriais, humanos ou não) que compõem determinado contexto ambiental em sua totalidade, constituindo verdadeiras "cenas sonoras" particulares.

Agora, assinale a alternativa que apresenta a sequência correta:

a) F, V, V, V.
b) V, F, V, V.
c) V, V, F, F.
d) V, V, F, V.
e) F, V, F, F.

4. Conforme esclarece Rodrigues (2009, p. 43), "sendo a música um fenômeno corporal, o gesto expressivo liberado de forma espontânea, pode configurar-se em uma maneira diferente de o aluno entrar em contato com a música, uma nova experiência em apreciação musical". Esse trecho está diretamente relacionado com qual das perspectivas listadas a seguir?
   a) A audição musical no plano sensível (primário/sensório).
   b) A dimensão emocional das experiências musicais.
   c) A improvisação dirigida.
   d) O conceito de paisagem sonora.
   e) A audição musical ativa, integrando apreciação e ações corporais.

5. De acordo com Storolli (2011, p. 132), "longe de ser apenas um instrumento a ser treinado para se obter certos resultados, o _____ pode ser considerado como o principal responsável pela realização musical. Muitas vezes, além de agente, ele é o próprio local do processo de criação, transfigurando-se em música, revelando assim toda sua potencialidade criativa". Considerando seus conhecimentos a respeito do papel desempenhado pelo movimento e pela gestualidade no fazer musical, assinale a alternativa que preenche corretamente a lacuna na citação:
   a) processo de escuta – que, como propõe Copland (2011), é composto por distintos níveis, a saber: nível sensível, nível expressivo e nível puramente musical.

b) corpo – que está diretamente associado aos processos mentais no desenvolvimento de habilidades e na construção de conhecimentos musicais, como descreve a perspectiva da cognição incorporada.

c) instrumento musical – que representa a principal via para as experiências musicais, sendo um recurso indispensável ao ensino e à aprendizagem da música.

d) *musicing* – que diz respeito à concepção de música como verbo proposta para compor uma abordagem holística do fazer musical.

e) som – na condição de estímulo acústico que, em uma visão cognitiva, é recebido pelas vias auditivas e passa por um processo de decodificação e atribuição de significado, revelando a complexidade da percepção auditiva.

Treinando o repertório

Pensando na letra

1. Para as duas atividades propostas nesta seção, considere a seguinte citação:

> Em um desses momentos em que estava se preparando para começar um jogo de **improvisação**, eu falei para os alunos: "Lembra que a gente tem que **escutar**, escutar a gente própria, escutar o outro, porque senão, a gente não faz música?" Em seguida, um aluno de quatro anos, com toda a sua sabedoria fala: "É, né, Teca, se a gente não escuta, a gente não faz música,

> a gente só mexe as mãos". Isso é muito inteligente, porque na verdade, ele percebe a **conexão de corpo e mente**, de **escuta e gesto**. Quando ele falou isso, eu ri sozinha, pensando que está cheio de gente que só mexe as mãos, estuda, estuda escala, faz um monte de coisa e realmente não tem uma **escuta qualificada**, e uma criança de quatro anos percebe que fazer música é estar inteiro ali. (Brito, citada por Jordão et al., 2012, p. 109, grifo nosso)

Essa citação foi extraída de uma fala de Teca Alencar de Brito em uma roda de conversa sobre educação musical (Jordão et al., 2012, p. 109).

Considerando a referida citação, responda às seguintes questões:

- Qual é o contexto situacional referenciado nesse relato?
- Quais são os agentes sociais (pessoas) envolvidos?
- Sintetize em uma assertiva as reflexões expostas pela professora (autora da fala) com base na afirmação do aluno.

2. Em um exercício reflexivo, relacione os termos em negrito na citação aos conceitos e às abordagens pedagógicas em educação musical explorados neste capítulo. Considere, para além dos itens destacados, as argumentações expostas pelo aluno e pela professora. Assuma os termos negritados como palavras-chave na construção de relações entre alguns dos temas que estudamos.

improvisação – escutar – conexão corpo e mente

escuta e gesto – escuta qualificada

Som na caixa

1. Com base em seus conhecimentos sobre o tema da audição musical ativa, desenvolva uma proposta de atividade a ser realizada no contexto de uma aula de musicalização. A obra indicada para a realização da atividade se chama *Ontem à noite*. A partitura, apresentada na Figura 2.4, foi extraída do livro *Fazendo música com crianças*, de Madalozzo et al. (2011)

Figura 2.4 – Partitura da obra *Ontem à noite*

Fonte: Madalozzo et al., 2011, p. 43.

Parâmetros para a elaboração da atividade

I. A obra

Apresente (em poucas palavras) algumas considerações sobre a canção. Note que ela é destinada à voz (melodia notada na partitura com o texto) e ao acompanhamento harmônico (indicado pelas cifras; a ser realizado por violão ou teclado, por exemplo). Para melhor conhecê-la, procure cantá-la com o suporte de um instrumento. Tenha sempre em mente que todos nós podemos (e devemos) cantar. É parte essencial da formação musical!

II. O contexto-alvo

Defina a faixa etária ou etapa de formação à qual a atividade se destina (educação infantil, ensino fundamental – séries iniciais ou finais – ou ensino médio). Se preferir, defina as séries e/ou idades.

III. Aspectos musicais a serem trabalhados

Como dica, sugerimos que considere as características do contorno melódico (constituído por apenas três alturas: Si, Mi e Sol). Dessa forma, convidar os alunos a improvisar gestos ou movimentações que representem os contrastes de altura é um caminho possível. Além disso, considere também a estrutura da música. Trata-se de uma canção em forma binária (AB), sendo que a seção A abrange os sete primeiros compassos e a seção B consiste nos oito últimos compassos. É importante ter clareza sobre os principais elementos de contraste entre as duas partes (A e B). Assim, é possível solicitar aos alunos que representem as mudanças nas seções que constituem a forma da música movendo seus corpos no espaço, por exemplo. Por fim, recomendamos que explore outros aspectos musicais na obra, como nuances de dinâmica (fortes e fracos), que, embora não estejam notadas na partitura, são importantes para a fluência do discurso musical.

IV. Procedimentos: etapas da atividade

Descreva os procedimentos que compõem a atividade, como: uma primeira escuta menos atenta ou menos direcionada a aspectos específicos da canção; os encaminhamentos para a escuta ativa (gestos/movimentos e demais iniciativas corporais), enfatizando os aspectos musicais que serão trabalhados; os momentos efetivos de audição ativa (escuta e corpo em ação); os espaços para a reflexão sobre a prática (buscando questionar os alunos sobre suas realizações, de modo a levá-los também ao autoquestionamento). Sinta-se à vontade para descrever as demandas organizacionais e estruturais, como a disposição da turma e os recursos necessários para a realização da atividade.

Além dos itens aqui pontuados, destaque o que mais achar necessário. Explore seu potencial criativo e elabore uma atividade na qual se priorizem a riqueza da experiência musical, o desenvolvimento criativo dos alunos e o engajamento deles na realização.

Mãos à obra e bom trabalho!

Capítulo 3

IMPROVISAÇÃO E APRENDIZAGEM MUSICAL: ASPECTOS PSICOLÓGICOS, SOCIAIS E EDUCACIONAIS

Este capítulo apresenta um enfoque nas bases sociais e psicológicas da aprendizagem musical que decorre das atividades de improvisação. Os aspectos sociais do aprendizado da música representam o fio condutor do discurso aqui desenvolvido, contemplando aspectos do desenvolvimento da primeira infância à juventude, dos contextos institucionais aos âmbitos informais de ensino.

O objetivo geral deste capítulo é promover a compreensão da aprendizagem musical sob uma perspectiva interdisciplinar, oferecendo suporte às ações docentes no uso da improvisação musical como ferramenta didático-pedagógica. Entre os objetivos específicos, destacamos: analisar a aprendizagem musical a partir dos processos de enculturação e do treino deliberado; iluminar a compreensão da intuição e do pensamento analítico (lógica) como variáveis intervenientes ao desenvolvimento de habilidades associadas à improvisação musical; abordar as práticas formais e informais nos diferentes contextos de ensino e aprendizagem da música; examinar os papéis desempenhados pelo jogo (ludicidade), especialmente na educação musical infantil; promover reflexões a respeito da relação entre as culturas juvenis (hábitos e especificidades socioculturais e psicológicas de adolescentes e jovens), a música – incluindo as diferentes formas de vivenciá-la – e a escola, especificamente das séries finais do ensino fundamental ao ensino médio, tendo em vista também o aprendizado musical para além dos espaços escolares.

3.1 As bases sociais e psicológicas da aprendizagem musical

Os processos de aprendizagem da música estão associados ao desenvolvimento geral dos indivíduos, considerando-se os progressos físicos, biológicos, sociais, psicológicos e intelectuais como um todo. Nesse sentido, o desenvolvimento musical ocorre tanto a partir de competências inatas (e das potencialidades individuais) quanto das interações que estabelecemos com o mundo desde que nascemos. Gordon (2008, p. 15-16), contrariando as visões inatistas do talento musical, destaca que "todas as crianças nascem com pelo menos alguma aptidão para a música [...]. Assim como não existem crianças sem inteligência, não existem crianças sem aptidão musical". Em uma visão positiva, que deve nortear o exercício da docência em música, especialmente na educação infantil, o autor reforça que "independentemente de quão baixo é o potencial inato duma criança, é possível, com adequada orientação [...] fazê-la emergir do balbucio musical" (Gordon, 2008, p. 20) em direção à aquisição de competências musicais em níveis distintos de complexidade.

A literatura especializada tem reforçado a influência de aspectos como os mecanismos que desenvolvemos para representar a música mentalmente (cognição musical), a imersão sociocultural (os processos de enculturação) e os esforços realizados de modo consciente, intencional e orientados por metas (aquisição deliberada de habilidades musicais)(Sloboda, 2008; Hallam; Jorgensen, 2011). Nesta seção, aprofundaremos os conceitos de enculturação e treino, justificando a relevância desses temas para a compreensão da improvisação como via para a aprendizagem musical.

3.1.1 Enculturação e treino: caminhos para a aquisição de habilidades musicais

A maioria expressiva dos estudiosos sobre o desenvolvimento musical concordam que o meio sociocultural influencia diretamente a aprendizagem da música (Hargreaves; Zimmerman, 2006; Gordon, 2008; Swanwick, 2014; McPherson; Hallam, 2016). As sociedades, seus agentes e suas expressões culturais moldam os processos de aprendizagem, em consonância com as idiossincrasias dos indivíduos, mesmo que os sujeitos não estejam engajados conscientemente em tais processos. Um exemplo é o fato de que as crianças constroem novos conhecimentos, desenvolvem novas habilidades e expressam novos comportamentos a partir das vivências cotidianas, sem que seja necessária a orientação oferecida por um adulto ou o treino formal. Trata-se da aprendizagem que ocorre pela exposição continuada a manifestações musicais em determinado contexto cultural, denominada **enculturação**.

Em alto e bom som

Para Green (2001, p. 22, tradução e grifo nosso), "o conceito de **enculturação musical** diz respeito à aquisição de habilidades e conhecimentos musicais através da imersão nas práticas musicais diárias do contexto social ao qual o indivíduo pertence".

Esse fenômeno ocorre em razão da exposição a uma multiplicidade de estímulos ambientais aos quais somos submetidos desde o início da vida. Não raramente, quando temos contato com crianças, especialmente na primeira infância, somos surpreendidos pelas suas capacidades de progredir nas habilidades motoras, expandir o vocabulário e aderir às convenções sociais. Com as competências musicais, não poderia ser diferente. Observar a atuação de um grupo instrumental no contexto religioso, assistir a uma apresentação de um grupo vocal em praça pública, ouvir a trilha musical de um filme ou, mesmo, de um comercial exibido na TV são exemplos corriqueiros de situações nas quais somos constantemente expostos à música. Para as crianças, mais que momentos de apreciação musical (direcionada/atenta ou não), tais circunstâncias guardam o potencial para a aprendizagem musical. Mesmo que não intencionem desenvolver novas competências, nas experiências do dia a dia as crianças apreendem sobre as funções que a música pode desempenhar na mídia (e na sociedade como um todo), sobre sua dimensão emocional/afetiva (evidente em contextos religiosos, por exemplo) e sobre o poder atrativo que essa arte exerce sobre os seres humanos.

Do ponto de vista essencialmente musical, as crianças passam a reconhecer novos timbres e suas possíveis combinações, vivenciam a aproximação entre gesto e som e divertem-se aprendendo novas canções (compreendendo seus elementos textuais, rítmicos e melódicos). A esse respeito, Sloboda (2008, p. 259) destaca que "as crianças pequenas não aspiram progredir em sua capacidade de aprender canções, mas progridem. Os adultos não ensinam às crianças a arte de memorizar canções, mas as crianças aprendem a memorizá-las". Essas considerações nos permitem afirmar que um ambiente diversificado musicalmente possibilita, por meio da enculturação, o início dos processos de aprendizagem musical – obviamente, por um viés não sistematizado.

A aprendizagem musical por enculturação ocorre a partir de uma base de tendências e potencialidades individuais (inatas ou não), considerando-se os componentes biológicos (físicos e neurológicos), psicológicos (cognitivos e emocionais) e sociais. Em complemento, Sloboda (2008) explica que a enculturação é caraterizada por três aspectos: (i) o aparato biológico e cognitivo dos indivíduos; (ii) as vivências proporcionadas pelos contextos socioculturais; e (iii) o desenvolvimento global dos sujeitos (levando-se em consideração variáveis físicas, neurológicas e psicológicas).

> em primeiro lugar, encontramos um conjunto compartilhado de capacidades primitivas, que estão presentes no nascimento ou logo após. Em segundo lugar, há um conjunto compartilhado de experiências que a cultura proporciona às crianças, à medida que crescem. Em terceiro lugar, há o impacto de um sistema cognitivo geral que muda rapidamente, à medida que são aprendidas muitas outras habilidades que têm base na cultura. (Sloboda, 2008, p. 259)

Meirelles, Stoltz e Lüders (2014) esclarecem que a aprendizagem musical por meio da enculturação constitui uma via primária para o desenvolvimento de habilidades, sendo caracterizada por baixos (ou ausentes) níveis de consciência e intencionalidade. A **consciência** está relacionada às iniciativas nas quais sabemos o que estamos fazendo, em que temos total ciência de nossos pensamentos e ações e dos fatores que motivam e justificam essas iniciativas (Teixeira, 2016). Bandura, Azzi e Polydoro (2008, p. 15) esclarecem que "as pessoas formam intenções que incluem planos e estratégias de ação para realizá-las". Nessa visão, a **intencionalidade** representa ações conscientes orientadas por metas. Ambas as competências – consciência e intencionalidade – são essencialmente cognitivas, e seu aprimoramento está em consonância com o desenvolvimento dos sujeitos.

Tendo em vista o exposto, podemos compreender que, em decorrência dos baixos níveis de consciência e intencionalidade inerentes aos processos de enculturação, esse fenômeno tende a se tornar menos influente à medida que as demandas da aprendizagem musical passam a requerer o uso de estratégias de aprendizagem e de práticas de estudo deliberadas, isto é, comportamentos cuidadosamente planejados com a intenção de promover o desenvolvimento e aprimoramento de habilidades musicais específicas, como tocar determinado instrumento ou progredir nas competências auditivo-musicais. A literatura salienta que, próximo dos 10 anos, a aprendizagem sistematizada – que requer uma orientação formal e explicita e um engajamento direto por parte dos aprendizes – passa a influenciar mais o desenvolvimento musical que os processos de enculturação. Trata-se do **treino**, principal via para a aquisição de habilidades musicais após a infância (Sloboda, 2008; Meirelles; Stoltz; Lüders, 2014).

A aprendizagem musical por meio do treino combina aspectos como esforços autoconscientes, comportamentos intencionais e orientados por metas, instrução explícita envolvendo abordagens metodológicas concernentes ao ensino formal de música, entre outros fatores associados ao estudo deliberado. Sob essa ótica, Galvão (2006) ressalta que o progresso nas habilidades musicais requer o desenvolvimento e a aplicação de estratégias de aprendizagem, com vistas à resolução de desafios específicos, a manutenção da motivação (ou seja, os fatores que nos levam a iniciar e assegurar a continuidade no estudo musical) e as condições para planejar, realizar, monitorar, avaliar e promover mudanças nas sessões de estudo quando necessário. Nesse contexto, Veloso e Araújo (2017, p. 2) destacam a aprendizagem musical autorregulada, assumindo que a autorregulação

> diz respeito aos mecanismos que as pessoas usam para controlar o próprio desenvolvimento, a partir do delineamento de objetivos e diretrizes de estudo, atentando para o controle do próprio progresso e utilizando estratégias como a monitoramento, elaboração e gerenciamento do esforço empregado.

Resumidamente, podemos constatar uma diversidade de habilidades mobilizadas na aprendizagem por meio do treino (individual ou coletivo), como os comportamentos motores minuciosos, sobretudo na execução instrumental e vocal, e as iniciativas cognitivas complexas (processos mentais como a codificação de informações e a memorização), incluindo fatores motivacionais e emocionais (McPherson; Nielsen; Renwick, 2013; Veloso, 2019). Em um exercício de síntese, na Figura 3.1, apresentamos definições dos conceitos de enculturação e treino aplicados à aprendizagem musical. Tais concepções descrevem processos de aprendizagem complexos e imprescindíveis ao desenvolvimento musical.

Figura 3.1 – Enculturação e treino na aprendizagem musical

Enculturação	Trata-se de um processo (predominante até aproximadamente os 10 anos) a partir do qual a criança, imersa em realidades culturais específicas, amplia involuntariamente sua bagagem de conhecimentos e desenvolve habilidades por meio da aprendizagem informal.
Treino	Diz respeito às iniciativas voltadas à aquisição de habilidades, considerando-se as competências cognitivas (funções executivas), a motivação, o uso de estratégias para o alcance de metas, entre outros aspectos. É realizado por meio da aprendizagem formal e estruturada.

Fonte: Elaborado com base em Sloboda, 2008.

Resumidamente, enquanto a enculturação musical envolve as experiências socioculturais constituídas nos diferentes contextos ambientais e nas circunstâncias vivenciadas durante a infância, o treino consiste no desenvolvimento deliberado – e potencialmente autorregulado – de habilidades musicais por meio da instrução formal e da prática musical sistematizada. Com base nessas considerações teóricas, tanto a enculturação quanto o treino devem ser tomados como fenômenos distintos do processo de desenvolvimento musical, complementares e não excludentes entre si.

3.1.2 A mediação dos processos de enculturação e treino: orientação e educação musical

Considerando-se o exercício docente, quais são as implicações da aprendizagem musical pela enculturação ou pelo treino? Sabemos que, com relação à enculturação, o desenvolvimento das aptidões musicais é influenciado diretamente pelo meio sociocultural (Gordon, 2008; Sloboda, 2008). O treino, por sua vez, impacta mais especificamente no desenvolvimento de habilidades e na expansão dos conhecimentos construídos por enculturação. Podemos entender, portanto, que no período compreendido como infância (do nascimento à pré-adolescência), o desenvolvimento musical é fortemente beneficiado pela **orientação informal**, conceito atribuído ao educador musical e pesquisador estadunidense Edwin Gordon (1927-2015). Orientar as crianças em seus processos de aprendizagem musical demanda compreender a relevância da enculturação para que se evite inibir esse processo de imersão social imprescindível ao desenvolvimento geral dos indivíduos. Tais orientações podem ocorrer tanto em ambientes de aprendizagem (instituições de ensino, sendo conduzidas por profissionais da área) quanto nos demais espaços de convívio das crianças (com destaque para o papel desempenhado pela família e/ou por cuidadores). Elas proporcionam o contato natural com a cultura, sem a intenção de promover a aquisição de habilidades específicas, como tocar um instrumento ou compor com rigor técnico. Parafraseando Delalande (1984), basta encorajar nas crianças a pesquisa sonora, as ações espontâneas e o fascínio pela experiência musical que lhes é inerente, conduzindo as experimentações em direção a uma autêntica invenção musical.

Em se tratando das ações docentes na aprendizagem musical por meio do treino, reportamo-nos à **educação formal**, que, diferentemente da orientação, é sempre estruturada e prevê a aquisição de competências específicas. Dado seu caráter formal, ela requer o planejamento do que será ensinado (planificação das atividades, definição de metas de aprendizagem e de estratégias de ação e resolução de problemas), assim como o monitoramento e a avaliação dos processos de ensino e aprendizagem. Diferentemente do que se possa prever, a educação musical formal não se limita aos contextos institucionais, podendo ser empreendida por professores (no espaço escolar) ou por familiares e/ou demais agentes sociais (em contextos externos à escola). A esse respeito, Gordon (2008, p. 5) ressalta que "o lar é a escola mais importante que as crianças alguma vez irão conhecer e os pais são os professores mais marcantes que alguma vez irão ter". O autor complementa esse ponto de vista afirmando que as competências requeridas para a condução das fases iniciais do desenvolvimento musical não se associam a elevados níveis de *expertise* musical, mas à promoção de espaços favoráveis à percepção, manipulação e expressão sonoro-musical, desde os níveis mais básicos de sistematização e complexidade.

A Figura 3.2 estabelece uma distinção teórica entre os conceitos de orientação e educação à luz das proposições de Gordon (2008).

Figura 3.2 – Orientação *versus* educação musical

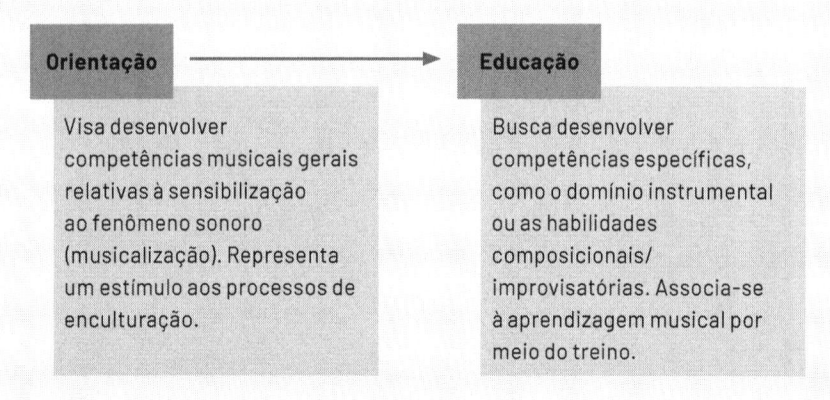

Orientação	➔	Educação
Visa desenvolver competências musicais gerais relativas à sensibilização ao fenômeno sonoro (musicalização). Representa um estímulo aos processos de enculturação.		Busca desenvolver competências específicas, como o domínio instrumental ou as habilidades composicionais/improvisatórias. Associa-se à aprendizagem musical por meio do treino.

Fonte: Elaborado com base em Gordon, 2008.

Em síntese, tanto na orientação informal quanto na educação formal (modalidades não excludentes, mas complementares), é imprescindível que os responsáveis pela criança ou pelo adolescente promovam espaços e condições ambientais ricas musicalmente. Mais que encorajar o envolvimento das crianças com a música, os adultos devem se engajar na mesma medida em que os aprendizes, cantando com e para as crianças, atuando como modelos no aprendizado das diferenças entre as vozes cantada e falada, por exemplo. Para Gordon (2008, p. 6), "os pais que consigam cantar com afinação razoável e movimentar o corpo de forma flexível, com movimentos livres e fluidos, e que disso tirem prazer, têm as condições básicas para orientar e instruir musicalmente os filhos, mesmo que não toquem um instrumento musical".

3.2 O pensamento lógico e intuitivo na improvisação musical

Como discutimos ao longo dos primeiros capítulos, o conceito de improvisação musical é amplo o bastante a ponto de oferecer significativas contribuições tanto ao campo da *performance* musical quando às práticas de musicalização, nas quais residem os interesses centrais deste livro. No ensino de instrumentos musicais e de canto, a improvisação geralmente se associa à criação espontânea e em tempo real de ideias musicais (integrando aspectos melódicos, rítmicos e harmônicos), geralmente apoiadas em sistemas de estruturação musical consagrados, como o modalismo e o tonalismo no contexto ocidental. Em complemento, é notório o recente interesse no uso de estratégias improvisatórias aliadas ao desenvolvimento técnico-instrumental no âmbito da formação em *performance* musical, com vistas a tornar "o estudo da técnica mais criativo e não tão repetitivo" e com baixo apelo artístico-musical (Albino, 2009, p. 83).

No ensino de música baseado na musicalização (portanto, com pretensões distintas dos objetivos performáticos do ensino especializado de instrumentos e canto), a improvisação contribui para o desenvolvimento das habilidades auditivas, bem como para a sensibilização ao fenômeno sonoro (integrando o gesto/movimento corporal), o uso do corpo em sua integralidade (incluindo a voz), as habilidades expressivo-musicais, a ludicidade nas práticas musicais e a aprendizagem criativa, valorizando também as faculdades sensoriais e os processos mentais, como a representação simbólica, a atenção e a concentração. Nesses contextos, como observa Albino (2009, p. 85), a improvisação representa "um trabalho capaz de integrar as sensações auditivas e a experimentação sonora nos processos de ensino/aprendizagem" da música. A improvisação no ensino de música favorece tanto o desenvolvimento de competências intrínsecas à música quanto as habilidades extramusicais, entre as quais se destacam as aptidões sociais e a constituição da personalidade. Nessa direção, Brito (2001, p. 45), baseada em proposições do compositor e educador musical brasileiro de origem alemã Hans-Joachim Koellreutter, afirma que a improvisação musical

> permite vivenciar e conscientizar importantes questões musicais, que são trabalhadas com aspectos como autodisciplina, tolerância, respeito, capacidade de compartilhar, criar, refletir etc. O professor entende que, por meio do trabalho de improvisação, abre-se espaço para dialogar e debater com os alunos e, assim, introduzir os conteúdos adequados.

Com base nessas considerações, podemos questionar: Quais são os elementos compartilhados entre as práticas de improvisação no contexto da *performance* musical e no âmbito da musicalização? Recorrendo aos aportes psicológicos e pedagógicos em educação musical, podemos inferir que o pensamento lógico e intuitivo é requerido em ambos os cenários. Diferentemente do que o senso comum possa sugerir, "a prática improvisatória não é um processo eminentemente [e exclusivamente] intuitivo. Ela advém de um conjunto de informações, capacidades e habilidades musicais adquiridas pelos executantes durante sua formação" (Albino, 2009, p. 83), incluindo o raciocínio lógico e as operações mentais complexas, altamente conscientes e reflexivas.

Entretanto, em que consistem os conceitos de pensamento lógico e intuitivo? E qual é a relevância dessas formulações para a aprendizagem musical por meio das práticas de improvisação? O pesquisador e educador musical britânico Keith Swanwick (2014) apropriou-se de tais questionamentos em seus esforços para a formulação de uma teoria de desenvolvimento musical. Fonterrada (2008) sinaliza que as proposições teóricas desse autor estão fortemente ancoradas na relação entre intuição e lógica. A seguir, buscaremos esclarecer as diferenças entre esses dois constructos, bem como seus pontos de intersecção no tocante à aprendizagem musical e à improvisação.

Ao se engajarem na exploração e pesquisa sonora característica das iniciativas improvisatórias (lidando com conflitos de tomadas de decisão e resolução de problemas), as crianças (especialmente na primeira infância) operam por meio do **pensamento intuitivo**, uma vez que suas escolhas não são guiadas pela análise lógica e não objetivam o controle do material musical mediante critérios predefinidos, e sim pelas experiências emocionais, sensoriais, motoras e estéticas resultantes da livre improvisação. Tais experiências, conforme destaca Delalande (1984), favorecem a adaptação dos indivíduos ao mundo exterior, possibilitando a ampliação dos esquemas sensório-motores. Nessa perspectiva, Kebach (2013, p. 22) explica que o universo das crianças (até aproximadamente os 7 anos) "é gerenciado pela subjetividade, cujas ações são livres e desprovidas de uma lógica".

Você provavelmente já observou uma criança descobrindo as implicações de um novo gesto, divertindo-se com as respostas sonoras e sensoriais da vibração dos próprios lábios ou manipulando um objeto sonoro. Para fins de ilustração, considere um cenário no qual uma criança derruba uma moeda em uma superfície plana e rígida (como o chão). Ao empreender essa ação, ela atenta para suas implicações em termos sensoriais: observa os movimentos circulares realizados pela moeda e os sons resultantes (e suas características em termos de timbre, duração e intensidade). Instigada pelas novas descobertas, a criança tenderá a reiterar essa ação, de modo a explorar novas possibilidades sensoriais, lançando a moeda em outras superfícies que possam resultar em sons distintos – o que revela a dimensão motivacional e emocional das explorações sonoras orientadas intuitivamente. Em síntese, tal cenário representa uma experiência guiada essencialmente pelo pensamento intuitivo e baseada na exploração sonora (tema discutido no Capítulo 2).

Com relação ao **raciocínio lógico**, a literatura em psicologia esclarece que esse nível de pensamento reside na análise minuciosa da atividade que se pretende realizar, na observação de suas dificuldades e na necessidade de resolução de problemas, seguida da formulação de hipóteses e do delineamento de estratégias (em uma abordagem análoga ao método científico). Os estudos empíricos a respeito desse tema sugerem que: (i) as habilidades cognitivas, como os processos de atenção e memorização, parecem ser requisitos ao exercício do raciocínio; (ii) o histórico de experiências bem-sucedidas favorece o pensamento lógico em novas situações (mesmo em face de problemas inéditos); (iii) opondo-se à rigidez, o raciocínio é beneficiado pela flexibilidade de pensamento (Braghirolli et al., 2015). Considerando o exposto a respeito dos conceitos de lógica e intuição, observe a Figura 3.3, que estabelece uma aproximação entre os pensamentos lógico e intuitivo no processo de desenvolvimento musical.

Figura 3.3 – Pensamento lógico e pensamento intuitivo no desenvolvimento musical

Intuição
+
Lógica
→
Construção de conhecimentos e desenvolvimento de habilidades musicais

"Minha posição é que o crescimento do conhecimento, em qualquer nível, emerge intuitivamente e é nutrido e direcionado pela análise [lógica]. O conhecimento musical não é exceção e observar e participar do fazer musical das crianças nos oferece outras descobertas quanto a essas estruturas e processos" (Swanwick, 1994, citado por Fonterrada, 2008, p. 112-113).

Fonte: Elaborado com base em Fonterrada, 2008; Swanwick, 2014.

Sabemos que o pensamento lógico está vinculado ao raciocínio, à inteligência, à maturação biológica, às vivências adquiridas, às experiências sociais e educacionais e aos processos de regulação internos aos sujeitos (Assis; Coleto, 2017). Sob essa ótica, Swanwick (2014) explica que, no desenvolvimento musical, a primeira mudança sobressalente ocorre na passagem da exploração sonora orientada pelo pensamento intuitivo para o controle consciente, analítico e reflexivo dos materiais sonoros, que define o início do pensamento lógico na aprendizagem musical. Nesse processo, exerce influência a capacidade de imitação – isto é, a reprodução musical em reação a modelos (simbólicos ou reais) e à música em si –, como no caso da reprodução fiel de estímulos musicais percebidos ou do estabelecimento intencional de variações (improvisando). A lógica é, portanto, responsável pelo alcance de níveis mais complexos de elaboração musical, influenciando aspectos como a criatividade (como veremos no Capítulo 4).

Um importante marco em direção ao pensamento lógico é o desenvolvimento das habilidades representacionais, observado nos anos que se seguem ao término da primeira infância (após os 5 anos). É nessa fase que, de acordo com Kebach (2013, p. 23), "a criança começa a vivenciar o mundo por meio de jogos simbólicos, expressando-se musicalmente por meio da imitação dos sons dos objetos, sonorizando com a voz e com o corpo as histórias que inventa", tornando-se "capaz de se expressar de modo mais autônomo". A partir desse período, nota-se um expressivo avanço na aquisição de canções, na manutenção da pulsação rítmica, na capacidade de memorização musical e nas habilidades para manipular o material em termos de composição e improvisação (misturando/realocando excertos musicais e investindo em diferentes formas de executar uma mesma música, por exemplo). Tendo esses aspectos em mente, "o professor, ao perceber as condutas musicais espontâneas das crianças durante suas brincadeiras, poderá partir dessas ações para sistematizar as tarefas de musicalização na sala de aula" (Kebach, 2013, p. 23).

3.3 As práticas musicais formais e informais

Nesta seção, enfocaremos a aprendizagem por meio do treino, abordando a perspectiva da aquisição deliberada de habilidades musicais, com ênfase na aprendizagem musical por meio das práticas individuais e coletivas e com foco na adolescência e na juventude. Nesse contexto, o termo *prática* se refere não somente às situações de *performance* musical (execução instrumental e vocal), mas também às experiências constituídas nas relações de ensino e aprendizagem musical como um todo, abrangendo as ações docentes e discentes e as especificidades contextuais.

O conceito de **prática deliberada** descreve "um conjunto de atividades sistematicamente planejadas que têm como objetivo promover a superação de dificuldades específicas do instrumentista e de produzir melhoras efetivas em sua *performance*" (Ericsson, 1993, citado por Alves; Freire, 2013, p. 3). A prática musical deliberada envolve a realização de atividades com altos níveis de consciência, atenção e concentração, considerando o delineamento de objetivos (o que fazer), de estratégias (como fazer) e de condições ambientais favoráveis (em termos sociais/culturais e físico/estruturais) (Gabrielsson, 2003).

Uma aproximação entre a concepção de deliberação da prática musical e os conceitos de prática formal e informal demanda o entendimento de que, em diferentes níveis de refinamento, tanto a aprendizagem formal quanto a informal contemplam traços de deliberação (do planejamento e monitoramento das atividades à avaliação e promoção de mudanças nos hábitos de estudo). O contrário também é válido, se considerarmos que o estudo deliberado e autorregulado presume um equilíbrio entre os esforços empregados nas tarefas de aprendizagem formal e informal, "estando ambas relacionadas com o sucesso da aprendizagem" (Madeira, 2014, p. 11). Um aspecto essencial à aprendizagem musical "refere-se ao desenvolvimento das 'habilidades autorregulatórias' pelo músico instrumentista, ou seja, sua capacidade de planejar [monitorar e avaliar] o próprio estudo e de se tornar participante ativo do seu próprio processo de aprendizado musical" (Nielsen, 2001, citada por Santiago, 2006, p. 54). Na visão defendida por McPherson, Nielsen e Renwick (2013), é atributo dos estudantes autorregulados a capacidade de equilibrar liberdade e disciplina nas sessões de estudo musical.

> Os autores [McPherson; Nielsen; Renwick (2013)] destacam que jovens instrumentistas engajados cognitivamente não apenas praticam mais e melhor, mas também desfrutam dos momentos de aprendizagem instrumental sem que haja perdas em termos qualitativos. A literatura salienta que o controle do tempo de estudo deve considerar, além da prática orientada ao desenvolvimento e manutenção de habilidades, os momentos de treino não deliberado que favoreçam a autossatisfação e realização pessoal, elementos imprescindíveis à motivação para a aprendizagem musical. (Veloso, 2019, p. 61)

Considerando o exposto, Patrícia Santiago (2006) e Diana Santiago (2010) apontam algumas características inerentes ao estudo musical deliberado, a saber:

- a atenção a aspectos específicos das obras musicais estudadas;
- o uso de recursos analítico-musicais (antes e durante o contato direto com o instrumento);
- o estudo da peça "por partes" em detrimento do estudo massivo da obra na íntegra;
- o uso estratégico de recursos como o metrônomo e a manipulação de elementos como o andamento;
- a identificação das dificuldades enfrentadas e a modificação de iniciativas de estudo improdutivas;
- a constante autorreflexão sobre as metas estipuladas, as estratégias adotadas e os resultados alcançados no estudo musical.

A aprendizagem musical é beneficiada tanto pelas práticas **deliberadas** e **formais** quanto pelas práticas **informais**. "Assim, além de adquirirem as habilidades técnicas para dominar tanto o instrumento quanto o repertório [práticas formais], os estudantes bem-sucedidos também investem tempo e esforço para explorar como as estruturas musicais funcionam", improvisando e desenvolvendo suas potencialidades criativas por meio das práticas informais (Davidson, 2002, p. 94, tradução nossa). Embora autores como Sloboda et al. (1996) e Santiago (2006) assumam as práticas deliberadas e formais como sinônimos, não adotaremos essa concepção. De fato, tais abordagens conservam muitas semelhanças. Todavia, podemos conceber traços de deliberação mesmo nas práticas informais, dada a amplitude e abrangência do conceito de prática deliberada.

A Figura 3.4 ilustra a relação existente entre as práticas formais, informais e deliberadas e os processos de aprendizagem musical na perspectiva do treino.

Figura 3.4 - A aprendizagem musical sob a perspectiva do treino

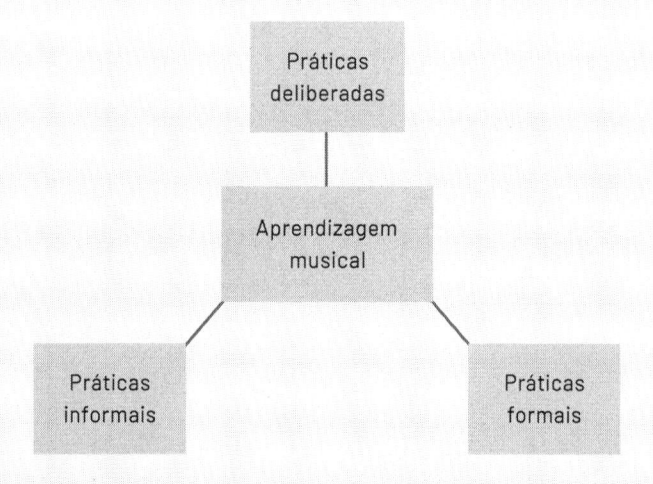

```
                    Práticas
                   deliberadas
                        |
                   Aprendizagem
                      musical
                   /          \
            Práticas          Práticas
            informais         formais
```

A seguir, no Quadro 3.1, destacamos as principais diferenças entre os conceitos de prática formal e informal. Para isso, tomamos como base o exposto pela educadora musical britânica Lucy Green (2012), em um ensaio sobre o ensino de música por meio das práticas informais.

Quadro 3.1 – Práticas formais e informais em educação musical

	Práticas musicais formais	Práticas musicais informais
Seleção de repertório	A seleção do repertório é de responsabilidade do docente que busca respeitar um programa de estudos (definido pelo currículo escolar). O objetivo é selecionar obras que ofereçam desafios progressivos, promovendo-se a construção de novos conhecimentos e habilidades.	Implicam a participação ativa e direta dos alunos na seleção do repertório, evidenciando maior valorização da realidade sociocultural, das preferências pessoais, da autenticidade artístico-musical e da motivação pessoal no processo de estudo.
Registros e notação	Privilegiam a leitura de partituras (nos processos de estudo e nas situações de leituras à primeira vista) como parte indissociável da formação musical.	Conferem menor ênfase à aprendizagem musical a partir de recursos notacionais, privilegiando as habilidades auditivas (executar "de ouvido").
Individual versus coletivo	Valorizam a prática individual (sobretudo na aquisição da técnica), sendo as práticas coletivas as responsáveis pelas experiências performáticas (com menor ênfase na aprendizagem).	Os processos de aprendizagem musical são altamente sociais e autônomos, integrando a interação por pares e a aprendizagem por modelação.

(continua)

(Quadro 3.1 - conclusão)

	Práticas musicais formais	Práticas musicais informais
Saberes formais	Preveem uma sequência (progressão de complexidade) na aquisição de habilidades, consideram as especificidades das áreas de formação e os níveis de profissionalização pretendidos e enfatizam as habilidades para a *performance* musical e a aquisição de repertórios consagrados.	A aprendizagem de novas competências ocorre pela vivência e está associada às preferências e à realidade empírica (não havendo a necessidade de uma progressão). Valorizam as competências para a criação/improvisação musical, estimulando exercícios criativos em detrimento do apego a um repertório de base (tradicional).
Modos do fazer musical	Estabelecem distinções claras (em termos de competências) entre as modalidades do fazer musical (aspectos explícitos pelos currículos). A ênfase na criatividade e a improvisação são enfatizadas em casos específicos (visando-se à formação especializada).	Baseiam-se na integração das diferentes modalidades do fazer musical (apreciação, execução e criação), com ênfase nas práticas de improvisação (estimulando o desenvolvimento da criatividade) e nas habilidades perceptivas/aurais.

Fonte: Elaborado com base em Green, 2012.

As características apontadas no Quadro 3.1 sugerem que as práticas formais se associam à aprendizagem musical voltada à música de concerto e desenvolvida em contextos acadêmicos, valorizando o repertório tradicional europeu. Em contraste, as práticas informais contemplam em maior grau as realidades dos musicistas populares, especialmente (mas não exclusivamente) aqueles que constroem sua formação musical fora dos âmbitos institucionais de ensino, incorporando "práticas criativas tais como a improvisação, a composição, o arranjo e o tocar de ouvido" (Santiago, 2006, p. 52). Para Green (2012, p. 67), as práticas informais "diferenciam-se enormemente dos procedimentos educacionais musicais formais e dos modos como as habilidades e conhecimentos da música clássica têm sido adquiridos e transmitidos, pelo menos durante os dois últimos séculos".

Em consonância com o exposto por Santiago (2006), acreditamos que as abordagens formal e informal devem ser compreendidas como complementares e, nesse sentido, os educadores musicais devem empreender esforços para promover a aproximação entre essas perspectivas, contemplando da musicalização infantil à formação de *performers* (instrumentistas e cantores) de alto nível.

Nessa perspectiva, propomos o seguinte questionamento: Quais são os benefícios da adoção das práticas informais na sala de aula? Green (2012) responde a essa pergunta apontando os seguintes aspectos: a valorização da autenticidade artística dos alunos em suas produções musicais; a expansão dos significados (socioculturais, políticos, históricos e inerentemente musicais) e dos valores que os discentes atribuem à música; e a "abertura" dos ouvidos para novas possibilidades sonoras, o que implica tanto a expansão dos repertórios e de vivências musicais quanto os significados atribuídos às manifestações artístico-musicais. Assim, as práticas informais podem favorecer reflexões "sobre a natureza da própria música, sobre as pessoas que fizeram a música, sobre as pessoas que as escutam, seus valores, crenças e ações sociais, políticas ou religiosas" (Green, 2012, p. 78).

Ao concebermos a coexistência das práticas formais e informais nos processos de aprendizagem musical, vislumbramos o envolvimento dos aprendizes em atividades estruturadas, baseadas nas práticas deliberadas, na mesma medida em que se engajam em tarefas características da aprendizagem informal, como as práticas de improvisação e o tocar "de ouvido". A motivação para tais iniciativas reside em suas respostas emocionais, como o prazer inerente às realizações musicais com maior liberdade, e na relevância de tais respostas para uma formação musical suficientemente completa, que integre diferentes dimensões da experiência musical (compor, improvisar, arranjar, ouvir e tocar).

Lançando um olhar específico à inserção da improvisação nas práticas informais, a pianista e educadora estadunidense Abby Whiteside destacou as experiências sensoriais, motoras, auditivas e criativo-musicais presentes em tais práticas:

> Aquele que improvisa não toca nota por nota, interrompendo a *performance* para pensar no que irá tocar a seguir. Partindo da audição, a improvisação estabelece um relacionamento imediato entre as imagens auditivas e os mecanismos motores da *performance*. Já que o processo de improvisação requer a manifestação de ideia musical completa e da *performance* de frases inteiras, os alunos não poderão interromper o fluxo da energia musical quando estão improvisando. Além disso, os professores de piano [e de outros instrumentos ou canto] poderão ajudar seus alunos a solucionar suas questões motoras pela sensação, à medida que eles aprendem peças musicais de ouvido. (Whiteside, 1969, citada por Santiago, 2006, p. 57)

Tendo em vista o exposto nesta seção, concluímos que tanto as práticas formais quanto as informais podem beneficiar os processos de aprendizagem musical. Não obstante, a realidade empírica apresenta um distanciamento entre a formalidade e a informalidade no ensinar e aprender música, aspecto evidente em muitas das concepções e práticas curriculares vigentes. Sob essa ótica, Brito (2003, p. 151) esclarece que "não é raro, ainda hoje, encontrar instrumentistas que, capazes de interpretar peças musicais complexas, sentem grande dificuldade para improvisar, já que a formação musical privilegiou os aspectos formais, a notação e a interpretação" em detrimento da valorização de aspectos das práticas informais. Nessa direção, deparamo-nos com o desafio de encontrar pontes que integrem os empreendimentos formais e informais nas práticas pedagógicas e nos hábitos de estudo da música, amenizando a visão dualista que reforça a oposição entre rigor e liberdade, formalidade e informalidade.

Como incentivo à reformulação dos paradigmas historicamente constituídos no ensino de música e visando à expansão das abordagens pedagógicas nesse campo, apresentamos a seguir (com base na literatura especializada) alguns encaminhamentos favoráveis à aproximação entre as práticas formais e informais em educação musical:

- o **desenvolvimento das habilidades de escuta**, por meio de estratégias como aprender a música por referenciais sonoros (e não exclusivamente pela partitura) e por meio das práticas de improvisação (o que demanda, entre outras competências aurais, o exercício da escuta interna);

- o **desenvolvimento das habilidades de improvisação**, considerando-se desde pequenas inflexões interpretativas e modificações intencionais no repertório estudado até a improvisação efetiva ou mesmo a composição de peças musicais baseadas em determinadas características estilísticas (da música de concerto ao *jazz*, passando pelas tendências da música contemporânea, por exemplo);
- a **criação de arranjos musicais** com o suporte notacional ou apenas por referenciais sonoros (tendo em vista a escuta, a elaboração do arranjo e sua execução);
- a **valorização das práticas coletivas** no processo de aprendizagem instrumental/vocal (para além das situações de *performance* em grupos voltadas exclusivamente ao fazer artístico sem pretensões pedagógico-musicais, considerando que não somente a prática, mas também o ensino-aprendizagem da música é beneficiado pelas realizações coletivas).

Finalmente, podemos inferir que a associação entre as práticas formais e informais pode auxiliar a aprendizagem de diversas habilidades musicais, valorizando a integração das modalidades do fazer musical (ouvir, criar e executar) e o papel da improvisação na aprendizagem, favorecendo o desenvolvimento criativo e o engajamento dos aprendizes. Assim, a influência bidirecional existente entre as práticas formais e informais (evidente nas possibilidades de intersecção) representa um caminho para a promoção de mudanças no âmbito do ensino de música, atendendo às novas demandas e exigências formativas e profissionais da contemporaneidade.

3.4 A aprendizagem musical na infância: música, jogo e desenvolvimento

As reflexões a respeito da aprendizagem musical no período que compreende da infância à entrada na adolescência (isto é, do início da vida até aproximadamente os 12 anos) assumem uma ampla diversidade de vieses. Quando consideramos a inserção da improvisação nesse recorte temático, as possibilidades discursivas se tornam ainda maiores. Admitindo a impossibilidade de abranger todos os aspectos concernentes a esse assunto, nesta seção buscaremos lançar luz sobre o papel do jogo na aprendizagem musical por meio da improvisação, com ênfase no desenvolvimento musical infantil, concebendo as brincadeiras musicais como elementos propulsores da aprendizagem.

É importante frisar que os recortes temporais aqui estabelecidos em termos de idade não equivalem à definição de estágios de desenvolvimento, excetuando-se as referências feitas à teoria de Jean Piaget. Para evitarmos interpretações equivocadas – e procurando não limitar as contribuições deste texto às etapas da escolarização (educação básica) –, ao longo deste livro, temos orientado nossas reflexões pelas fases do processo de maturação: infância, adolescência (incluindo sua fase prévia) e juventude, abrangendo o início da fase adulta.

3.4.1 A música é uma brincadeira de criança

> A improvisação musical das crianças é seu modo de brincar e de comunicar-se musicalmente, traduzindo em sons seus gestos, sentidos, sensações e pensamentos, simbolizando e sonorizando, explorando e experimentando, fazendo música, história, faz-de-conta, jogo...
>
> (Brito, 2003, p. 153)

O título desta seção direciona a atenção para discussões já introduzidas na Seção 2.1. Na infância, os momentos de brincar são repletos de música, apreciada, executada ou criada (individualmente ou em grupo) com o corpo, bem como por meio de objetos sonoros ou de instrumentos. Fazer música é uma tarefa carregada de elementos lúdicos, como tudo o que permeia o universo infantil. A música é parte da vida em suas múltiplas dimensões desde a infância, e "diferentes estudos têm nos mostrado que, para algumas culturas, fazer música é brincar" (Lino, 2010, p. 83). Como exemplo, podemos apontar que as brincadeiras de roda não representam uma simples integração entre o cantar e o jogar – com regras e características compartilhadas socialmente. Por outro lado, canta-se jogando e brinca-se cantando.

Sob essa perspectiva, a música está intrinsecamente relacionada com o brincar, sendo parte indissociável dessa ação. Lino (2010, p. 84) reforça que, especialmente no contexto escolar, "tempos de brincar sempre foram encontros para fazer música. Nesses encontros, a música não ignora o ruído, não idolatra a canção, nem um tipo específico de construção sonora, mas cria relações no risco e no excesso de experimentar a ludicidade do corpo e das paisagens sonoras do entorno". Portanto, cantar/tocar/explorar sons e brincar são diferentes faces de um mesmo fenômeno, de uma experiência lúdica integradora e indispensável ao desenvolvimento infantil, como explicam autores do campo da psicologia, como Jean Piaget. No âmbito da educação musical, diversos pesquisadores compreendem o jogo como um mediador entre as crianças e a aprendizagem da música, sendo um caminho para o desenvolvimento de habilidades musicais. Considerando o exposto, a seguir destacaremos as proposições teórico-empíricas realizadas por Delalande (1984) e os resultados de uma investigação empreendida por Schroeder e Schroeder (2011) em um contexto brasileiro.

Assumindo um olhar para a formação musical das crianças com menos foco nos aspectos técnico-musicais e mais nas experiências e explorações sonoras (em termos de manipulação dos sons e processos de escuta), Delalande (1984) propôs a **pedagogia do despertar**. Trata-se de uma nova perspectiva sobre o fazer musical ativo como objeto de interesse educativo-musical. Pautada na exploração sonora desde as primeiras fases da vida, essa abordagem está centrada nos elementos do jogo descritos por Piaget, o que reforça o viés lúdico de tal proposta.

A valorização da ludicidade, o fomento à criatividade e o foco na autonomia dos alunos são alguns dos principais aspectos que impulsionaram as revisões das práticas do ensino de música no século XX, sob o rótulo das chamadas **pedagogias ativas** em educação musical (assunto que vamos explorar no último capítulo deste livro). Nesse cenário, a perspectiva defendida por Delalande (1984) se destaca por centralizar o papel da exploração sonora e da ludicidade no desenvolvimento musical (com ênfase nos elementos do jogo e no brincar como fatores indispensáveis à aprendizagem). Embora o conceito de **ludicidade** esteja associado aos processos de aprendizagem pautados no jogo e na brincadeira, as atividades lúdicas não devem limitar-se às concepções reducionistas que compreendem o brincar nas relações de ensino e aprendizagem como uma trivialidade ou mera distração, lazer ou entretenimento. O jogo é um fenômeno complexo que envolve múltiplas habilidades cognitivas, motoras, psicológicas e sociais. A esse respeito,

> Redin (1998) e Fortuna (2003) afirmam que brincar é uma ferramenta para aprender a viver, uma atividade imprevisível, não linear, improdutiva [não utilitária], livre, [e ao mesmo tempo] regulamentada, que separa o tempo e o espaço na ação lúdica. Gainza (1983) ressalta que a criança que brinca é o adulto que cria. (Lino, 2010, p. 83)

Sob esse olhar, as realizações musicais (na *performance*, na criação e na audição) aproximam-se dos seguintes elementos do jogo apresentados por Piaget: (i) a **dimensão sensório-motora**, (ii) o **aspecto simbólico do jogo** e (iii) o **conjunto de regras**.

Em alto e bom som

Ao analisar os parâmetros do jogo nas atividades de escuta, Cruces (2001, citado por Lino, 2010, p. 84) esclarece que "as brincadeiras com as materialidades sonoras expressas na escola não operavam somente com [a produção de] sons, 'mas com a escuta [...], com a atividade que o ouvido desenvolve em torno do que ouve'", considerando que ouvir demanda uma postura ativa do ponto de vista da cognição e da ação (segundo o paradigma da audição ativa).

O jogo envolve "uma situação imaginária e regras ou, em outras palavras, a concomitância entre **liberdade** – já que não há um único e previamente definido resultado – e **controle**", visto que "várias brincadeiras simplesmente se descaracterizam se certas normas previamente acordadas não forem obedecidas". (Schroeder; Schroeder, 2011, p. 109, grifo nosso)

A Figura 3.5 apresenta a concepção de jogo sob a perspectiva do construtivismo piagetiano.

Figura 3.5 – Elementos constituintes do jogo para Piaget

Dimensão sensório-motora
É evidenciada na associação entre som e movimento e experimentada especialmente na improvisação e na exploração sonora livre.

Representações simbólicas
Dizem respeito às representações mentais e à capacidade imaginativa que compõe o universo do "faz de conta", favorecendo a expressão e a atribuição de significados à música e às realizações musicais.

Conjunto de regras
Assume a função de organizar o jogo, norteando as ações e estimulando o engajamento por meio de desafios com potencial para o desenvolvimento de novas competências.

Here, Sunny studio e Diego Cervo/Shutterstock

Fonte: Elaborado com base em Schroeder; Schroeder, 2011; Assis; Coleto, 2017.

> **Em alto e bom som**
>
> Em termos de desenvolvimento, o **período sensório-motor** representa o primeiro dos estágios descritos por Piaget, abrangendo aproximadamente do nascimento aos 2 anos (Kebach, 2013).
>
> Na visão piagetiana, as capacidades simbólicas estão em consonância com o **período pré-operatório** (segunda etapa do desenvolvimento infantil), cobrindo aproximadamente dos 2 aos 7 anos (Kebach, 2013).

Tratando da relação entre o **jogo** e a **improvisação**, Brito (2003) explica que as práticas improvisatórias na educação infantil favorecem a aquisição de habilidades sensório-motoras e simbólicas, o que reforça a relação entre tais competências e o desenvolvimento musical. Sobre a capacidade de representação simbólica, a autora destaca que as crianças elaboram trilhas sonoras para as cenas construídas em seus imaginários (o universo do faz de conta), fazendo da improvisação musical um jogo simbólico.

> E enquanto improvisam, transformando em trotar de cavalos o timbre de cocos ou dos *woodblocks* [blocos de maneira percussivos], em leões ferozes os tambores, as crianças desenvolvem e estabelecem relações com a linguagem musical, aprendendo a produzir, escutar e reconhecer sons e silêncios, com suas qualidades e características próprias, ordenados de modo a criar formas sonoras. Assim, encaminham a experiência musical para níveis mais elaborados, adquirindo fluência e conhecimento. (Brito, 2003, p. 153)

Excetuando-se as particularidades de cada contexto, os elementos do jogo – aspectos sensório-motores e simbólicos e regras – atuam associados, são inerentes ao universo da criança (que dispensa esforços para mobilizá-los), integram as diferentes realidades culturais e manifestam-se por meio da música. Dessa forma, "a música é a expressão da organização sonora impressa por diferentes culturas e sociedades. Como um jogo sonoro de regras em movimento dinâmico, a música está presente na e como cultura, ultrapassando o discurso verbal e se inserindo no discurso musical de cada grupo ou contexto social" (Lino, 2010, p. 83).

Assim, as intervenções docentes devem considerar o respeito e o encorajamento às tendências naturais da infância. Sob essa ótica, Delalande (1984), problematizando os modelos tradicionais de ensino, ressalta que o sistema escolar (em nome de uma lógica disciplinar engessada e de uma massificação dos processos de ensino) tende a padronizar comportamentos, inibindo as ações espontâneas e fora das normas estabelecidas, tentando moldar os aprendizes a partir de modelos utilitaristas. "Mas, dentro desse sistema escolar, há uma espécie de falha: o jogo. Talvez, o jogo possa se desenvolver e sobreviver até a vida do adulto, sob a forma de música" (Delalande, 1984, p. 31, tradução nossa). Essa visão reforça o potencial da ludicidade para a promoção de mudanças no âmbito educacional, com vistas ao desenvolvimento de processos de aprendizagem que valorizem a subjetividade discente, a autonomia e a autenticidade criativa.

Resumidamente, a ludicidade (pautada na valorização do jogo como via para a aprendizagem musical) representa "uma forma astuciosa de interessar as crianças", que supera o mero artifício motivacional (estratégia para envolvê-las nas atividades), tendo em vista que "o jogo é a música propriamente dita" (Delalande, 1984, p. 22, tradução nossa) e compartilha com ela seus elementos (dimensão sensório-motora, representações simbólicas e um conjunto de regras). Jogo e música causam fascínio, oportunizam o engajamento e oferecem inúmeras implicações cognitivas, emocionais e motivacionais. Desse modo, em educação musical, "não se pode diferenciar a estratégia (interessar as crianças por meio do jogo) do objetivo (interessar as crianças para a brincadeira e fazê-las entrar no jogo musical)" (Delalande, 1984, p. 22, tradução nossa).

No âmbito investigativo, Schroeder e Schroeder (2011) – em consonância com Delalande (1984) – enfatizam as relações entre o jogo, as realizações musicais das crianças e os aspectos emocionais de tais experiências (alegria, prazer, satisfação). Desse modo, podemos conceber uma tríade formada pelos elementos **emoção**, **motivação** e **aprendizagem**, cuja associação pode ser evidenciada nas práticas lúdicas. Pimentel (2007) explica que a ludicidade é caracterizada por sentimentos positivos (emoções) que incentivam o envolvimento com as tarefas de aprendizagem (motivações). Mesmo que as crianças não estejam conscientes da complexidade e da riqueza desses processos, as experiências positivas oferecidas pelo jogo favorecem a valorização e o engajamento (por parte dos aprendizes) nos momentos de brincar, o que justifica a "importância da brincadeira como ativadora do desenvolvimento na idade pré-escolar" e nas fases seguintes (Schroeder; Schroeder, 2011, p. 109).

Nessa perspectiva, analisando dados de um estudo de caráter etnográfico realizado no contexto escolar, Schroeder e Schroeder (2011, p. 109) observaram que

> as emoções positivas que acompanharam as brincadeiras foram as grandes incentivadoras para que as crianças primassem por uma realização musicalmente bem cuidada, embora, conscientemente, isso não fosse relevante. Já nos momentos das aulas (posteriores e anteriores a esses episódios) em que as crianças eram solicitadas a buscar uma regularidade temporal pela professora de música, a forte motivação emocional não era a mesma e, como resultado, havia uma espécie de regressão musical, perdendo-se em parte as conquistas adquiridas nas brincadeiras.

A seguir, a Figura 3.6 evidencia elementos subjacentes ao desenvolvimento musical que convergem para a promoção de uma aprendizagem musical lúdica.

Figura 3.6 – Aprendizagem musical e ludicidade: aspectos subjacentes

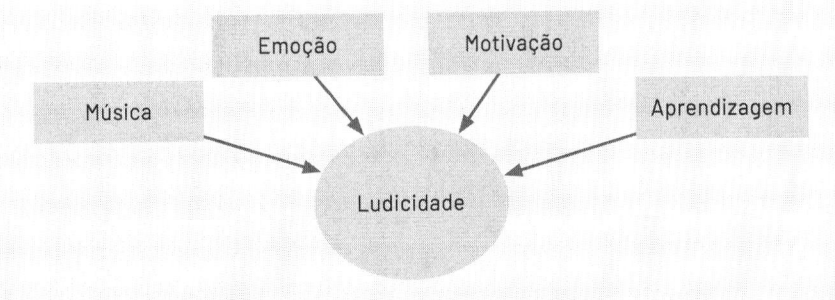

A respeito das implicações educacionais da aproximação entre música e ludicidade, Brito (2003) esclarece que as atividades de improvisação musical baseadas no jogo ocupam papel de destaque na educação infantil. As brincadeiras reúnem ações intencionais que favorecem as expressões criativas e, do ponto de vista musical, oportunizam o desenvolvimento da expressividade. Assim,

> os jogos garantem às crianças a possiblidade de vivenciar e entender aspectos musicais essenciais: as diferentes qualidades do som, o valor expressivo do silêncio, a necessidade de organizar os materiais sonoros e o silêncio no tempo e no espaço, a vivência do pulso, do ritmo, a criação e a reprodução de melodias, entre outros aspectos. (Brito, 2003, p. 152)

Nas relações entre educadores e educandos, os jogos de improvisar permitem que as crianças se expressem musicalmente, o que possibilita aos docentes a visualização do desenvolvimento das crianças, a compreensão de "como elas ouvem e percebem, como se relacionam com os materiais sonoros, se criam melodias, se mantêm um pulso regular, se exploram diferentes níveis de intensidade do som etc."(Brito, 2003, p. 152).

Em termos de recursos, uma ampla diversidade de materiais pode ser utilizada em atividades que lancem um olhar lúdico à improvisação musical. Exemplos são os instrumentos musicais tradicionais, além de instrumentos elaborados em sala de aula ou de objetos que possam produzir sons e, especialmente, o uso do corpo/da voz. Dessa forma, aos docentes é atribuído o compromisso de oferecer uma variedade de opções para brincar e criar musicalmente (propostas inerentemente integradas), instigando nas crianças a curiosidade de descobrir novas possibilidades musicais, de modo a valorizar os fatores emocionais, motivacionais e cognitivos envolvidos no jogo. É nesse sentido que "'jogar' com a música é também 'jogar-se', o que dá como resultado uma gama infinita, e em constante mutação, de caminhos para a expressão e para a criação" musical (Gainza, 1988, p. 105).

A ludicidade parece ser uma via para responder às necessidades da criança em formação, colaborando para a aprendizagem na interação com o ambiente (em suas dimensões física/estrutural e sociocultural), "criando, desse modo, condições favoráveis para que cada um se desenvolva na medida de suas possibilidades" (Assis; Coleto, 2017, p. 147).

3.5 A dimensão social da aprendizagem musical de adolescentes e jovens

> DeNora (2000) teoriza sobre o poder da música na vida das pessoas, um poder nada místico, mas concretamente situado na corporalidade, nos sentimentos, na cognição, na constituição cultural e social do ser, que parece marcar a experiência musical da juventude.
>
> (Arroyo, 2007, p. 32)

A música ocupa uma posição de destaque nas culturas juvenis, tornando-se central na vida de adolescentes e jovens à medida que se associa às necessidades afetivas, cognitivas e sociais nessa fase da vida.

> **Em alto e bom som**
>
> As **culturas juvenis** incluem as práticas socioculturais de adolescentes e jovens e são marcadas pela possibilidade de atuação destes "fora do alcance dos adultos" (Feixa, 2006, citado por Arroyo, 2007, p. 34).
>
> Ao longo do presente livro, para evitarmos repetições demasiadas, os termos *adolescentes/adolescência* e *jovens/juventude* serão alternados, embora se refiram a um mesmo público: aquele situado no amplo recorte que contempla do fim da infância à vida adulta.

Enquanto a aprendizagem musical infantil é fortemente marcada pelos processos de enculturação (Sloboda, 2008) e pelos aspectos que constituem o jogo e a ludicidade – especialmente o desenvolvimento sensório-motor, a exploração e o controle exercido sobre o material sonoro (Delalande, 1984) –, aprender música para além da infância implica a apropriação dos elementos da cultura em nível idiomático e estilístico, demandando competências específicas, como altos níveis de consciência metacognitiva (ainda em desenvolvimento na criança, mas representativa nas fases seguintes da vida).

As mudanças sociocognitivas e emocionais que marcam a passagem da infância para a adolescência resultam em novas formas de compreender, relacionar e valorizar as experiências musicais (Swanwick, 2014). A esse respeito, Boal-Palheiros

(2006) – em um ensaio intitulado "Funções e modos de ouvir música de crianças e adolescentes, em diferentes contextos" – frisa a relevância das chamadas **funções psicológicas da música** no desenvolvimento musical de adolescentes e jovens. Assim, as funções cognitivas, emocionais e sociais que a música pode assumir exercem influência nos processos de aprendizagem musical. Por meio de suas funções psicológicas (Figura 3.7), "a música desempenha um papel cada vez mais importante na vida das pessoas, quer adultos quer crianças" (Boal-Palheiros, 2006, p. 304). Nessa perspectiva, concentraremos nossas reflexões na função social da música e em seus desdobramentos, assumindo, tal como em DeNora (2000, p. 20, tradução nossa), que "a música guarda relação dinâmica com a vida social, ajudando a invocar, estabilizar e modificar parâmetros de agenciamento coletivo e individual".

Figura 3.7 – Funções psicológicas da música

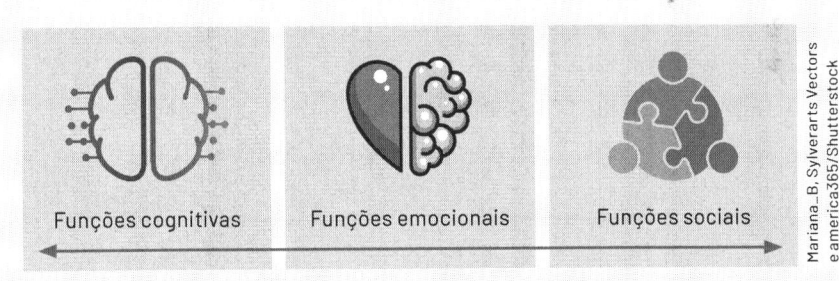

| Funções cognitivas | Funções emocionais | Funções sociais |

Mariana_B. Sylverarts Vectors e america365/Shutterstock

Fonte: Elaborado com base em Boal-Palheiros, 2006.

Analisando a realidade social que nos circunda, podemos confirmar que a música nunca esteve tão presente no cotidiano dos adolescentes e jovens como na atualidade, graças aos recursos tecnológicos disponíveis. Hoje, por meio da internet, temos contato com uma infinidade de manifestações musicais associadas a diferentes culturas. Os meios digitais de reprodução sonora conferem um nível de mobilidade à experiência apreciativo-musical nunca antes visto, sendo possível selecionar diferentes repertórios e ouvir música em qualquer lugar, por meio dos dispositivos móveis. Além disso, queiramos ou não, temos contato com música o tempo todo, nos diversos ambientes e contextos nos quais vivemos. Na contemporaneidade, a vida ganha trilha sonora, mesmo que eventualmente não possamos interferir em termos de escolha e preferências musicais. É fato, portanto, que a era digital ampliou e modificou significativamente nossas relações com a música. Como consequência, os processos de aprendizagem musical também sofreram interferência e passaram a extrapolar os contextos institucionais e as práticas formais de ensino. Nesse sentido, a escola "deve se abrir a novos temas, como os meios de comunicação e as tecnologias, tão presentes na vida dos jovens e que tanto têm transformado nossas referências e nossos modos de pensar, sentir e agir" (Del-Ben, 2012, p. 48).

Alinhada a tais tendências, a aprendizagem musical de adolescentes e jovens – bem como as interações desses personagens sociais com a música (dentro e fora dos espaços escolares) – tornou-se um tema de interesse investigativo no contexto brasileiro, especialmente a partir dos anos 2000 (Janzen, 2008; Arroyo, 2007; Souza, 2008; Del-Ben, 2012). As pesquisas acerca dessa temática realizadas nas últimas décadas, em âmbito nacional e internacional, destacam os seguintes aspectos:

- É necessária a superação do caráter eurocêntrico dos repertórios, das práticas e do aporte de conhecimentos musicais, lançando-se um olhar à música popular e às particularidades socioculturais de cada contexto (Green, 2012). Aqui, conforme a *Encyclopedia of Popular Music of the World* (Enciclopédia da Música Popular do Mundo), entendemos por *música popular* aquela "criada dentro da sociedade urbano-industrial, especialmente as músicas disseminadas pela mídia de massa" (Arroyo, 2007, p. 12).
- É importante compreender a aprendizagem musical para além dos espaços institucionais (sem ignorar a relevância do ensino formal), incluindo o lar (experiências musicais constituídas no ambiente familiar) e o que Hargreaves (2005, citado por Arroyo, 2007, p. 29) denominou *terceiro ambiente*, "aqueles locais que não são nem a escola e nem a casa; mas lugares como parques, garagens, clubes de jovens ou a própria rua". Segundo o autor, a principal característica desses ambientes é a "ausência de qualquer atividade formal ou de supervisão por um adulto", presumindo-se realizações musicais autodirigidas que "geralmente incluem índices elevados de motivação e compromisso" (Hargreaves, 2005, citado por Arroyo, 2007, p. 29).

Hargreaves (2005, citado por Arroyo, 2007, p. 29-30) explica que "o desafio dos educadores musicais é o de promover o conhecimento, as habilidades e os recursos para sustentar a 'música interna' [aquela praticada no ambiente escolar] e a própria dos alunos [vislumbrando também oportunidades para integrá-las], ao mesmo tempo que permanecem 'fora' dela". Partindo dos aspectos emocionais, sociais e psicológicos concernentes às relações que adolescentes e jovens estabelecem com a música, direcionemos nossas reflexões para o ensino de música nos espaços escolares. Desde a aprovação da Lei n. 11.769, de 11 de agosto de 2008, que assegura a obrigatoriedade do ensino de música no currículo escolar (Brasil, 2008) – atualmente substituída pela Lei n. 13.278, de 2 de maio de 2016, a qual estipulou que "as artes visuais, a dança, a música e o teatro são as linguagens que constituirão o componente curricular [Artes]" (Brasil, 2016) –, gestores educacionais, professores e pesquisadores têm mobilizado esforços para garantir a presença da música na escola, em todas as etapas da educação básica.

Enfatizamos aqui os contextos que contemplam adolescentes e jovens: os anos finais do ensino fundamental e o ensino médio. Para Del-Ben (2012, p. 38), tratar desse assunto nesse recorte específico exige considerar: (i) "os jovens e suas relações tanto com a música quanto com a escola"; (ii) os papéis desempenhados pela escola, tendo em vista as realidades que se apresentam em nosso país e aquela que almejamos (os "cenários ideais", ainda incomuns); e (iii) as funções e os modos de experienciar a música na adolescência/juventude. Sobre esse último aspecto, Del-Ben (2012) ressalta as contribuições e os avanços possibilitados pelos estudos em torno dessa temática. Tais investigações permitiram:

> [i] a constatação, hoje já de senso comum, da forte presença da música na vida dos jovens; [ii] o entendimento de que essa presença se concretiza por meio de práticas musicais diversas e por diferentes modos de se relacionar com música, não só porque são muitas as músicas, mas, também, porque não se pode falar em jovem ou juventude, mas em jovens/juventudes – no

plural – e suas culturas juvenis; [iii] a multiplicidade de dimensões presentes nas experiências musicais dos jovens, que incluem, entre outras, relações de gênero, classe, etnia e religião, muito além dos aspectos sonoro-musicais; [iv] a diversidade de significados atribuídos a essas experiências; e, principalmente, [v] a força da música na construção das identidades dos jovens. (Del-Ben, 2012, p. 38-39)

O destaque feito por Del-Ben (2012) lança luz sobre alguns aspectos de nosso interesse, sendo o primeiro a relação indissociável entre "ser jovem" e "relacionar-se com (e por meio da) música". Raramente um adolescente não teria respostas para indagações a respeito das influências exercidas pela música em sua vida. Ecléticos ou não, eles assumem suas preferências musicais, frequentemente relacionadas com as "tribos sociais" das quais fazem parte, reconhecendo que a música pode assumir múltiplos papéis no cotidiano.

Em consonância com essas considerações, Mueller (2002, citada por Arroyo, 2007, p. 17) esclarece que, na adolescência, "o gosto musical e as práticas culturais servem para definir as identidades sociais e culturais das pessoas e marcar sua distinção de outros grupos sociais".

Adolescentes e jovens associam determinados tipos de música a situações específicas, levando-se em conta que nas culturas juvenis há músicas para dançar em diferentes contextos e situações, músicas que constituem a trilha sonora de academias de musculação e dos momentos de esporte e lazer, músicas para a realização de atividades domésticas e, de modo especial, músicas que assumem a função de potencializar (ou amenizar) estados emocionais. Tendo em vista as variações afetivas características da adolescência, podemos assumir que a música é um importante elemento regulador de emoções – função que pode ser acionada pelos sujeitos de modo intencional. Resumidamente, a música é central para o desenvolvimento de adolescentes e jovens, estando presente na vida desses indivíduos de forma integral. Certamente, este é mais um dos inúmeros argumentos que sustentam a presença da música na escola.

Embora factual, a relação entre jovens, música e escola nem sempre é estável. Nessa direção, cabe fazer uma crítica à instituição escolar – bem como a seus agentes e mecanismos de funcionamento –, que, segundo apontam alguns estudos recentes, muitas vezes não tem reconhecido (tampouco valorizado) as particularidades do ser jovem. Sob essa ótica, a literatura especializada tem frisado que adolescentes e jovens apresentam certos interesses em termos artístico-culturais e formativos. Entretanto, seus modos de ser, suas necessidades e seus anseios, embora legítimos, são frequentemente ignorados, da esfera macro (em termos de políticas públicas) à micro (posturas docentes adotadas em sala de aula). A esse respeito, entre os principais desafios a serem colocados em pauta, destacam-se: o distanciamento entre a escola e a cultura juvenil (Del-Ben, 2012); o negligenciamento da autonomia juvenil, reforçada e reivindicada por meio da autossocialização (Arroyo, 2007); a pouca (ou inexistente) relação entre a música praticada na escola e a música feita pelos jovens para além dos ambientes institucionais de ensino (Green, 2012).

Portanto, precisamos compreender os adolescentes e jovens como "sujeitos **'marcados por uma maior complexidade de**

relações e vivências que não se limitam à escola'" (Corti; Souza, 2005, citados por Arroyo, 2007, p. 31, grifo do original) e, ainda, como "sujeitos que têm **corpos em transformação, afetos e sentimentos e demandas de sociabilidade**" (Arroyo, 2007, p. 31, grifo do original). Esses fatores – e outros associados aos processos de aprendizagem musical – evidenciam-se nos discursos de jovens descritos na pesquisa de Santos (2012).

Os resultados dessa investigação sugerem que adolescentes e jovens têm ciência: do lugar que ocupam nos espaços escolares; dos sentidos e das funções da escola; das inserções sociais possibilitadas pela construção de conhecimentos na escola; dos aspectos e das implicações sociais referentes às relações constituídas no âmbito escolar; e das posturas de seus professores (com aportes para problematizá-las, assumindo como parâmetros os objetivos de aprendizagem).

Por último, mas não menos importante, os estudantes entrevistados na pesquisa de Santos (2012) destacaram seus interesses e aspirações musicais, relatando expectativas com relação à presença da música na escola. Sobre esse aspecto, foram pontuados os seguintes elementos: interesses interpretativo-musicais; de escuta/apreciação musical; de conhecimentos teóricos e habilidades de leitura e escrita musical; e o reconhecimento da dimensão social e afetiva do fazer musical.

Partindo das problematizações realizadas nesta seção e das percepções de jovens e adolescentes quanto à música e ao seu ensino, podemos nos indagar: Como temos concebido as práticas educativo-musicais nesses contextos? Temos sido sensíveis às especificidades das culturas juvenis nas relações entre professores e alunos? Na condição de docentes, temos revisitado as funções da escola (e da música praticada e ensinada nesse espaço)? Temos construído sentidos para os atos de aprender e ensinar música para o público jovem?

Esperamos que as considerações aqui apontadas ofereçam insumos para tais reflexões, tendo em vista mudanças nas práticas institucionais e docentes, o que certamente influenciará no engajamento e desempenho dos alunos. Nessa direção, é preciso trabalhar na construção de "uma escola menos rígida e mais humana para os jovens, e que, ao mesmo tempo, valorize as construções humanas, como a arte, a ciência e a cultura, como elementos centrais de uma sociedade do conhecimento" (Nóvoa, 2011, citado por Del-Ben, 2012, p. 47).

▶▶ Resumo da ópera

Dada a ampla carga de conceitos abordada neste capítulo, sintetizamos na Figura 3.8 os principais temas e constructos teóricos discutidos.

Figura 3.8 – Síntese do Capítulo 3

I
Aprendizagem musical: bases psicossociais
- Aprendizagem pela via da enculturação e do treino.
- Orientação musical informal.
- Educação musical formal.

II
Lógica e intuição na improvisação
- Raciocínio lógico/analítico; simbolização.
- Pensamento intuitivo: subjetividade, exploração e experimentação.

III
Práticas formais e informais em música
- Práticas formais: estudo deliberado e sistematizado.
- Práticas informais: a música popular em foco.

IV
Aprendizagem musical na educação infantil
- Ludicidade e música.
- Os elementos do jogo e o desenvolvimento musical.
- Pedagogia do despertar.

V
Aprendizagem musical e as culturas juvenis
- Funções psicológicas da música: cognitiva, emocional e social.
- Relação jovens--música-escola.

Teste de som

1. Considere a seguinte citação:

> As diferenças entre culturas musicais [...] podem ter como impacto diferenças entre os músicos. Essas diferenças dizem respeito à música em si, incluindo: gêneros, os tipos de comportamento associados ao fazer, ensinar e escutar a música (o uso de notação, tradições auditivas, relação entre composição e *performance*, o papel da improvisação, da aprendizagem formal e informal e do ensino, aulas em grupo *versus* individuais) e ideias sobre música e seu lugar na sociedade [...]. (Gaunt; Hallam, 2011, p. 278, tradução nossa)

O trecho evidencia a dimensão social do fazer e aprender música, salientando o impacto das especificidades de cada contexto na formação de musicistas. Assim, os hábitos e as práticas musicais de cada realidade sociocultural (incluindo as funções que a música ocupa nas sociedades) exercem influência na aprendizagem da música. A literatura sobre cognição e educação musical, estabelecendo uma relação interdisciplinar com o campo da antropologia cultural, tem descrito esses fenômenos por meio de um conceito específico. Assinale a alternativa que corresponde ao conceito referenciado neste enunciado:

a) Estudo musical deliberado.
b) Práticas musicais formais e informais.

c) Aprendizagem musical por enculturação.

d) Pensamento intuitivo.

e) Elementos do jogo.

2. Considere a seguinte citação:

> Gainza também salienta o fato de que toda improvisação supõe um ato expressivo de comunicação, ainda que não conduza necessariamente a um produto sonoro coerentemente estruturado, ou seja, uma composição. Na improvisação existem distintos graus de **intenção** ou de **consciência** que nem sempre condicionam a qualidade do produto, já que uma improvisação – livre ou dirigida – pode ser criativa ou pobre, bem ou mal estruturada [...]. (Brito, 2003, p. 151, grifo nosso)

Nesse trecho, a educadora musical argentina Violeta Gainza – citada por Teca de Alencar Brito – destaca os distintos níveis de **intencionalidade** e graus de **consciência** que as realizações musicais improvisadas podem assumir, reforçando que não há necessariamente uma relação de causa-efeito entre esses aspectos (intenção e consciência) e a qualidade dos resultados musicais alcançados. Com base nos temas abordados neste capítulo, podemos relacionar os conceitos destacados por Gainza e o pensamento nos níveis **lógico** e **intuitivo**. Tendo isso em vista, analise as afirmações a seguir e marque (V) para as verdadeiras e (F) para as falsas:

( ) Os pensamentos lógico e intuitivo são requeridos nas práticas de improvisação tanto nos contextos de musicalização quanto no âmbito da *performance* musical. Ambos os níveis de pensamento atuam na construção de novos conhecimentos musicais.
( ) A improvisação musical é um processo essencialmente intuitivo, dada a ausência de altos níveis de consciência, de condutas analíticas e reflexivas e de sistematização das práticas criativo-musicais improvisadas.
( ) As experiências musicais baseadas na improvisação demandam um conjunto de habilidades cognitivas – incluindo o raciocínio lógico e as operações mentais complexas, altamente conscientes e reflexivas –, comportando, também, propriedades intuitivas.
( ) Um exemplo do uso do pensamento intuitivo na improvisação musical é quando as tomadas de decisão não são guiadas pela análise lógica, e sim pelas experiências emocionais, sensoriais, motoras e estéticas resultantes da livre improvisação.

Agora, assinale a alternativa que apresenta a sequência correta:

a) V, V, V, V.
b) V, F, V, V.
c) V, V, F, F.
d) V, F, F, V.
e) V, F, F, F.

3. Com base nos conteúdos trabalhados neste capítulo, especialmente na Seção 3.3, relacione corretamente as assertivas aos conceitos listados a seguir:

I) Práticas deliberadas
II) Práticas formais
III) Práticas informais

( ) Correspondem ao conjunto de atividades planejadas e gerenciadas com o intuito de favorecer a superação das dificuldades da aprendizagem musical. Caracterizam-se por altos níveis de consciência e concentração, bem como pela definição de metas e de estratégias de ação.

( ) Relacionam-se à aprendizagem musical voltada à música de concerto e a suas práticas educacionais e sociais (valorizando o repertório tradicional europeu), estando geralmente associadas aos contextos acadêmicos.

( ) Contemplam melhor as realidades dos musicistas populares, especialmente aqueles que desenvolvem sua formação musical fora dos âmbitos acadêmicos.

Agora, assinale a alternativa que apresenta a sequência obtida:

a) II, I, III.
b) II, III, I.
c) I, III, II.
d) III, I, II.
e) I, II, III.

4. Considere a seguinte citação:

> [...] a improvisação é uma forma de **jogo-atividade-exercício** que permite projetar e absorver elementos [...] numa constante retroalimentação. Seus objetivos gerais seriam permitir que ocorra uma descarga (por meio da ação, manipulação, expressão, comunicação) nos níveis corporal, afetivo, mental e social.
> (Brito, 2003, p. 151, grifo nosso)

A autora reforça a aproximação entre a improvisação musical e o jogo como uma importante expressão da ludicidade inerente às experiências musicais na infância. A psicologia do desenvolvimento – à luz do construtivismo piagetiano – tem compreendido a relação entre o jogo e o desenvolvimento infantil a partir de três elementos: _____, responsável pela sistematização do jogo, organizando e guiando as ações; _____, manifestada na aproximação entre movimento e som, especialmente na improvisação livre; _____, que revela a capacidade imaginativa (central para o universo infantil), favorecendo a expressão e a atribuição de significados à música e às experiências musicais.

Assinale a alternativa que preenche corretamente as lacunas:

a) o conjunto de regras; a dimensão sensório-motora; a representação simbólica.

b) a dimensão sensório-motora; o conjunto de regras; a representação simbólica.

c) a representação simbólica; a dimensão sensório-motora; o conjunto de regras.
d) o conjunto de regras; a representação simbólica; a dimensão sensório-motora.
e) a representação simbólica; o conjunto de regras; a dimensão sensório-motora.

5. Considerando as relações existentes entre as culturas juvenis, a música e a aprendizagem (em diferentes contextos), analise as asserções a seguir e assinale a alternativa **incorreta**:
   a) A música desempenha um papel central nas culturas juvenis, estando relacionada às necessidades afetivas, cognitivas e sociais de adolescentes e jovens. Assim, as funções cognitivas, emocionais e sociais que a música pode assumir exercem influência nos processos de aprendizagem musical nessas fases da vida.
   b) Graças aos avanços da era digital, podemos seguramente afirmar que a música nunca esteve tão presente no cotidiano dos adolescentes e jovens como na atualidade. Tal fato exerce influência no modo como nos relacionamos com a (e por meio da) música, bem como na aprendizagem dessa arte.
   c) A aprendizagem musical de adolescentes e jovens tem extrapolado os espaços escolares. Nesse sentido, Hargreaves (2005, citado por Arroyo, 2007) postula o conceito de terceiro ambiente: locais públicos, clubes, estúdios, entre outros contextos (para além da escola e do lar) nos quais autonomamente os jovens vivenciam a música.

d) Aproximar formalmente os alunos dos conhecimentos produzidos pela humanidade é uma das muitas funções da escola. Nesse sentido, uma ênfase nas contribuições oferecidas pelos aprendizes (como seus hábitos sociais e musicais) pode representar uma distorção do papel central dessa instituição.

e) Pensar a relação entre jovens, música e escola requer um olhar crítico para as maneiras pelas quais essa instituição histórica tem concebido (se o faz) as particularidades, os anseios, as aspirações e as contribuições musicais das culturas juvenis.

Treinando o repertório

Pensando na letra

Considere o diálogo fictício apresentado a seguir:

Rafaela (estudante de uma turma do 1º ano do ensino médio): Olá, professor Miguel. Andei conversando com a turma e gostaríamos de sugerir algumas músicas para trabalharmos nas aulas deste bimestre. O que você acha?

Miguel (professor de música): Certo, Rafaela. Vou disponibilizar uma lista com sugestões para que vocês possam opinar.

Rafaela: Ok, professor. Porém, pensamos em incluir também as nossas próprias sugestões.

Miguel: Tudo bem. Mas sem essas baboseiras de sertanejo universitário, eletrônica, *k-pop*, *funk*...

Com base no conteúdo do diálogo apresentado e nas reflexões que a literatura especializada tem proposto acerca da relação entre os jovens, a música e a escola (conforme exposto na Seção 3.5), reflita sobre os seguintes aspectos:

1. Você acredita haver, por parte dos jovens, o interesse em participar das tomadas de decisão quanto à educação musical oferecida na escola?

2. No diálogo, há duas falas de um professor, ambas passíveis de problematização. Reflita criticamente sobre o conteúdo desses enunciados.

3. A literatura especializada tem frisado a importância de flexionarmos a expressão *cultura juvenil* no plural, adotando **culturas juvenis**. Na sua opinião, esse aspecto foi contemplado na conduta do professor Miguel? Reflita.

Som na caixa

1. Segundo Schroeder e Schroeder (2011, p. 108-109), "situações musicais menos formais, como aquelas nas quais as crianças estão apenas preocupadas em brincar, às vezes revelam conquistas e possibilidades musicais nem sempre visíveis nas situações de aula de música". Tendo em vista que, especialmente na infância, a aproximação entre **jogo** (o brincar) e **música** (ouvir ativamente, cantar, tocar, explorar, criar, improvisar) é indelével e que, por meio da brincadeira, competências e habilidades musicais são desenvolvidas com maestria, analise um exemplo de jogo/brincadeira/atividade que lhe seja familiar e aponte quais **elementos musicais** são explorados.

- **Sugestão**: uma possibilidade é considerar um "jogo de mão". Essa brincadeira tem forte apelo corporal, além de envolver o canto e diversas variáveis métricas e rítmicas. Dois exemplos desse tipo de jogo podem ser vistos nos vídeos indicados a seguir.

> CANAL PARABOLÊ. **Fui à China**: jogo de mão – brincadeira tradicional. 8 ago. 2017. Disponível em: <https://www.youtube.com/watch?v=3siqbKGX8Lw>. Acesso em: 7 ago. 2020.
>
> CANAL PARABOLÊ. **Fui à escola**: jogo de mão – brincadeira tradicional. 8 ago. 2017. Disponível em: <https://www.youtube.com/watch?v=f_UQEovya1c>. Acesso em: 7 ago. 2020.

Capítulo 4
CRIATIVIDADE E IMPROVISAÇÃO: PROPOSTAS PARA AS AÇÕES DOCENTES

Neste capítulo, faremos uma aproximação entre a improvisação musical e os estudos sobre a criatividade no ensino de música. Em um primeiro momento, apresentaremos esclarecimentos teóricos e conceituais a respeito da leitura psicológica e educacional do constructo da criatividade, com foco nas dimensões *pessoa* (incluindo professores e alunos), *processo* (o curso da aprendizagem criativa), *produto* (salientando o desempenho e as produções musicais oriundas dos processos criativos) e *ambiente* (quanto às variáveis dos contextos nos quais a aprendizagem musical ocorre).

Na sequência, examinaremos as perspectivas centrais dos estudos sobre aprendizagem musical e criatividade, a saber: o ensino criativo (com foco no professor), o ensino para a criatividade (privilegiando um olhar voltado ao aluno) e a aprendizagem criativa (focalizando tanto professores quanto alunos nas relações de ensino-aprendizagem da música). Por fim, destacaremos algumas pesquisas a respeito da improvisação musical e da criatividade à luz de teorias da cognição/educação musical, ressaltando aspectos como a interdisciplinaridade, a educação musical abrangente (reiterando a integração entre as modalidades do fazer musical) e a dimensão social do praticar, ensinar e aprender música por meio da improvisação.

4.1 Criatividade no ensino e aprendizagem musical

Marisa Fonterrada (2012), em um ensaio que integra a obra *A música na escola*, sugere que, a partir da consolidação da lei que reconduziu a música à educação básica – Lei n. 11.769, de 18 de agosto de 2008 (Brasil, 2008), substituída pela Lei n. 13.278, de 2 de maio de 2016 (Brasil, 2016) –, os educadores musicais se viram (e ainda se veem) diante de uma diversidade de desafios. A esse respeito, a autora pontua dois aspectos centrais: "[i] a busca por modelos bem-sucedidos para auxiliar na tarefa de encontrar caminhos para a implantação da música na escola e [ii] **a criação de ferramentas que promovam o exercício da criatividade em crianças e jovens de qualquer idade**" (Fonterrada, 2012, p. 97, grifo nosso). Analisando o segundo aspecto mencionado, podemos inferir que a educação musical admite a possibilidade do desenvolvimento da criatividade (devendo este ser um objetivo educacional) por meio do uso de ferramentas adequadas que fomentem o exercício criativo. Nessa visão, a criatividade não está restrita às produções musicais de jovens e adultos e/ou de poucos indivíduos dotados de um talento excepcional. Logo, em todas as fases da vida (incluindo a infância), podemos nos engajar em produções inovadoras, relevantes e de elevado valor cultural, artístico e intelectual.

Diante do exposto, neste capítulo, apresentaremos uma defesa da improvisação musical como uma via para o desenvolvimento da criatividade, reforçando as seguintes premissas: (i) a improvisação é uma forma de tornar o ensino de música mais criativo (com foco no viés criativo das ações docentes); (ii) a improvisação pode oferecer suporte ao ensino com vistas ao desenvolvimento da criatividade do aluno; e (iii) a improvisação oferece oportunidades para que a aprendizagem musical criativa ocorra (com ênfase na dimensão criativa das iniciativas e produções dos aprendizes). Nessa perspectiva, as seções que seguem oferecerão um aprofundamento dessas assertivas, sob a ótica educativo-musical e psicológica, referenciando as contribuições dos estudos sobre música, educação e criatividade.

Abordar a criatividade sob o prisma educacional e psicológico requer uma aproximação aos aspectos teórico-conceituais que permeiam esse constructo. Os autores que se dedicam ao estudo dessa temática têm frisado a diversidade de definições possíveis para o conceito de criatividade, as quais atendem às especificidades de cada contexto e às diferentes abordagens filosóficas/epistemológicas. O que há em comum entre a maioria das definições é o fato de que a produção criativa implica a elaboração de uma novidade, de significativo valor, relevância e utilidade para determinado domínio artístico/cultural, intelectual ou científico. Segundo Lubart (2007, p. 16, grifo nosso), "a **criatividade** é a capacidade de realizar uma produção que seja ao mesmo tempo nova e adaptada ao contexto no qual se manifesta. Essa produção pode ser, por exemplo, uma ideia, uma composição musical, uma história ou ainda uma mensagem publicitária".

Beineke (2009), em uma pesquisa que abordou os processos de composição musical de crianças à luz de teorias da criatividade, propôs os seguintes questionamentos: O que qualifica um indivíduo como criativo? O que caracteriza uma produção como criativa? Como podemos descrever e compreender os processos criativos em música? Qual é a influência exercida pelos contextos ambientais nas realizações criativas? Ainda que as iniciativas teóricas e empíricas (bem como as evidências científicas) não respondam de forma consensual a esses questionamentos, tomando a improvisação como objeto de estudo, podemos vislumbrar interessantes reflexões e proposições pedagógico-musicais.

Nesse caminho, os esforços para se definir o conceito de criatividade no âmbito da educação (e, particularmente, do ensino de música) "têm-se situado a partir de uma variedade de perspectivas incluindo as da pessoa, o processo, o produto e, mais recentemente, o ambiente" (Barrett, 2000, p. 33).

Para a perspectiva da **pessoa**, assumiremos as idiossincrasias inerentes às figuras docentes e discentes (visto que os professores e os alunos são os principais agentes nos processos de aprendizagem musical criativa). Já para o **processo** e o **produto**, levaremos em consideração as realizações improvisatórias (na qualidade de processos de criação musical) e suas etapas em diferentes níveis de sistematização, incluindo a escolha dos recursos sonoros e materiais musicais, o planejamento da atividade e sua realização (experimentação e exploração sonoro-musical) e a consideração e avaliação dos resultados oriundos do processo criativo. Assim, a improvisação musical sob a perspectiva da criatividade concebe a relação intrínseca entre processo (criação) e produto (resultados), uma vez que esses dois aspectos emergem do ato de improvisar.

Por fim, a concepção do **ambiente** compreende as influências contextuais do ponto de vista físico e estrutural (recursos disponíveis para as realizações improvisatórias) e sociocultural (dos elementos que constituem as culturas musicais de um dado contexto às relações interpessoais, além da aprendizagem por observação, das práticas musicais coletivas, entre outros aspectos). Nessa direção, Araújo, Veloso e Silva (2019, p. 31) explicam que a dimensão do ambiente enfatiza "especialmente os espaços de ensino e a relevância das ações docentes no fomento à aprendizagem criativa e à motivação dos alunos de música em diferentes contextos". Os mesmos autores ressaltam que "o ambiente em que o sujeito está inserido influencia no processo criativo, podendo instigar o pensamento criativo ou impossibilitar" (Araújo; Veloso; Silva, 2019, p. 27). A Figura 4.1 apresenta uma síntese das principais dimensões da criatividade no âmbito da educação musical, considerando-se especialmente os indivíduos envolvidos nos processos de ensino-aprendizagem da música e os contextos ambientais.

Figura 4.1 - Criatividade na educação musical

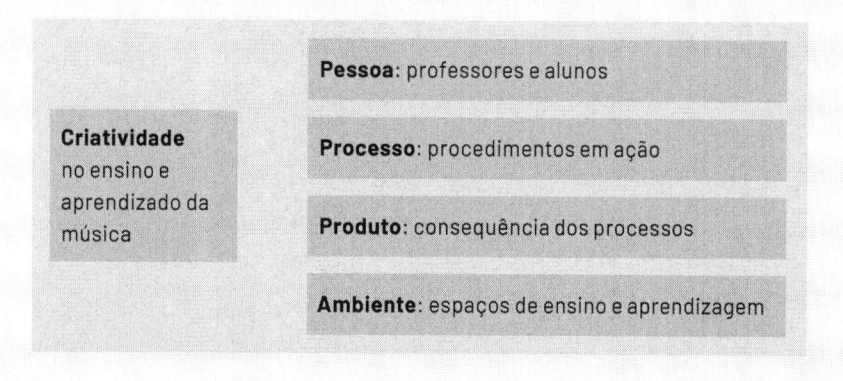

Criatividade no ensino e aprendizado da música	
	Pessoa: professores e alunos
	Processo: procedimentos em ação
	Produto: consequência dos processos
	Ambiente: espaços de ensino e aprendizagem

Fonte: Elaborado com base em Barrett, 2000; Beineke, 2015; Araújo; Veloso; Silva, 2019.

As considerações apresentadas sugerem que os estudos recentes sobre criatividade e educação musical – especialmente aqueles que assumem a composição/improvisação musical como objeto de análise (Araújo; Addessi, 2014; Beineke, 2015; Pscheidt; Araújo, 2017; Silva, 2019) – têm fomentado a superação de concepções limitadas e superficiais sobre a criatividade. "A criatividade musical segundo esta perspectiva [atualizada] não é só território dos prodigiosamente dotados"(Barrett, 2000, p. 43), assumindo-se a capacidade de "ser criativo" como uma potencialidade humana. Podemos observar na Figura 4.2 as principais concepções e paradigmas teóricos revisados nos últimos anos por meio dos avanços científicos no campo da criatividade e da aprendizagem.

Figura 4.2 – Revisão de paradigmas obsoletos no campo da criatividade e da aprendizagem

Paradigmas obsoletos	Novos paradigmas
Genialidade e talento inato	Potencialidade humana universal
Medição/quantificação da criatividade	Idiossincrasias dos indivíduos e dos contextos
Ênfase nas personalidades criativas	Foco na riqueza dos processos de criação

Em consonância com essas tendências, mostraram-se obsoletas as propostas investigativas e educacionais que enfatizam a **personalidade criativa** dissociada das particularidades psicológicas, cognitivas e emocionais dos sujeitos e das **influências ambientais**, rejeitando-se também um olhar para os **produtos criativos** que desconsidere os **processos de criação**. Dessa maneira, Young (2003, citado por Beineke, 2009, p. 145) "defende que o produto musical das crianças [adolescentes, jovens e adultos] não pode ser separado do contexto da produção, do momento do fazer musical, sendo necessário considerar que, na perspectiva das crianças, processo e produto formam um mesmo conjunto".

4.2 Ensinar música de maneira criativa

Uma parcela expressiva das pesquisas que tratam da aproximação entre criatividade e educação (incluindo o ensino de música) tem destacado três abordagens principais: o ensino criativo, o ensino para a criatividade e a aprendizagem criativa (Craft; Jeffrey, 2004; Jefrrey; Woods, 2009; Beineke, 2009, 2015; Veloso; Silva; Araújo, 2018). Nesta seção, vamos nos concentrar na primeira dessas perspectivas: o **ensino criativo**, com foco nas ações docentes e no "uso de abordagens criativas para tornar a aprendizagem mais interessante e efetiva" (Craft; Jeffrey, 2004, p. 3, tradução nossa).

Os aportes metodológicos para o ensino de música e algumas das perspectivas contemporâneas sobre ensino (estratégias didático-pedagógicas), currículo e avaliação em educação musical têm reforçado a importância da criatividade para que o aprendizado da música ocorra de modo efetivo e em função de um desenvolvimento musical satisfatório. A esse respeito, Gainza (1988, 2004, 2011) destaca as metodologias ativas para o ensino de música propostas ao longo do século XX, especialmente a chamada *segunda geração das pedagogias ativas*, a qual reúne propostas pedagógicas que enfatizam a autonomia e a autenticidade criativa como objetivos fundamentais do ensino de música. Swanwick (2014), por seu turno, assume a autoria de uma importante perspectiva teórica que salienta a necessidade de integrar diferentes dimensões da experiência musical (criação, audição e execução) para um ensino de música centrado na criatividade, equilibrando-se a compreensão musical (em nível expressivo e semântico) e as habilidades técnicas (em termos procedimentais). Um aprofundamento sobre essas propostas será realizado no quinto e último capítulo.

Considere a seguinte citação:

> **Ensinar música criativamente** exige professores colocando em prática seu compromisso com as práticas musicais das crianças no desenvolvimento de uma cultura de oportunidades criativas, assegurando seu próprio envolvimento musical e participação criativa ao lado das crianças, e construindo uma comunidade de aprendizagem caracterizada pela confiança e abertura na qual professores e crianças se sintam confiantes e seguros trabalhando com e aprendendo música. (Burnard; Murphy, 2013, citados por Beineke, 2015, p. 43, grifo do original)

Essa citação reforça o compromisso dos educadores musicais quanto à oferta de atividades essencialmente práticas e o dever de se engajarem em tais realizações (juntamente com os alunos), atuando como modelos, estimulando a autonomia criativa dos aprendizes e conscientizando-os a respeito de suas potencialidades para atuar de maneira imaginativa/inventiva, particularmente por meio da improvisação musical. Em um caminho semelhante, Jeffrey e Woods (2009) oferecem contribuições para a ação docente no que concerne ao ensino criativo, destacando três dimensões que conservam o potencial para auxiliar o ensino de maneira criativa, motivadora e efetiva em termos de desenvolvimento musical: (i) estimular as relações sociais em sala de aula; (ii) engajar os interesses dos alunos; e (iii) valorizar as contribuições discentes.

Sob essa ótica, o Quadro 4.1 aprofunda as três dimensões do ensino criativo, destacando estratégias educacionais e encaminhamentos didáticos e metodológicos.

Quadro 4.1 – As três dimensões do ensino criativo no âmbito da educação musical

(i) Estimular as relações sociais nas aulas de música	• Promover o compartilhamento entre pares: atividades de improvisação com interação entre indivíduos e grupos. • Atuar como um modelo (de modo a favorecer a aprendizagem por imitação), participando ativamente das atividades propostas. • Incentivar as conexões afetivas alunos-alunos e professor-alunos, bem como as relações de colaboração e coparticipação. • Alinhar – partindo das características das turmas – as atividades às dinâmicas de relacionamento interpessoal em sala de aula. • Possibilitar a socialização das experiências e produções musicais dos alunos, para que avaliem reciprocamente seu desempenho e se autoavaliem por meio de parâmetros construídos socialmente. "Isso implica superar uma visão individualista das composições em sala de aula, reconhecendo que todos fazem parte de um processo maior, que pertence a toda a turma" (Beineke, 2015, p. 49).

(continua)

(Quadro 4.1 - conclusão)

(ii) Engajar os interesses musicais e formativos dos alunos	• Respeitar e valorizar as opiniões e argumentações dos alunos. • Promover o senso de confiança (autoeficácia) dos alunos em suas potencialidades criativas, ampliando suas motivações. • Valorizar as aspirações individuais, sugerindo a articulação entre os interesses pessoais e coletivos nas tarefas em grupo. • Justificar o valor e a finalidade das atividades, a fim de atrair a atenção dos alunos, tornando a aprendizagem musical mais interessante e significativa. "A aprendizagem nas escolas não deve [apenas] subordinar-se aos interesses que os alunos já têm, mas deve gerar esses interesses" (Beineke, 2015, p. 45).
(iii) Valorizar as contribuições musicais dos alunos	• Convidar as crianças a improvisar, dando-lhes voz para discursar musicalmente e atuar criativamente, conservando a autonomia criativa e estimulando a autenticidade artística dos aprendizes. • Atentar às contribuições musicais espontâneas e incluir os alunos nas tomadas de decisão: da escolha de repertórios e atividades à definição de procedimentos de avaliação. • Coparticipar das produções musicais dos alunos, assistindo de perto os processos individuais de desenvolvimento e oferecendo *feedback* a respeito da aprendizagem musical. • Equilibrar o controle dos processos criativos dos alunos (em situações de improvisação dirigida, por exemplo) e a liberdade concedida (evitando abster-se do papel de mediador na aprendizagem). "[...] encorajando participações ativas dos alunos, o professor também agrega entusiasmo e comprometimento, componentes essenciais à aprendizagem criativa" (Jeffrey; Woods, 2009, citados por Beineke, 2015, p. 46).

Fonte: Elaborado com base em Beineke, 2015.

Os autores Keith Swanwick, Cecília França e Ana Denise Beal - ao tratarem da integração (e interação) entre composição (improvisação), apreciação e *performance* no ensino de música - promovem um diálogo teórico com a literatura especializada no qual destacam aspectos pertinentes à criatividade. Segundo França e Beal (2004, p. 68), "cada modalidade do fazer musical impõe diferentes níveis de liberdade e decisão criativa em relação ao discurso musical". Sob essa orientação epistemológica, "o trabalho [docente] alicerçado nessas três modalidades [criar, ouvir e executar] reforça e sustenta a compreensão musical dos alunos, contribuindo para torná-los músicos versáteis e criativos" (França; Beal, 2004, p. 81). Parte da literatura revisada nesses estudos frisa a relevância das abordagens lúdicas - aspecto amplamente abordado no Capítulo 3 - para o ensino criativo, esclarecendo que "no jogo, as crianças podem atingir uma compreensão mais sofisticada, pois este é um ambiente onde elas são mais competentes em tarefas que requerem o pensamento divergente e flexível", condições cognitivas necessárias à aprendizagem criativa (Lillard, 1993, citada por França; Swanwick, 2002, p. 21).

Desse modo, de acordo com Gamble (citado por França; Swanwick, 2002, p. 16), "a melhor forma de promover o desenvolvimento da imaginação e da compreensão é 'fazer das atividades criativas [...] o foco central do currículo de música, com atividades de apreciação [criação/improvisação e execução] cuidadosamente relacionadas com o trabalho das crianças'", bem como de jovens e adultos. Ainda, reforçando a defesa do ensino criativo, Fuller (citado por França; Swanwick, 2002, p. 16) afirma que atividades criativas oferecem a oportunidade de exercitar "a responsabilidade de tomar decisões compasso a compasso, que deve moldar toda performance". Elas ajudam a incrementar a sensibilidade e a capacidade de responder ao potencial expressivo dos materiais musicais, o que é essencial no processo da composição [e improvisação].

Em síntese, privilegiar atividades apoiadas na ludicidade e integrar as modalidades da experiência musical nas práticas pedagógicas são alguns dos caminhos para tornar mais criativo o ato de ensinar música. Como discutimos, essas estratégias devem ser associadas ao estímulo às relações sociais nas aulas de música, ao engajamento dos interesses dos alunos e à valorização das contribuições musicais individuais e coletivas. Na próxima seção, abordaremos a concepção de ensino de música voltado ao desenvolvimento da criatividade dos alunos.

4.3 Ensinar para a criatividade

Como destacamos na seção inaugural deste capítulo, as concepções contemporâneas sobre criatividade a qualificam como uma potencialidade humana, uma competência que, sob condições e estímulos ideais, pode ser desenvolvida em todas as pessoas. Parece adequado, portanto, que as proposições a respeito do ensino de música – os posicionamentos filosófico-educacionais, as formulações curriculares, as práticas docentes e o delineamento das competências que os alunos devem desenvolver – passem a incluir o fomento à criatividade, mediante o uso de estratégias e ferramentas pedagógicas específicas (relacionadas ao ensino criativo) que promovam um ambiente que estimule o pensar e o agir criativamente, sobretudo nas realizações artístico-musicais (mas não se limitando a elas).

> É importante ressaltar que a criatividade não é algo exclusivo da música ou das artes, e tampouco de alguns poucos indivíduos "dotados". Como postulou o educador americano Elliott Eisner, a criatividade é uma capacidade humana que pode e deve ser desenvolvida pela escola. Muito além de ser apenas uma característica ou traço pessoal, a criatividade é fundamental para o aprendizado no decorrer de toda a vida. (Ilari, 2019, p. 12)

Diferentemente do ensino criativo (perspectiva que enfatizava a atuação docente), o **ensino para a criatividade** sugere o foco central no aluno e nas "formas de ensino que se destinam a desenvolver o pensamento ou comportamento criativo" dos aprendizes (Craft; Jeffrey, 2004, p. 2, tradução nossa). Entretanto, a linha entre as concepções de ensino criativo e ensino para a criatividade é bastante tênue. Isso porque muitas das recomendações apresentadas na seção anterior sobre ensinar criativamente implicam de forma direta (e compartilham semelhanças com) o desenvolvimento da criatividade dos alunos. Assumindo a inevitável proximidade entre essas duas abordagens, justificamos que a distinção proposta por elas reside nas especificidades de objetivos: enquanto a primeira busca contribuir com a atuação criativa dos professores de música (ensino criativo), a segunda se dedica especialmente a tornar os alunos mais criativos por meio da aprendizagem musical. É nesse sentido que "Craft (2005) propõe que o **ensino criativo**, o **ensino para a criatividade** e a **aprendizagem criativa** podem ser vistos como diferentes aspectos do mesmo processo" (Beineke, 2009, p. 242, grifo do original).

Desse modo, como esclarecem Burnard e Murphy (2013) e Burnard (2012), ensinar com vistas à criatividade discente requer: (i) a oferta de oportunidades que estimulem os alunos a realizar conexões e associações entre conhecimentos e experiências musicais (valorizando-se não somente o que está sendo aprendido, mas o que o aluno já construiu em termos de desenvolvimento musical); (ii) a realização de atividades desafiadoras (como lidar com o inesperado) que demandem o uso de estratégias de resolução de problemas; (iii) o incentivo à reflexão e à tomada de consciência sobre cada etapa das atividades realizadas (como questionar o aluno a respeito dos procedimentos e recursos mobilizados na improvisação musical); (iv) a promoção das realizações musicais coletivas (práticas musicais em grupo), de maneira que os alunos possam oferecer suas contribuições e valorizar as sugestões dos colegas, gerando novos pontos de vista sobre um mesmo fenômeno; e (v) o trabalho sob a perspectiva interartística, visto que as artes "têm um papel fundamental no desenvolvimento da criatividade humana. Ao se engajar em uma ou mais formas de arte, o ser humano aprende a lidar com diferentes materiais [...], usar a imaginação e desenvolver a criatividade" (Ilari, 2019, p. 13).

Em síntese, um ensino de música que vise ao desenvolvimento da criatividade deve ter foco no aprendiz e em "sua capacidade de fazer conexões, trabalhar com o inesperado, valorizar a franqueza, fazer perguntas, participar colaborativamente e experimentar ideias sozinho e com outros" (Burnard; Murphy, 2013, p. 17, tradução nossa). A seguir, com finalidade ilustrativa, apresentaremos uma proposta de atividade elaborada à luz dos princípios do ensino para a criatividade aqui descritos.

> ### Hora da prática musical
>
> Solicite aos alunos uma análise do "Poema patético", de Carlos Drummond de Andrade. Peça-lhes que destaquem as palavras (substantivos e verbos) e expressões que fazem alusão a sons particulares ("barulho na escala", "fechou a porta", "enforcou na cortina", "assoou com estrondo", entre outros exemplos).
>
> Depois, solicite também uma sonorização do poema em um exercício de sonoplastia com a utilização de técnicas do *foley* (procedimento de sonorização de obras audiovisuais). Nessa proposta, é interessante empregar todos os recursos sonoros disponíveis: corpo/voz, instrumentos e objetos.
>
> A execução da sonoplastia deve ser realizada juntamente com a declamação do poema, mobilizando-se todos os alunos na *performance*. Considere a possibilidade de trabalhar com dois grupos, com vistas à obtenção de resultados sonoros distintos para uma mesma sonorização, abrindo a possibilidade de trabalhar em equipe e, posteriormente, incitar reflexões e análises coletivas sobre a realização da atividade e seus resultados.
>
> O "Poema patético" pode ser encontrado em:
>
> ANDRADE, C. D. de. Poema patético. In: **Antologia poética**. São Paulo: Companhia das Letras, 2012. p. 22

4.4 Ensinar encorajando o pensamento criativo: a aprendizagem criativa em foco

Em concordância com a linha discursiva que sustenta este capítulo, a perspectiva da **aprendizagem criativa** nasce da aproximação entre o ensino criativo e o ensino para a criatividade. Portanto, contempla tanto a figura do professor quanto a dos alunos, lançando luz sobre os processos de ensino-aprendizagem de um modo amplo (com base na criatividade). Sabemos que o constructo da **aprendizagem** – objeto de interesse da educação, da psicologia, das ciências cognitivas (incluindo as neurociências), da sociologia (e da antrolopologia), da filosofia, entre outros domínios – relaciona-se à aquisição de novas informações, ao desenvolvimento de habilidades e à construção de conhecimentos. Com base nessas concepções e apoiados em Patrício (2001), podemos considerar uma aproximação natural entre aprendizagem e criatividade. Segundo esse autor, "a própria ideia de criatividade já está presente na ideia de aprendizagem, pois aprender é criar, é criar conhecimento, é criar saber" (Patrício, 2001, p. 239) e, via de regra, todo processo de criação conserva o potencial criativo.

Sob essa orientação teórica, a literatura tem sugerido que as três abordagens – ensino criativo, ensino para a criatividade e aprendizagem criativa – podem ser assumidas como aspectos distintos de um mesmo processo/fenômeno, sendo importante compreender os pontos de convergência e as divergências entre essas dimensões para melhor fundamentar as pesquisas e práticas educacionais (Craft; Jeffrey, 2004). Nessa direção, Beineke (2015, p. 44, grifo nosso) complementa:

A **aprendizagem criativa** é um enfoque mais recente, o qual procura capturar a perspectiva do professor e a dos alunos. Segundo Craft et al. (2008) e Spendlove e Wyse (2008), esse é um conceito emergente, que vem sendo construído na última década e demanda pesquisas nos ambientes em que ocorre para que a sua natureza seja mais bem compreendida. Craft (2005) entende que os três termos podem ser vistos como diferentes aspectos do mesmo processo, sendo necessário aprofundar a compreensão sobre como eles se diferenciam e se relacionam nas pesquisas sobre a criatividade na escola.

O Capítulo 5 deste livro apresentará um aprofundamento teórico-prático em questões concernentes à aprendizagem criativa em duas direções: (i) as abordagens metodológicas do ensino de música que oferecem caminhos para um ensino criativo, focalizando o desenvolvimento de competências criativas (sendo este um dos objetivos do ensino de música) e compreendendo a aprendizagem musical criativa como um fenômeno complexo, de inegável relevância e interesse crescente nas últimas décadas; (ii) as perspectivas integradoras do ensino de música – especialmente o modelo C(L)A(S)P –, que defendem uma educação musical pautada na interação entre os diferentes modos de agir e reagir diante dos fenômenos musicais: ouvindo ativa e criativamente, compondo e improvisando criativamente, executando/interpretando criativamente (França; Beal, 2004) e, sob um viés cognitivo-musical, pensando criativamente no fazer, ensinar e aprender música (Webster, 2016).

A seguir, a Figura 4.3 – em consonância com o exposto por França e Beal (2004) e França e Swanwick (2002) – estabelece uma aproximação entre a aprendizagem criativa e a educação musical por meio das três modalidades centrais do fazer musical: criação, apreciação e execução.

Figura 4.3 – A aprendizagem criativa nas diferentes modalidades do fazer musical

Compor e improvisar criativamente
"Através da prática da composição, a compreensão sobre o funcionamento das ideias musicais é ampliada, promovendo-se o refinamento expressivo e estético do indivíduo. Explorar ideias musicais, combinar materiais sonoros, avaliar o resultado expressivo e construir relações de contraste e unidade são experiências que desenvolvem uma atitude crítica e criativa em relação ao discurso musical" (França; Beal, 2004, p. 68).

Ouvir música criativamente
"As atividades de apreciação devem levar os alunos a focalizarem os materiais sonoros, efeitos, gestos expressivos e estrutura da peça, para compreenderem como esses elementos são combinados. Ouvir uma grande variedade de música alimenta o repertório de possibilidades criativas sobre as quais os alunos podem agir criativamente, transformando, reconstruindo e reintegrando ideias em novas formas e significados" (França; Swanwick, 2002, p. 13).

Tocar, cantar e explorar sons criativamente
"O ensino de *performance* precisa ampliar seu olhar para além do desenvolvimento técnico e da execução do repertório [...]. Acreditamos no trabalho baseado na pesquisa e na tomada de decisão criativa e que encoraja os alunos a explorarem sonoridades, fraseados, possibilidades expressivas e interpretativas. Além de desenvolver a crítica e a autonomia, essa prática contribui para conservar os componentes de espontaneidade e imaginação" [...]. (França; Beal, 2004, p. 69).

Vectors by Skop Iconic Bestiary e yusufdemirci/Shutterstock

Fonte: Elaborado com base em França; Beal, 2004; França; Swanwick, 2002.

Os apontamentos apresentados na Figura 4.3 reforçam a proximidade entre a aprendizagem criativa e a concepção de educação musical abrangente – abordagem centrada nas três modalidades fundamentais do fazer musical (criar, apreciar e executar), que, segundo Swanwick (2014), devem ocupar o centro das proposições educativo-musicais, das conduções didático-pedagógicas, dos encaminhamentos metodológicos e dos procedimentos avaliativos no ensino de música (como veremos no quinto e último capítulo).

4.5 Estudos sobre improvisação musical e criatividade

Esta seção final se concentra nas iniciativas investigativas que assumem a improvisação musical como objeto de pesquisa, as quais estão fundamentadas em perspectivas da aprendizagem criativa. Para tanto, apontaremos (em ordem cronológica) alguns estudos publicados no contexto brasileiro (embora alguns deles tenham sido realizados integral ou parcialmente no exterior).

Buscando compreender como novos conhecimentos são construídos por meio da composição musical de crianças, Leda Maffioletti (2005) realizou uma investigação de natureza empírica fundamentada na perspectiva construtivista segundo Jean Piaget. Esse estudo considerou a análise de 76 composições musicais elaboradas por 70 crianças (entre 6 e 12 anos) no contexto da educação básica ao longo de um semestre letivo. O processo de criação empreendido pelas crianças foi composto essencialmente por explorações, construções e reconstruções de ideias musicais em uma composição "em tempo real" (sem diferenciar composição de improvisação). Os dados angariados nessa investigação sugerem que o desenvolvimento das habilidades para criar musicalmente é marcado pela construção gradativa de conhecimentos, com destaque para a influência exercida pelas interações sociais estabelecidas pelas crianças em suas aprendizagens musicais.

Viviane Beineke (2009), em sua tese de doutorado, investigou a articulação entre as dimensões da aprendizagem criativa – baseada tanto na perspectiva dos alunos quanto na dos professores de música – e as atividades de composição musical no contexto da educação básica. Como em Maffioletti (2005), a distinção entre compor e improvisar não se fez necessária na pesquisa desenvolvida por Beineke. Os resultados indicam que tanto o exercício de criação musical quanto a apresentação (exposição/*performance*) e a crítica (avaliação compartilhada) estiveram articulados com as dimensões da aprendizagem criativa e envolveram um rico processo de construção e reconstrução de ideias musicais. Nas próprias palavras da autora:

> Participando das aulas como compositores, intérpretes e audiência crítica, as crianças constroem sua identidade no grupo e tornam-se agentes da própria aprendizagem, construindo coletivamente o conhecimento que sustenta as suas ideias de música, constantemente revistas, atualizadas e ampliadas pelas suas experiências musicais e reflexivas. (Beineke, 2009, p. 236)

Rosane Cardoso de Araújo e Anna Rita Addessi (2014), em uma iniciativa cooperativa Brasil-Itália, propuseram um estudo sobre os processos de improvisação musical empreendidos por crianças em contextos de interação reflexiva. Essa proposta demandou o uso de uma plataforma tecnológica, elaborada pela Sony Computer Science Laboratory, em Paris, que proporcionou a interação entre os participantes, os quais improvisavam em um teclado (que emitia respostas em reação às realizações musicais das crianças) e se expressavam criativamente por meio de movimentos corporais. Os dados foram coletados em algumas sessões de improvisação, realizadas por duas crianças de 8 anos, nas quais momentos de criação individual e em dupla (tanto com os teclados equipados com a tecnologia interativo-reflexiva quanto com teclados comuns) foram registrados em vídeo. Os dados foram analisados sob a orientação teórica da teoria do fluxo, apresentada na Seção 1.3, e sugeriram que as atividades de improvisação musical apresentam indicadores de criatividade relativos à gestualidade/movimento, à combinação de ideias, à imaginação e à emoção. Além disso, tais dados revelaram que esses indicadores de criatividade foram mais influentes nas atividades de interação-reflexiva em comparação com as realizações individuais e sem o referido suporte tecnológico.

Em uma pesquisa de proporções intercontinentais, Kamile Santos Levek (2016) investigou as relações existentes entre o pensamento criativo, a autonomia na educação musical infantil e a teoria do fluxo. Os dados foram coletados em quatro cursos de musicalização infantil no Brasil, na Coreia do Sul, na Austrália e nos Estados Unidos. As análises indicaram que, para estimular a criatividade das crianças, as atividades mais utilizadas foram a contação de histórias, a improvisação/exploração sonora e a composição musical. Na maioria dos contextos investigados, as aulas envolviam, além de professores e aprendizes, a participação dos agentes familiares (como os pais), o que aponta a relevância do engajamento parental (ou dos responsáveis/cuidadores das crianças) nos processos de aprendizagem musical. Os resultados também indicaram que a criatividade influiu em experiências positivas em todos os contextos (especialmente quando estimulada pelas atividades de improvisação/ exploração).

Jean Felipe Pscheidt e Rosane Cardoso de Araújo (2017), assim como Araújo e Addessi (2014), também empreenderam uma investigação apoiada no paradigma da interação reflexiva e sob a perspectiva da criatividade, mas com foco específico em aulas de bateria para crianças. Esse estudo se apoiou na interação reflexiva humano-humano (professor e aluno) – e não humano-máquina, como propuseram Araújo e Addessi (2014) –, acreditando-se ser este um suporte à aprendizagem criativa. A pesquisa foi conduzida com duas crianças (de 6 e 11 anos), recém-iniciadas no estudo da bateria. O experimento foi realizado em três etapas: nas duas primeiras, o professor imitou (reflexivamente) as improvisações dos alunos, realizando pequenas alterações; na última etapa, apresentou uma história e convidou os alunos a realizar uma sonorização para a narrativa. Os resultados indicaram a influência positiva da interação professor-aluno nos processos de improvisação. Tais interações se apresentaram como uma importante estratégia didático-pedagógica concernente ao ensino criativo e ao ensino para a criatividade, "despertando a escuta atenta, improvisação, dinâmica e exploração de timbres" (Pscheidt; Araújo, 2017, p. 247).

Encerrando esta breve revisão da literatura, destacamos uma recente pesquisa realizada por Flávia de Andrade Campos Silva (2019), apoiada nos estudos sobre motivação e criatividade na musicalização infantil, particularmente nos aportes oferecidos pela teoria do fluxo. A pesquisadora investigou a motivação, o engajamento e o processo criativo de crianças em atividades de criação musical, incluindo movimentos corporais. Como em Maffioletti (2005) e Beineke (2009), esse estudo não apresentou uma distinção entre composição e improvisação, compreendendo-se ambas as iniciativas como constituintes do processo de criação musical. Do ponto de vista procedimental, sete crianças (entre 6 e 8 anos) foram acompanhadas em suas aulas de musicalização infantil como parte do delineamento de um estudo de caso. Foram observados aspectos das atividades propostas (com foco no ensino e na aprendizagem criativa), o envolvimento das crianças e o engajamento em nível motivacional e emocional. Os resultados indicaram que em atividades de improvisação (particularmente com o uso do corpo) as crianças apresentaram níveis mais altos de engajamento, sendo que "os quesitos emoção/alegria e engajamento/motivação foram os que alcançaram um maior nível de frequência entre as crianças" (Silva, 2019, p. 7).

Em um exercício de síntese, podemos considerar que as investigações aqui destacadas conservam importantes aspectos em comum, a saber: (i) fundamentam-se teoricamente em perspectivas interdisciplinares, integrando contributos da cognição/educação musical e da psicologia do desenvolvimento; (ii) reportam evidências empíricas, portanto seus resultados se baseiam em dados coletados em situações reais de aprendizagem musical; (iii) assumem a criação/improvisação musical como elemento central para a aprendizagem criativa; (iv) concebem a educação musical em uma perspectiva abrangente, propondo a integração e a interação entre as diferentes formas de vivenciar a música dentro e fora da sala de aula; e (v) salientam aspectos sociais da aprendizagem musical criativa, especialmente a interação entre os pares (alunos-alunos) e entre professor e alunos. Acreditamos que as contribuições desses estudos podem favorecer a expansão das investigações sobre a improvisação musical e a criatividade, bem como colaborar com as intervenções pedagógicas no ensino de música em diferentes contextos.

Resumo da ópera

A seguir, a Figura 4.4 sintetiza alguns dos principais eixos temáticos trabalhados neste capítulo, ressaltando aspectos teóricos, proposições pragmáticas e iniciativas científicas.

Figura 4.4 – Síntese do Capítulo 4

Criatividade em educação musical	Aprendizagem musical criativa	Improvisação e criatividade
Dimensões: pessoa processo produto ambiente	Ensinar música criativamente Ensinar para a criatividade musical	Iniciativas investigativas: Interdisciplinares, integradoras e socialmente inseridas

Teste de som

1. Com base na aproximação entre criatividade e ensino de música, analise as afirmações a seguir e marque (V) para as verdadeiras e (F) para as falsas:

    ( ) A maioria das definições indica que o conceito de criatividade se relaciona com a elaboração de algo novo para determinado contexto, uma produção relevante e útil para os âmbitos artístico, sociocultural, intelectual ou tecnológico nos quais é proposta, podendo ser uma ideia, uma obra musical ou literária ou uma campanha publicitária, por exemplo.

    ( ) A aproximação entre criatividade e educação musical tem implicado a integração de quatro perspectivas: a pessoa (alunos e professores), o processo criativo, o produto criativo (que não deve ser analisado dissociado do processo e do contexto de criação) e o ambiente (os espaços de ensino e aprendizagem da música).

    ( ) Os estudos recentes sobre criatividade e ensino de música têm assumido as competências criativas como potencialidades presentes em todas as pessoas, superando, assim, as concepções limitantes, particularmente aquelas apoiadas no talento musical como um aspecto inato e um sinônimo de genialidade.

    ( ) O estudo da criatividade no âmbito da educação musical tem considerado aspectos como o talento musical associado à personalidade criativa. Assim, tem-se valorizado a medição da criatividade com o objetivo de caracterizar os sujeitos como mais ou menos criativos.

Agora, assinale a alternativa que apresenta a sequência correta:

a) V, V, V, V.
b) V, F, V, V.
c) V, V, V, F.
d) V, V, F, V.
e) V, F, F, F.

2. O ensino criativo se concentra na atuação do professor, isto é, nas estratégias e nos recursos didático-pedagógicos que os educadores mobilizam para tornar o ensino mais motivador, instigante, imaginativo, significativo e criativo. A esse respeito – e de acordo com os temas abordados ao longo deste capítulo –, assinale a alternativa que **não** representa uma recomendação para o ensino musical criativo:

   a) Estimular as relações sociais nas aulas de música.
   b) Engajar os interesses musicais/formativos dos alunos.
   c) Valorizar as contribuições musicais dos aprendizes.
   d) Privilegiar atividades apoiadas na ludicidade.
   e) Focar exclusivamente a improvisação livre.

3. Beineke (2009, p. 74, grifo do original) explica que "o **ensino criativo** consiste no uso de abordagens imaginativas que tornem a aprendizagem mais interessante e efetiva, focalizando a atuação do professor. O _____, por outro lado, analisa o desenvolvimento do pensamento criativo dos estudantes, focalizando os alunos. A **aprendizagem criativa** é um enfoque mais recente, o qual procura capturar

tanto a perspectiva do professor como dos alunos". Com base nas temáticas abordadas neste capítulo e atentando às informações dispostas neste enunciado, assinale a alternativa que preenche corretamente a lacuna:

a) ensino de instrumentos musicais.
b) ensino para a criatividade.
c) uso da improvisação musical.
d) processo criativo em música.
e) ensino musical criativo.

4. A aprendizagem musical criativa oferece aos alunos a oportunidade de um envolvimento (individual e coletivo) com as experiências musicais, de modo a valorizar a autonomia criativa, a liberdade expressiva e a autenticidade musical, ofertando-lhes também espaços para vivenciarem novas descobertas musicais e elaborarem novas perguntas a respeito dessa arte. Com base nos conteúdos trabalhados neste capítulo, relacione corretamente as assertivas aos conceitos a seguir:

I) Ensino criativo
II) Ensino para a criatividade
III) Aprendizagem criativa

( ) Tem o foco na figura docente e descreve a aplicação de abordagens criativas que tornem o aprender mais efetivo, dinâmico e instigante.

( ) É uma abordagem que contempla professores e alunos e abarca uma diversidade de variáveis relativas aos conceitos de aprendizagem e criatividade.

( ) Contempla os aprendizes e trata das estratégias de ensino que visam instigar pensamentos e comportamentos criativos nos alunos.

Agora, assinale a alternativa que apresenta a sequência obtida:

a) II, I, III.
b) II, III, I.
c) I, III, II.
d) III, I, II.
e) I, II, III.

5. Considere a seguinte citação:

> As pesquisas [sobre improvisação musical e criatividade] apontam diferentes desafios aos professores, como ambientes motivadores que colaborem com a criatividade e atividades que estimulem a aprendizagem criativa musical dos alunos. Para Jeffrey e Woods (apud BEINEKE, 2012, p. 56), "na aprendizagem criativa o conceito de inovação adquire outro sentido, focalizando a compreensão que os alunos desenvolvem do currículo, da pedagogia e da aprendizagem social". Beineke (2012) aponta também que durante a aprendizagem criativa na área da música o foco não é apenas o produto criativo, mas as atividades colaborativas entre os alunos, no aprendizado em conjunto através da música e na formação de indivíduos mais críticos e sensíveis.
> (Silva, 2019, p. 60)

No trecho exposto, Silva (2019) trata das pesquisas recentes que versam sobre as atividades de criação/improvisação e as perspectivas da aprendizagem musical criativa. Com base nessa temática e nos conteúdos trabalhados neste capítulo, analise as alternativas a seguir a assinale aquela que **não** representa uma tendência das pesquisas sobre improvisação musical e criatividade.

As pesquisas sobre improvisação e criatividade no domínio da educação musical:

a) têm frisado a influência das interações sociais (alunos-alunos; professor-alunos) nos processos de criação musical empreendidos pelos alunos.
b) concordam quanto à relevância das atividades de criação/improvisação para a aprendizagem musical.
c) assumem a perspectiva da educação musical abrangente, em que se integram processos de criação, execução e escuta, com foco na exploração sonora e no uso integral do corpo.
d) estão fundamentadas teoricamente em perspectivas que interseccionam diferentes áreas do saber, com destaque para a cognição/educação musical, psicologia e educação.
e) concebendo a relevância da improvisação, tratam a improvisação musical de maneira particular e autônoma, dissociada de outras modalidades do fazer musical.

Treinando o repertório

Pensando na letra

Com base nas considerações apresentadas por Marcelo Petraglia no vídeo indicado a seguir, reflita sobre os questionamentos propostos.

PETRAGLIA, M. **Compasso Virtual**. Disponível em: <https://www.youtube.com/watch?v=DxyldpFSJTQ>. Acesso em: 7 ago. 2020.

1. Qual é sua concepção sobre o conceito de musicalidade?
2. Como você acredita que a musicalidade se relaciona com o ensino de música, especialmente sob a perspectiva da criatividade?
3. Partindo de reflexões sobre a musicalidade, Petraglia sugere sete processos da educação musical, a saber: (i) o canto; (ii) o desenvolvimento rítmico e motor; (iii) a consciência auditiva; (iv) a expansão do fazer musical por intermédio de instrumentos; (v) a criação musical; (vi) a conceituação e o registro dos elementos musicais; e (vii) a música como experiência integradora.

   Em um exercício reflexivo, selecione ao menos três desses processos e estabeleça relações com a aprendizagem musical criativa.

Som na caixa

1. Para a realização desta atividade, considere a seguinte citação:

   > Addessi (2015) reconhece o mecanismo da **imitação/variação** como um dos princípios da interação reflexiva de modo que sua natureza está baseada na criação de um diálogo natural [...].
   > Na **troca de turno** o exercício é ouvir e ser ouvido. É a capacidade de ser sensível para a alternância de tempo entre os indivíduos que interagem. Assim, o tempo de cada participante deve ser similar para que haja regularidade, um dos princípios que sustentam a interação reflexiva [...]. Por fim a **corregulação** é o momento onde um participante regula seu comportamento em decorrência do comportamento do outro indivíduo. Isso ocorre quando o indivíduo leva o outro em consideração [...]. (Pscheidt; Araújo, 2017, p. 249, grifo do original)

   Com base no exposto, elabore uma atividade que considere os seguintes aspectos:

   I) Imitação e variação
   II) Interação/diálogo
   III) Improvisação dirigida

   No planejamento da atividade, atente para os seguintes elementos:

   - o contexto para o qual a atividade é destinada (natureza do curso; aula individual ou coletiva; faixa etária aproximada);

- os materiais necessários (instrumental e recursos tecnológicos, por exemplo);
- as obras referenciadas (se necessário).

Ainda, é importante ter atenção aos seguintes itens:

- as modalidades do fazer musical privilegiadas pela proposta;
- os objetivos da atividade (o que se espera desenvolver com sua realização);
- os conteúdos musicais a serem trabalhados;
- os recursos didático-pedagógicos (estratégias de ensino que serão aplicadas);
- a avaliação (parâmetros para avaliar o desempenho dos alunos).

Capítulo 5
AS PEDAGOGIAS MUSICAIS ATIVAS: CONTRIBUIÇÕES ÀS PRÁTICAS DE IMPROVISAÇÃO NO ENSINO DE MÚSICA

Este quinto e último capítulo se concentrará nos aspectos metodológicos do ensino de música e em abordagens contemporâneas da educação musical que oferecem contribuições ao exercício docente. Nas seções que seguem, tomando os processos de criação/improvisação como objeto de interesse central, abordaremos as perspectivas tradicionais do ensino de música concebidas no século XIX e a revisão desses paradigmas nas décadas que inauguraram o século XX. Para tanto, levaremos em consideração os diálogos interdisciplinares que a educação musical estabeleceu com a educação e a psicologia, possibilitando o desenvolvimento da primeira e da segunda geração de metodologias ativas em educação musical.

Com relação à segunda metade do século passado, apontaremos alguns contributos da segunda geração de pedagogias ativas para o ensino de música, destacando a autonomia criativa, o uso de recursos e tendências da música nova e os impactos artístico-culturais da globalização e da era digital nas relações de ensino e de aprendizagem musical. A seção que encerra este livro versará especificamente sobre as abordagens que integram diferentes modalidades do fazer musical no ensino de música (compor, improvisar, ouvir, executar) – com destaque para o modelo C(L)A(S)P, de Keith Swanwick –, tendências que constituíram um novo posicionamento epistemológico em face da filosofia da educação musical.

5.1 Os paradigmas tradicionais do ensino de música

No que concerne à prática e à aprendizagem musical, tanto em contextos de iniciação musical e musicalização quanto no ensino da *performance* musical, a literatura tem frisado a necessidade de lançar um olhar crítico às condutas e iniciativas docentes (e institucionais) e às posturas discentes. Sob a perspectiva interdisciplinar – aproximando-se o ensino de música de áreas como a educação, a psicologia educacional, a filosofia e a sociologia da educação, entre outros campos do saber –, tem-se caminhado em direção à reformulação dos paradigmas educativo-musicais historicamente estabelecidos, com vistas à sua revisão e à elaboração de propostas pedagógicas que fomentem a autonomia discente na aprendizagem musical e atualizem a prática docente em relação às demandas contemporâneas. Nesse caminho, autonomia, liberdade criativa e improvisação musical protagonizam mudanças imprescindíveis aos avanços que almejamos (e precisamos) em educação musical. Apoiados especialmente nos esforços teórico-investigativos realizados no contexto brasileiro (Tourinho, 2011; Cerqueira; Zorzal; Ávila, 2012; Couto, 2014; Zorzal, 2016), apresentaremos a seguir um recuo histórico, com ênfase nos chamados *paradigmas tradicionais* do ensino de música, identificando caminhos para a promoção de renovações nesse âmbito.

5.1.1 Um olhar histórico para o ensino de música e as necessárias revisões paradigmáticas

No contexto ocidental, a passagem do século XVIII para o XIX marcou importantes mudanças nas práticas educacionais em música. Cerqueira, Zorzal e Ávila (2012) esclarecem que, até o século XVIII, a relação discípulo-mestre, recorrente no ensino da composição, marcou também o ensino de instrumentos musicais. Já no século seguinte (XIX), o surgimento dos **conservatórios** (instituições especializadas no ensino sistematizado de música com ênfase nas práticas formais de interpretação e criação) estabeleceu novas perspectivas para a educação musical no Ocidente, inicialmente no cenário europeu. As práticas educacionais nos conservatórios privilegiavam a formação de instrumentistas de alto nível, sustentando o arquétipo do concertista virtuoso inerente aos ideais do período do romantismo musical. Conforme aponta Fonterrada (2008, p. 68), as características dessa tendência são "o extremo individualismo e a busca de excelência técnica (virtuosismo), tanto no terreno da composição quanto no da interpretação".

> No que se refere ao ensino musical, o século XIX assistiu ao surgimento das primeiras escolas particulares de caráter profissionalizante. A primeira delas é o Conservatório de Paris, criado em 1974. Na Inglaterra, em 1822, foi fundada The Royal Academy of Music [...]. Cinquenta anos depois foram criadas, nos mesmo moldes, The Trinity College (1872) e The National Training School of Music (1973). Esse modelo de escola de música rapidamente se espalhou por vários países e chegou a Praga (1811), Viena (1817), Berlim (1850) e Genebra (1815). Atravessando o oceano, foi aos

Estados Unidos e ao Canadá na década de 1860 (Boston, Illinois e Montreal, para citar algumas das mais importantes). (Fonterrada, 2008, p. 81)

A tendência de expansão dos conservatórios foi marcada pelo viés tecnicista de suas abordagens pedagógicas e influenciou igualmente o âmbito cultural e artístico como um todo, tomando-se a música europeia de concerto como "o cânone definidor de um padrão estético que determina o que é bom e válido, servindo também de distinção social entre 'cultos' e 'incultos'" (Couto, 2014, p. 238). Essa perspectiva expandiu seu alcance geográfico, imigrou para a América já no século XIX e exerceu forte influência sobretudo no Brasil, onde algumas práticas educativas, socioculturais e musicais europeias haviam sido incorporadas desde a chegada das missões jesuíticas, no século XVI. Assim, a partir da adesão aos hábitos europeus, "atividades culturais e artísticas foram se estabelecendo no Brasil, mas sempre em mimese com a vida europeia e seu modo de fazer música" (Couto, 2014, p. 238). Nesse contexto, a música e seu ensino foram importantes ferramentas de catequização no processo de expansão do cristianismo (Esperidião, 2002). Embora incorporadas anteriormente, as práticas educativo-musicais consagradas no contexto europeu foram de fato institucionalizadas no Brasil apenas mais tarde, a partir da fundação do primeiro conservatório brasileiro.

Segundo Fonterrada (2008), os primeiros conservatórios que surgiram no Brasil foram o Conservatório Brasileiro de Música (1845), atual escola de música da Universidade Federal do Rio de Janeiro (UFRJ), e o Conservatório Dramático e Musical, em São Paulo (1906). Seguindo a tendência em expansão, tais instituições também priorizaram a excelência técnica, tendo o ensino de instrumentos como sinônimo do ensino de música. Nas práticas ditas *conservatoriais*, a sistematização e a coletivização do ensino de teoria da música e dos fundamentos da composição musical também foram aspectos marcantes. Esse fenômeno se deu em decorrência do aumento expressivo da demanda de alunos, o que fragilizou o modelo de instrução individualizada, predominante até o início do século XIX. A partir de então, foram desenvolvidos materiais e diretrizes didáticas e curriculares que fragmentaram o ensino musical em subáreas de conhecimento, dando origem às diversas disciplinas que ainda exercem influência nos currículos de música em nível superior e técnico. Destacam-se as disciplinas de Teoria e Percepção Musical, Contraponto, Harmonia, Análise e Fundamentos da Composição Musical, entre outras.

O ensino de instrumentos como disciplina integrada ao modelo conservatorial, ao contrário da tendência observada nas disciplinas teóricas, sustentou o formato individual, estruturado em um modelo de **ensino tutorial** (pautado na relação discípulo-mestre), no qual se defende a atenção exclusiva ao estudante como a principal forma de obter resultados de aprendizagem significativos (Tourinho, 2007).

> **Em alto e bom som**
>
> Com relação ao ensino tutorial, "Falamos aqui de um modelo que é eficiente por um lado, pois lida de maneira personalizada com a aprendizagem, mas excludente por outro, na medida em que é oferecido a poucos escolhidos que foram capazes de alcançar aprovação em rígidos testes de seleção" (Couto, 2014, p. 243).

Duas tendências estão associadas a essa perspectiva: "a habilidade técnica levada ao máximo da capacidade humana e a performance artística baseada em critérios interpretativos de caráter marcadamente individual e subjetivo" (Fonterrada, 2008, p. 82), reflexo de dois elementos do pensamento romântico: o individualismo exacerbado e a ênfase demasiada no domínio técnico-instrumental. Portanto, a reformulação das práticas educativo-musicais vislumbradas no século XIX esteve (quase exclusivamente) a serviço da aquisição de técnicas instrumentais baseadas em repertórios em nível crescente de dificuldade motora.

A esse respeito, Schroeder e Schroeder (2011, p. 113) observam que, no ensino tutorial consagrado pela tradição musical,

> a exigência da exatidão na reprodução daquilo que é ensinado (exercícios, trechos musicais, escalas, músicas completas) é condição indispensável para a avaliação da aprendizagem. Ou seja, se o aluno não tocar exatamente aquilo que seu professor ensinou, da mesma forma como ele ensinou, não estará se desenvolvendo musicalmente.

Na esteira desse raciocínio, Pereira (2014, citado por Zorzal, 2016) problematiza essas abordagens educativo-musicais a partir do conceito de **habitus conservatorial**, caracterizado pelo individualismo nos processos de ensino e aprendizagem de música e evidenciado no modelo tutorial, na manutenção da relação discípulo-mestre, no apego ao repertório de concerto ocidental (assegurando-se a supremacia da música europeia e dos cânones que regulamentam as práticas musicais nesse contexto) e na concepção de educação musical restrita ao ensino de instrumentos, conferindo-se primazia à *performance*. Conforme destaca Couto (2014), tais concepções fundamentam um modelo vigente até os dias atuais, tido como o único válido em contextos resistentes aos novos paradigmas pedagógico-musicais, sustentando uma lógica excludente que deslegitima o que é contrário à tradição e que nega a diversidade ideológica nesse domínio. Sob uma perspectiva sociológica, é possível analisar esse fenômeno com base no conceito de **epistemicídio** (Santos et al., 2004, citado por Couto, 2014), isto é, a desvalorização dos demais tipos de conhecimentos e, por consequência, dos indivíduos que compartilham desses conhecimentos, compreendidos, sob essa ótica, como menos relevantes.

Para o historiador Eric Hobsbawm (1994), o século XX marcou um dos períodos mais instigantes da história da humanidade, com fortes implicações para o campo das artes. Especialmente na música, a inevitável emancipação do sistema tonal, a ressignificação do ritmo (elemento central para os processos de criação na modernidade) e a exploração de uma gama maior de timbres foram importantes marcos (Griffiths, 1998). Do ponto de vista sociocultural, a ênfase na supervalorização do indivíduo (um aspecto marcante no romantismo do século XIX) foi substituída por propostas que privilegiavam a coletividade nas esferas artística e educacional. Esse fenômeno se apresentou como uma reação adaptativa ao aumento populacional expressivo (considerando que na Europa, por exemplo, a população mais que dobrou), o qual ocasionou a expansão dos movimentos migratórios no mundo todo. Além disso, a emergência dos princípios da Escola Nova e das abordagens construtivistas e histórico-culturais no campo da psicologia educacional, bem como o surgimento das pedagogias musicais ativas, acompanhou, de acordo com Fonterrada (2008), as tendências sociais e educacionais do século XX e favoreceu a instauração de mudanças relevantes na educação musical.

As referidas **pedagogias musicais ativas** surgiram na primeira metade do século XX, tendo como premissa um ensino musical que privilegiasse o contato efetivo com a experiência musical prática antes da construção dos conhecimentos teóricos. Assim, o fazer musical ativo tem sua centralidade no uso integral do corpo, na valorização do potencial criativo dos alunos em situações de execução (vocal, instrumental ou de exploração das diversas fontes sonoras), de apreciação e criação (comportando a improvisação como uma importante expressão musical). Entre os principais nomes dessa corrente, destacam-se Émile Jaques-Dalcroze, Zoltán Kodály, Edgar Willems, Carl Orff, Maurice Martenot, Shinichi Suzuki, Gertrud Meyer-Denkmann, John Paynter, Raymond Murray Schafer e Jos Wuytack (Mateiro; Ilari, 2012). Na próxima seção, vamos aprofundar essa temática.

Retornando ao paradigma de ensino aqui problematizado, destacamos a seguir três pontos sensíveis que devem ser considerados nas tendências de renovação:

I. A ênfase em metodologias de ensino que privilegiam o domínio técnico-instrumental e lhe conferem uma posição de destaque, partindo exclusivamente dos códigos da música tonal de tradição europeia e desconsiderando a variedade de repertórios e de seus conteúdos subjacentes. Nessa perspectiva, "ao aluno, compete adquirir as habilidades necessárias para a execução instrumental em detrimento de uma educação musical que contemple o indivíduo como um ser atuante, reflexivo, sensível e criativo" (Esperidião, 2002, p. 70).

II. A centralidade – e, em muitos contextos, a exclusividade – do modelo de ensino tutorial, no qual predominam a instrução individualizada e a transmissão de conhecimentos de professor para aluno (Tourinho, 2007; Zorzal, 2016). Sob essa ótica, cabe ao professor "a responsabilidade de transmitir os saberes e os conhecimentos durante o processo de aprendizagem" (Esperidião, 2002, p. 70), em vez de mediar as relações entre os alunos e a música, de modo a favorecer a construção de novos conhecimentos e habilidades. Nessa visão atualizada, contrariando a transmissão de saberes, consideramos que o conhecimento musical "não existe como tal no mundo 'exterior', mas reconstrói-se pouco a pouco, para cada ser singular, nas interações repetidas que tem com outros atores [professores e seus pares], através de objetos e em situações sociais particulares" (Lahire, 2002, citado por Schroeder; Schroeder, 2011, p. 113).

Nessa perspectiva, Couto (2014) argumenta que, quando imposto de modo exclusivo, o ensino tutorial pode fragilizar a autonomia reflexiva do aprendiz e seu direito de questionar as práticas pedagógico-musicais consagradas pela tradição. Complementando esse raciocínio, Schroeder e Schroeder (2011, p. 113) mencionam que

> A ideia da transmissão do conhecimento é sustentada por uma concepção da música como sendo um conjunto homogêneo, único, fixo e imutável de informações, conceitos, procedimentos e práticas que, exterior aos músicos ou aos praticantes, precisa

ser "ensinado", "transmitido" de um a outro sem alterações [...]. Essa forma de entender o processo ensino/aprendizagem caracteriza o que se costuma denominar "ensino tradicional".

III. Em contextos institucionais, o paradigma tradicional de ensino se evidencia também nas concepções de currículo, podendo ser observado em matrizes curriculares nas quais as disciplinas se encontram fragmentadas e os conteúdos privilegiam a música denominada *erudita* e de tradição europeia. Nessa abordagem, "os conhecimentos estão compartimentados em disciplinas organizadas de modo linear, sequencial, estanques e fragmentadas, dissociadas da contemporaneidade musical e descontextualizadas" (Esperidião, 2002, p. 70). De acordo com Moraes (1997, p. 146),

> Este paradigma parte do pressuposto de que o indivíduo desenvolve melhor suas habilidades como sujeito passivo, espectador do mundo, e o currículo é estabelecido antecipadamente, de modo linear, sequencial, cuja intencionalidade é expressa com base em objetivos e planos rigidamente estruturados, sem levar em conta a ação do sujeito e sua interação com o objeto, sua capacidade de criar, planejar e executar tarefas.

Além de excludentes, tais visões têm contribuído para reforçar a crença de que fazer música é uma atividade destinada a um grupo seleto de indivíduos portadores de um talento especial (França; Swanwick, 2002), desconsiderando-se o potencial musical humano para se expressar musicalmente das mais distintas maneiras. Em contrapartida, a literatura tem destacado iniciativas favoráveis à promoção de mudanças e à construção de novos paradigmas em educação musical. No tocante às ações docentes, professores especializados e versáteis que busquem expandir e revisar constantemente suas concepções estarão mais aptos a formar "alunos capazes de julgar, interpretar, analisar, contestar, defender, criticar, celebrar ou condenar seus próprios trabalhos [...]. Isso seria alcançado graças à autonomia de pensamento e atitude desenvolvidas nos estudantes" (Couto, 2014, p. 249). Dessa forma, as aspirações dos aprendizes devem constituir um dos focos para as ações dos educadores, que, a propósito, são responsáveis por fomentar espaços para a expressão de ideias e a exploração de abordagens criativas (entre as quais a improvisação ocupa lugar de destaque). O desenvolvimento da autonomia, da liberdade criativa e da autenticidade musical deve ser o objetivo central dos processos de ensino e aprendizagem.

Tendo em vista especificamente as intervenções docentes, com base no exposto por Harder (2008), é possível descrever algumas competências necessárias à prática educativa em música, a saber: (i) oferecer aos alunos parâmetros, critérios e diretrizes a partir dos quais eles possam direcionar e autoavaliar criticamente o próprio desenvolvimento musical; (ii) estruturar os ambientes de aprendizagem e construir de modo flexível seus projetos pedagógicos e planos de ensino, considerando-se variáveis como os contextos socioculturais e os interesses dos alunos; e (iii) ter uma vasta bagagem de conhecimentos relativos não somente ao viés teórico e técnico-musical, mas também aos aportes das diversas áreas correlatas. Nessa direção, a perspectiva da interdisciplinaridade tem se mostrado um importante instrumento de mudança nos ambientes de formação musical, contrariando a visão compartimentada dos conhecimentos construídos pela humanidade. Dessa maneira, propõe-se a articulação entre os saberes de cunho teórico e prático, a dissolução das barreiras impostas pelas disciplinas curriculares e o fomento a uma educação musical abrangente, na qual as fronteiras entre as áreas de conhecimento e as modalidades do fazer musical (composição, apreciação e execução) se dissolvam (França; Beal, 2004).

Nessa direção, o ensino e a aprendizagem musical devem ser norteados primeiramente pelo viés artístico do fazer musical, sua dimensão simbólica e sua carga semântica, em detrimento de uma prática pautada exclusivamente na aquisição de habilidades motoras. Conforme expõe França (2000), o desenvolvimento musical se dá por meio de duas dimensões complementares: (i) a **compreensão musical**, isto é, "o entendimento do significado expressivo e estrutural do discurso musical" (França, 2000, p. 52), e (ii) a **técnica**, que consiste em "uma gama de habilidades e procedimentos práticos através dos quais a concepção musical pode ser realizada, demonstrada e avaliada" (França, 2000, p. 52), como desenvolver um motivo musical no âmbito composicional, manipular o material sonoro em uma situação de execução ou identificar aspectos específicos do discurso ao apreciar uma música. As ideias aqui defendidas não têm por objetivo deslegitimar o viés técnico do fazer musical, mas reforçar a imprescindível integração entre a técnica e a compreensão musical – incluindo-se a ludicidade, a motivação, a criatividade, a dimensão emocional das experiências musicais etc. –, de modo a possibilitar aos aprendizes o desenvolvimento de ferramentas perceptivas que favoreçam a fruição estética e a compreensão da música como discurso (Swanwick, 1994).

5.2 As pedagogias ativas e os novos paradigmas em educação musical

As tendências de reação às propostas tradicionais do ensino de música, em escala global, surgiram na primeira metade do século passado. Gainza (2011) explica que esse período tem sido considerado o século da revolução educacional, dadas as proposições que revisaram as perspectivas didático-pedagógicas e metodológicas em diferentes campos do saber e lançaram um novo olhar aos personagens envolvidos nos processos de aprendizagem – educadores e educandos –, atribuindo aos aprendizes a centralidade em seu desenvolvimento, valorizando suas idiossincrasias, delineando objetivos de aprendizagem e estratégias de intervenção consonantes com as realidades socioculturais (e com as aspirações discentes) e convidando os estudantes a participar das tomadas de decisão nos processos educacionais.

Nesse cenário, a emergência do movimento da **Escola Nova**, as descobertas da psicologia educacional e do desenvolvimento (com destaque para os contributos construtivistas) e a chamada *revolução cognitiva* (um marco nos estudos sobre a mente humana) foram algumas das tendências epistemológicas que influenciaram o surgimento das **pedagogias ativas**, cujo foco reside na experiência direta (isto é, a prática efetiva – o aprender fazendo) associada à reflexão sobre tais experiências.

> **Em alto e bom som**
>
> Segundo Gainza (2004, p. 75, tradução nossa), a **Escola Nova** representou "uma verdadeira revolução educativa, que

> expressou sua reação diante do racionalismo do século XIX focalizando, em primeiro plano, a personalidade e as necessidades do educando".

Como você possivelmente notou, as proposições apresentadas ao longo deste livro estiveram fortemente apoiadas nessas concepções educacionais. Nesse sentido, objetivamos, neste último capítulo, realizar uma síntese e pontuar especificidades didático-pedagógico-musicais ainda não tratadas. Esperamos, assim, fomentar reflexões que culminem em novas posturas educacionais, oferecendo subsídios à prática docente.

Em defesa das abordagens ativas em educação musical, Bomfim (2012) explica que, com o objetivo de estimular na criança o interesse pela música, experiências reais de recepção, expressão e manipulação sonora devem anteceder a teoria. "Para tanto, é necessário ouvir música, cantar, estimular os movimentos corporais naturais, entre outros. A improvisação é um aspecto central desse pensamento" (Bomfim, 2012, p. 82), por se tratar de uma iniciativa essencialmente prática. A partir do improviso (livre ou dirigido) e de demais experiências práticas com a música, "a teorização é introduzida, mas a relação da criança com a música já está estabelecida naturalmente" (Bomfim, 2012, p. 82). Em outros termos, ao iniciar musicalmente os educandos por meio da experimentação (em qualquer fase da vida: crianças, adolescentes, jovens, adultos e idosos), são favorecidos o encantamento e as motivações intrínsecas para o engajamento musical. Nessa seara, a posterior apropriação de conceitos e aportes teórico-musicais se torna um caminho natural, de inquestionável relevância. Reiteramos, neste ponto, a relação indissociável entre prática e teoria quando se trata de aprender música. Como expressa Gainza (2011, p. 14, tradução nossa),

> A importância da educação musical reside em seu potencial para motivar os educando a fazer música de maneira ativa e poder, desse modo, desfrutar dele plenamente, experimentando suas múltiplas virtudes e benefícios em relação ao corpo, ao espírito e à mente. Quando a música está desconectada da prática, seu ensino perde o sentido e pode até tornar-se nocivo, por não responder aos interesses e motivações dos estudantes.

Indicação cultural

A EDUCAÇÃO musical no século XXI – experiências criativas. Disponível em: <https://www.youtube.com/watch?v=kw-qRykRGdPA>. Acesso em: 7 ago. 2020.

Nesse vídeo, as professoras Marisa Fonterrada e Teca Alencar de Brito participam de um instigante debate sobre as práticas criativas no âmbito da educação musical, salientando, entre outros aspectos, o papel da improvisação.

Nessa perspectiva, Brito (2003, p. 200-201) propõe um quadro comparativo opondo concepções tradicionalistas e construtivistas do ensino de música. Expandindo essa proposta, apresentamos a seguir, no Quadro 5.1, uma iniciativa semelhante, a fim de favorecer a compreensão das características do ensino tradicional de música em contraposição às perspectivas atuais (relacionadas às pedagogias ativas). Os elementos destacados no quadro não findam as reflexões a respeito dos modelos tradicionais e progressistas em educação musical, mas sintetizam o que discutimos até o momento.

Quadro 5.1 – Os paradigmas tradicionais *versus* as novas perspectivas em educação musical

Paradigmas tradicionais do ensino de música	Pedagogias ativas em educação musical
Concebem a possibilidade do ensino teórico com posterior aproximação à prática.	Recusam uma iniciação musical alheia à experiência musical direta e efetiva.
Destaque demasiado e/ou exclusivo na reprodução musical (*performance*).	Integração da prática e da reflexão na criação, apreciação e execução musical.
Ênfase nos aspectos técnicos da estruturação musical e da prática instrumental.	Compreensão musical anterior (ou concomitante) às aquisições técnicas.
Escuta pautada unicamente na discriminação de parâmetros do som.	Percepção auditiva contextualizada musicalmente e audição musical ativa.
Uso de músicas para ilustrar elementos teóricos/conceitos musicais.	Experiências de invenção, execução e escuta como meio de expressão musical.
Restrição das fontes sonoras (instrumentos tradicionais/convencionais).	Expansão das possibilidades de exploração: instrumentos, objetos e corpo.
Trabalho exclusivo com repertórios específicos (não raramente alheios à cultura dos alunos).	Expansão de repertórios, abertura à música contemporânea e à improvisação.
Práticas educacionais orientadas por conteúdos fragmentados e por vezes hierarquizados.	Interdisciplinaridade e integração entre saberes e habilidades artísticas/musicais.
Padronização de métodos e estratégias de ensino, bem como de seus objetivos.	Pedagogias alinhadas às pretensões e especificidades discentes e contextuais.

Fonte: Elaborado com base em Brito, 2003.

Diante das verdadeiras revoluções educacionais pelas quais a educação musical passou no último século, é curioso que práticas apoiadas nos paradigmas tradicionais ainda sejam tão comuns nos contextos de ensino formal de música. É preciso, portanto, assumir a missão de restaurar a práxis educativo-musical e colocá-la a serviço do desenvolvimento humano em consonância com as demandas contemporâneas, o que, segundo Gainza (2011, p. 16, tradução nossa), implica "visar à realização de um fazer participativo e integrado, que combina ação com reflexão e criatividade com consciência mental".

Até o momento, temos adotado os termos *pedagogias, abordagens/propostas educacionais/pedagógicas, metodologias* e *métodos* como sinônimos de um mesmo aspecto educativo-musical de elevada amplitude e complexidade: as pedagogias ativas para o ensino de música. Evitando uma discussão aprofundada a esse respeito – que pode ser verificada em Penna (2012) –, justificamos que, dadas as acepções equivocadas do conceito de **método** em educação (reduzindo-o a manuais didáticos específicos – "métodos de flauta", "métodos de violão", por exemplo – ou a um passo a passo, uma "receita" a ser replicada mecanicamente), alguns autores o têm evitado.

Acreditamos que qualquer uma das referidas nomenclaturas pode ser adotada, desde que de forma crítica, consciente e fundamentada. Não obstante, assumimos nossa preferência – tal como Mateiro e Ilari (2012) – pelo termo *pedagogias*, por sua abrangência, sendo contempladas tanto proposições pragmáticas quanto teórico-reflexivas, tanto estratégias e procedimentos quanto aprofundamentos epistemológicos.

> **Em alto e bom som**
>
> Para Bru (2008, citado por Penna, 2012, p. 16, grifo nosso), "um **método pedagógico** não é apenas uma mescla de técnicas e procedimentos"; trata-se de "(a) um conjunto de meios; (b) escolhidos com o fim de atingir um ou vários objetivos inscritos em um propósito; (c) mediante ações organizadas e distribuídas no tempo".

Aproveitamos o ensejo para incitar a seguinte reflexão: Se estamos tratando de um paradigma educacional que salienta a necessária variabilidade de metodologias, recursos, procedimentos e estratégias de ensino (as pedagogias ativas), por qual razão nos debruçaremos sobre abordagens já consagradas, elaboradas em contextos que não o brasileiro (e, portanto, partindo de outras realidades socioculturais e educacionais), sendo que algumas delas foram pensadas quase um século atrás? Para justificar essa opção, recorremos a Mateiro e Ilari (2012, p. 9), as quais esclarecem que o trabalho dos autores das pedagogias ativas para o ensino de música "foi fundamental na construção das concepções que temos hoje do que é educação musical, de como ensinar, de quais repertórios utilizar, e assim por diante. Há um imenso valor histórico, sociológico, educacional, filosófico e psicológico nas ideias desses clássicos".

Além oferecerem suporte às ações e reflexões sobre "o que" e "como" ensinar, tais abordagens expandiram a visão de educação musical para além das tradicionais aulas de instrumento ou de composição. Em complemento, sem desvalorizarem o real valor da ludicidade, esses autores questionaram as práticas que tomam a música como elemento meramente recreativo, descompromissadas com os processos de aprendizagem. Em termos gerais, as metodologias ativas têm, ao longo das últimas décadas, "ajudado a renovar o ensino de música, a questionar os modelos tradicionais e 'conservatoriais', procurando ampliar o alcance da educação musical ao defender a ideia de que a música pode ser ensinada a todos, e não apenas aqueles supostamente dotados de um 'dom' inato" (Penna, 2012, p. 17). Com relação aos objetivos deste livro, importa reforçar que as metodologias ativas ofereceram à improvisação um lugar de destaque no ensino e aprendizagem de música, concebendo-a como uma rica (e imprescindível) ferramenta pedagógica e uma via de expressão da arte musical. Podemos, portanto, assumir que essas abordagens pedagógico-musicais representam parte crucial da história e dos fundamentos da educação musical (Mateiro; Ilari, 2012).

Diante do exposto, na sequência deste capítulo, apresentaremos uma visão geral acerca de algumas metodologias que se consagraram no cenário europeu a partir da década de 1930 e expandiram seu alcance para outras regiões do mundo (com destaque para os países sul-americanos, como Brasil, Argentina e Chile). Como veremos, a plena compreensão dessas abordagens está condicionada aos seguintes fatores:

> Conhecer o contexto (social, histórico, cultural) em que cada método foi criado, para poder avaliar seus limites e suas contribuições; analisar seus fundamentos, procurando reconhecer as concepções de música e educação sobre as quais se apoia; compreender o papel que atribui ao aluno e ao professor; verificar os objetivos pedagógicos que procura alcançar; analisar as atividades ou exercícios que propõe, procurando depreender seus princípios de construções e seus procedimentos básicos;

estabelecer relações com sua própria vivência musical e a de seus alunos; articular tais propostas às situações educativas em que atua e/ou ao currículo da escola. (Penna, 2012, p. 19)

Gainza (1988, 2004, 2011) apresenta uma categorização das diferentes propostas educativo-musicais desenvolvidas no contexto ocidental com base na natureza de cada abordagem e no respectivo período de surgimento (contextualizando-as em termos sociais, históricos e educacionais). Desse modo, a autora propõe seis categorias, a saber: (i) métodos **precursores** (1930-1940); (ii) métodos **ativos** (1940-1950); (iii) métodos **instrumentais** (1950-1960); (iv) abordagens **criativas** (1970-1980); (v) tendências de **transição** (1980-1990); e os **novos paradigmas** (1990-). Todas essas categorias congregam metodologias que se dividem em duas grandes fases: **primeira** e **segunda geração de pedagogias ativas em educação musical**.

5.3 A educação musical no século XX: primeira geração de metodologias ativas

O impulso para as novas tendências no ensino de música foi a emergência dos métodos ativos na educação – em consonância com o movimento Escola Nova –, os quais se difundiram no início do século XX, especialmente na Europa e no norte da América. Em educação musical, os principais expoentes dessas novas pedagogias surgiram em países da Europa (com destaque para Suíça, Hungria, França, Alemanha e Inglaterra) e, mais tarde, em nações norte-americanas, como Estados Unidos e Canadá.

Inspirados em Gainza (1988, 2004, 2011), organizaremos a exposição de algumas das metodologias consagradas considerando a cronologia do desenvolvimento de tais abordagens, bem como a pertinência e o impacto dessas propostas. Assim, integram a primeira geração os períodos indicados na Figura 5.1.

Figura 5.1 – Primeira geração dos métodos ativos em educação musical

1ª geração		
Métodos precursores (-1940)	Métodos ativos (1940-1950)	Métodos instrumentais (1950-1960)

Em alto e bom som

Foge às pretensões deste livro oferecer um aprofundamento nas diversas abordagens metodológicas para o ensino de música (para isso, recomendamos a consulta à bibliografia especializada utilizada para fundamentar essa temática). Nossa intenção é, a partir da contextualização e apresentação das bases educacionais desses modelos, oferecer subsídios (e incitar reflexões) para a prática docente, tomando a improvisação como uma ferramenta pedagógica. Em outras palavras, objetivamos fomentar a compreensão das possibilidades de utilização de algumas dessas propostas metodológicas em sala de aula, associadas à improvisação musical.

5.3.1 Métodos precursores (-1940)

O primeiro período – métodos precursores – esteve fortemente apoiado nos movimentos educacionais em emergência nas décadas iniciais do século XX e foi o responsável pela construção das bases práticas que mais tarde ofereceram suporte às demais metodologias. Entre as principais contribuições desse período estão o modelo denominado Tônica Sol-Fá e a proposta do Dó Móvel (utilizada desde o final do século XIX, mas que no período em questão passou por um processo de aperfeiçoamento). Essas duas abordagens se complementam e estão relacionadas ao ensino do solfejo.

A **Tônica Sol-Fá** organiza as notas musicais (alturas definidas) com base em um dado sistema de símbolos – como os graus da escala representados por algarismos romanos (I, II, III, IV...; Dó, Ré, Mi, Fá...) – de modo que a iniciação à prática do solfejo (e do canto, por assim dizer) independa de conhecimentos teóricos elementares e do domínio da leitura de partituras, aspectos que podem ser trabalhados posteriormente.

Em alto e bom som

O método da **Tônica Sol-Fá** foi difundido pelo inglês John Curwen (1815-1882), havendo indícios de que sua utilização inicial se deva a Sarah Glover (1785-1854)(Fonterrada, 2008). Embora tenha alcançado projeção no início do século XX, essa proposta "já era conhecida na Inglaterra desde o final do século anterior [XIX]" (Gainza, 2004, p. 75, tradução nossa).

Essa proposta está associada ao **Dó Móvel**, uma vez que relativiza as tonalidades. Evitam-se o uso do nome das notas e as representações notacionais na partitura para que o solfejo seja realizado a partir de qualquer referência tonal (tanto nas escalas em modo maior quanto no modo menor). A Tônica Sol-Fá permite a construção de melodias diversas a serem executadas em atividades coletivas, nas quais elementos representacionais simples (distantes do aprofundamento em teoria, leitura e escrita musical) possibilitam práticas musicais efetivas (e sistematizadas).

O Dó Móvel, por sua vez, propicia uma rica apropriação do sistema tonal, baseada nas funções que cada grau desempenha na escala (e não no uso fixo das notas específicas de cada escala).

No mesmo período, surgiram algumas propostas para o ensino do ritmo, apoiadas em recursos linguísticos e extramusicais. Uma delas se refere à **silabação rítmica**, que designa a duração das diferentes figuras de som (semibreve, mínima, semínima, colcheia, semicolcheia, fusa e semifusa) por meio de sílabas convencionadas. Por exemplo: *tá*, para semínimas; *ti* para colcheias; *ti-ri* ou *ta-ga* para semicolcheias; *ti-ti-ti* ou *ta-te-ti* para tercinas (Figura 5.2).

Figura 5.2 – Silabação rítmica: exemplo I

Fonte: Elaborado com base em Silva, 2012, p. 78.

Cada novo agrupamento rítmico pode ser representado por uma ou mais sílabas. Este parece ser um caminho alternativo à rigidez notacional das partituras convencionais, um convite à aprendizagem da leitura musical por um viés mais flexível e, de certo modo, lúdico. Essa perspectiva inspirou, mais tarde, a utilização de palavras associadas a células rítmicas, proposta que considera a quantidade de sílabas em relação ao número de figuras que compõem a célula rítmica e o respeito à duração proporcional de cada figura de som (Figura 5.3).

Figura 5.3 – Silabação rítmica: exemplo II

bo - lo   bo - lo   cho - co - la - te   cho - co - la - te   cir - cu - lo   cir - cu - lo

Considerando os elementos expostos, podemos verificar que essas propostas (ainda vigentes) são fortemente afetadas por traços do ensino tradicional de música, como o apego a competências como o solfejo na iniciação musical, a grande ênfase em aspectos representacionais em termos de notação musical e o foco na música tonal e, de certa forma, no repertório (e suas práticas subjacentes) dos séculos passados. Esses apontamentos não visam minimizar o mérito de tais iniciativas metodológicas, mas evidenciar um processo de reformulação paradigmática que, para muitos autores, segue em desenvolvimento ainda nos dias atuais. Cabe notar também que esse período inicial não foi marcado pelo surgimento de importantes autores/educadores musicais; por outro lado, apresentou propostas educacionais que foram resultado de experiências difusas introduzidas no século antecedente (XIX). Como veremos a seguir, esses procedimentos – Tônica Sol-Fá, Dó Móvel e silabação rítmica – foram apropriados por autores das fases seguintes, como Zoltán Kodály com a Manossolfa, uma proposta para o ensino do solfejo.

5.3.2 Métodos ativos (1940-1950)

O segundo período – métodos ativos – foi marcado pelas contribuições vanguardistas de três importantes nomes da educação musical: o suíço **E. Jaques-Dalcroze** (1865-1950), com propostas voltadas ao ensino do ritmo e ao uso integral do corpo, aliando-se música-gesto-movimento; o belga-suíço **Edgar Willems** (1890-1978), que se dedicou especialmente à compreensão das bases psicológicas da educação musical e, através de seus estudos, propôs uma nova compreensão acerca do aluno de música, valorizando a constituição da personalidade de crianças, adolescentes e jovens em uma profícua aproximação com a psicologia do desenvolvimento; e o francês **Maurice Martenot** (1898-1980), que incorporou "importantes recursos para o ensino do canto e da iniciação musical, baseados na psicologia infantil e nas técnicas de concentração e relaxamento corporal" (Gainza, 1988, p. 103). Embora cada um desses autores ofereça contribuições específicas, suas proposições coincidem no estímulo à participação ativa dos aprendizes em seus processos de musicalização, por meio do canto, da prática instrumental, do movimento e da dança, em práticas coletivas que visam estimular as diferentes formas de criatividade.

Acreditamos que a denominação *métodos ativos* (proposta por Violeta Gainza para as abordagens localizadas no recorte histórico aqui referenciado) não está relacionada à pretensão de relativizar/reduzir o viés prático e ativo das propostas dos demais períodos, mas ao propósito de reforçar esse momento da história dos fundamentos da educação musical como o início da formulação de pedagogias verdadeiramente preocupadas com o ato de ensinar pela experiência direta com o som, colocando corpo (ação) e mente (reflexão) em função dos processos de musicalização. Trata-se de uma verdadeira mudança de postura em relação aos paradigmas e às práticas tradicionais (e obsoletas) do ensino de música.

Além das contribuições no contexto europeu, nessa mesma época, nos EUA, eram difundidas as ideias do filósofo e educador John Dewey (1859-1952), as quais "proclamavam a necessidade de uma educação para todos", uma visão democrática na qual "o ensino deveria mudar para que todos pudessem ter a possibilidade de aprender" (Gainza, 2004, p. 75, tradução nossa). Os ideais de Dewey "influenciaram James Mursell, o brilhante psicólogo e educador musical norte-americano, cujas obras e ensinamentos conferiram particular realce à pedagogia musical de seu país nas décadas de 40 e 50" (Gainza, 2004, p. 75, tradução nossa).

5.3.3 Métodos instrumentais (1950-1960)

Integram o terceiro período – métodos instrumentais – as propostas que focalizaram o ensino de música por meio da prática instrumental e vocal, sem que o ato performático representasse um fim em si. Dessa forma, o termo *instrumental* é utilizado em sua dupla acepção: em referência ao uso direto de recursos e fontes sonoras convencionais (voz e instrumentos musicais) e no sentido de atribuir a essa prática uma função instrumental, tomando-a como uma via para o ensino e a aprendizagem da música (amenizando-se a ênfase na execução instrumental, característica do ensino tradicional amplamente difundido até o século XIX). Como sugere Gainza (2004), tal recorte inclui: as abordagens pedagógicas do compositor e educador musical alemão **Carl Orff** (1895-1982), centradas nas práticas musicais lúdicas envolvendo grupos vocais e instrumentais; as propostas do húngaro **Zoltán Kodály** (1882-1967), que privilegiam a voz e as práticas de coro; e a metodologia apresentada por **Shinichi Suzuki** (1898-1998), que inicialmente priorizou o ensino do violino, expandindo posteriormente o alcance de suas propostas para outros instrumentos de corda e sopro.

As contribuições desses autores obtiveram ampla adesão em nível mundial. Com Suzuki, lançamos um novo olhar à influência marcante exercida pelos contextos ambientais (especialmente o meio familiar) no desenvolvimento musical. Com Kodály, aprendemos a valorizar o folclore (a produção cultural que constitui a identidade de uma nação) e o uso da voz nos processos de musicalização. Com Orff, passamos a priorizar a criação e a adaptação de recursos materiais para que a prática (instrumental e vocal/corporal) possa ser oferecida desde a iniciação musical.

De modo geral, todos esses métodos que compuseram a primeira geração da educação musical moderna buscaram "deslocar a ênfase, que até então havia recaído na disciplina musical, para o destinatário do ensino – o educando – e seus processos de desenvolvimento" (Gainza, 1988, p. 104). O ensino de música que, nos moldes tradicionais, consistia na transmissão impessoal (e por vezes mecânica) de informações foi substituído (nessa nova acepção) por um intercâmbio dinâmico de experiências musicais, destacando-se conceitos como ludicidade e aprendizagem ativa. Assim, liberdade, atividade e criatividade constituíram o cerne dessa primeira geração de metodologias ativas.

Assumindo a impossibilidade de aprofundar todas as abordagens metodológicas aqui referenciadas, na subseção seguinte enfocaremos aspectos teóricos e práticos da abordagem postulada por Carl Orff – difundida e expandida por Jos Wuytack.

As práticas musicais no sistema Orff/Wuytack

Carl Orff, junto de seus colaboradores, desenvolveu materiais que ofereceram suporte para proposições educativo-musicais, produzindo "uma obra didática em cinco volumes (o 'Orff Schulwerk') que integra os jogos linguísticos e o movimento corporal ao conjunto vocal e instrumental" (Gainza, 2004, p. 76, tradução nossa). Assim, "se multiplicaram os grupos de percussão à base do 'instrumental Orff' e se executaram e difundiram as alegres peças para crianças e jovens do *Orff Schulwerk*" (Gainza, 2004, p. 76, tradução nossa).

Em alto e bom som

"Carl Orff pouco escreveu sobre metodologias em sua obra pedagógica" (Bourscheidt, 2007, p. 11). Portanto, muitas das proposições aqui destacadas são "baseadas no pensamento do discípulo de Carl Orff e grande divulgador da sua pedagogia, o belga Jos Wuytack (1957-)" (Bourscheidt, 2007, p. 11).

Orff adota como base de suas proposições pedagógico-musicais o **ritmo natural**, aquele presente no dia a dia de toda criança, evidenciado no caminhar, no saltar, nos diferentes modos de brincar e até mesmo no falar, considerando-se que a prosódia (as nuances de acentuação atribuídas às palavras) assume características rítmicas. Desse modo, Orff considerou

> o som e o ritmo das palavras como elementos de um gesto musical comum a todas as línguas. O ritmo natural contido em cada palavra e seu contorno melódico são considerados elementos "chaves" que podem ser amplamente utilizados [...], brincando [e improvisando] com o som das palavras muito antes do que com o seu significado. (Bourscheidt, 2007, p. 11)

Essas considerações se aproximam do conceito de **música elementar**: músicas inerentes ao universo infantil e que conservam potencial para uma rica iniciação musical.

Entre as ideias e os objetivos pertinentes à proposta pedagógica de Orff estão: desenvolver a expressão e a criatividade (individual e coletiva); despertar o sentido estético e o gosto pela música; oferecer uma vivência musical essencialmente ativa; contribuir para o desenvolvimento cognitivo da criança; reforçar a necessidade da liberdade criativa em música. A esse respeito, Fonterrada (2008, p. 145) explica que "os princípios que embasam a abordagem Orff são a integração de linguagens artísticas, o ensino baseado no ritmo, no movimento e na improvisação". Na mesma direção, Figueiredo (2012, p. 86) reforça que essa proposta "combina música e dança, trabalhando com o ritmo da fala, atividades vocais e instrumentais em grupo, com forte enfoque para a improvisação e a criação musical". Posteriormente, retomaremos esses aspectos, destacando as funções atribuídas ao ritmo nessa visão metodológica.

O papel dos colaboradores/apoiadores da pedagogia Orff foi essencial para a expansão e popularização das contribuições do autor. Nesse sentido, destaca-se o trabalho de Jos Wuytack, educador musical que propôs o **Sistema Orff/Wuytack**, com base na concepção das experiências musicais como a integração "de três formas de expressão: a musical, a verbal e a corporal" (Bourscheidt, 2007, p. 11), orientadas pelos princípios da atividade (experiências ativas), da criatividade e da comunidade. Sob esse ponto de vista, "o fazer musical não está apenas vinculado à música, mas também à fala e ao movimento" (Bourscheidt, 2007, p. 11). Na esteira desse raciocínio, Bomfim (2012, p. 83, grifo nosso) argumenta:

> Para Orff [e Wuytack], o ritmo é a base para a melodia, e ambos estão relacionados com o corpo: o ritmo com o movimento, e a melodia com a fala [...]. [Esse autor] salientou a importância da improvisação, para a qual seriam necessárias algumas condutas, como **atividades de eco**, **pergunta e resposta**, a **utilização do ostinato** e da **escala pentatônica**.

Com base nas considerações realizadas por Bomfim (2012), apresentamos a seguir, no Quadro 5.2, alguns exemplos práticos da proposta Orff/Wuytack no que concerne às atividades de imitação, aos exercícios de pergunta e resposta, à utilização de ostinatos e ao exercício da exploração melódica e harmônica no contexto da improvisação.

Quadro 5.2 – Propostas/atividades baseadas no sistema Orff/Wuytack

Atividades de eco: imitação	Trata-se de um exercício essencialmente imitativo. Um exemplo é quando o professor executa um trecho (com a voz, percussão corporal ou instrumental Orff) e convida os alunos a repeti-lo "de ouvido", sem a necessidade de apoio na notação musical. Esse é um recurso amplamente utilizado para o ensino de música nas fases de iniciação musical e nos processos de musicalização. O eco pode ocorrer também por meio da manipulação de recursos distintos como no caso de uma intervenção sonora (executada ao instrumento ou com o corpo/voz) resultar em um movimento corporal. Como exemplo, considere as representações gestuais de melodias ascendentes *versus* descendentes ou de sons ligados *versus* articulados em uma atividade conduzida em duplas.
Perguntas e respostas	Estabelecendo uma espécie de diálogo musical, o professor pode propor atividades orientadas à exploração de contrastes entre elementos ou parâmetros sonoro-musicais (som agudos/graves, fortes/fracos, longos/curtos). Pode-se trabalhar com dois grupos, especificando os limites estruturais das improvisações (em termos de duração de cada intervenção). Assim, as inflexões musicais de um grupo criam uma demanda de resposta para o grupo oposto (que deve explorar os contrastes estabelecidos). Essa proposta conserva elementos de um jogo, em uma espécie de brincadeira sonora guiada pela improvisação.

(continua)

(Quadro 5.2 - continuação)

Uso de ostinatos	A respeito dos ostinatos, destacamos os acompanhamentos possíveis com recursos da percussão corporal. Assim, a execução de canções consagradas do repertório folclórico brasileiro (como *Samba Lelê* ou *Peixinhos do mar/Marinheiro só*) pode ser acompanhada ritmicamente por ostinatos em diferentes níveis de complexidade. Para tal, considere as referências apontadas a seguir: <table><tr><th>Referências de alturas</th><th>Relação com a percussão corporal</th></tr><tr><td>Sons **agudos**</td><td>Estalar os dedos; bater com os dedos indicador e médio na palma da mão.</td></tr><tr><td>Sons **médios/agudos**</td><td>Bater palmas.</td></tr><tr><td>Sons **médios/graves**</td><td>Bater as mãos no peito, na barriga, na coxa ou no joelho.</td></tr><tr><td>Sons **graves**</td><td>Bater os pés no chão.</td></tr></table>
Exploração melódica e harmônica	Ocorre inicialmente por meio da imitação e das atividades de pergunta e resposta, progredindo para a improvisação dirigida. I. Primeiramente, recomenda-se o uso de duas notas (que preferivelmente formem intervalos consonantes: terças e sextas maiores e menores; quartas, quintas e oitavas justas). Assim, enquanto um aluno estabelece um ostinato rítmico em uma única nota (progredindo posteriormente para o uso das duas notas do intervalo), outro aprendiz pode explorar a construção de melodias simples utilizando apenas as duas notas do intervalo e incluindo paulatinamente as demais notas contidas em seu espectro, como a quinta justa Dó-Sol (**Dó** - Ré, Mi, Fá - **Sol**).

(Quadro 5.2 - continuação)

	II. Em um segundo momento, podem ser ampliadas as possibilidades melódico-harmônicas, incluindo-se o uso das escalas pentatônicas e, posteriormente, das diatônicas. Novamente, a adoção de ostinatos melódicos como base para uma improvisação dirigida é bem-vinda. Iniciativas dessa natureza possibilitam uma prática de conjunto rica desde o início da musicalização, na qual a interação musical entre pequenos grupos ocorre por meio da improvisação. Uma alternância entre os alunos que conduzem a base e os que improvisam se faz necessária para que todos vivenciem as diferentes experiências.
Jogos: canções, palavras e gestos	Por serem essencialmente lúdicas, estas atividades favorecem o engajamento das crianças e possibilitam a aprendizagem de aspectos musicais específicos (Bourscheidt, 2007). I. **Jogos de substituição – palavras por gestos**: na execução de canções, devem-se trocar palavras específicas por gestos que as representem. A escolha das palavras e dos gestos deve ser feita junto com as crianças. Bourscheidt (2007) sugere a seguinte sequência para a realização destas atividades: (1) aprender a canção sem a letra – usando o recurso do *boca chiusa* (cantar com a boca fechada) ou adotando uma única vogal para a execução (essas iniciativas, a propósito, apuram o ouvido interno); (2) aprender a canção com a letra; (3) aprender os gestos um a um, explorando a fluência e expressividade nos movimentos; (4) cantar a música sem os gestos; (5) substituir cada palavra pelo respectivo gesto à medida que a canção é repetida (uma palavra/gesto por repetição); (6) por fim, cantar a canção somente com os gestos e repeti-la com letra e gestos.

(Quadro 5.2 - conclusão)

II. **Jogos de mudança de palavras**: nesta proposta, as crianças devem relacionar palavras específicas com sons que as representem (como a substituição do nome de animais ou de veículos pelo seu som característico). A associação desta atividade com a anterior (substituição de palavras por gestos) também é válida.

III. **Brincadeiras de roda**: uma diversidade de cantigas de roda de tradição oral se aplica a esta proposta (como as canções *O limão entrou na roda* – semelhante à brincadeira "Batata-quente" –, *Corre cotia* e *Ciranda cirandinha*). Por meio destas atividades, as crianças desenvolvem habilidades rítmicas e o canto, além da coordenação motora e da lateralidade, através de um contato direto com a música.

Fonte: Elaborado com base em Bourscheidt, 2017; Bona, 2012; Boal-Palheiros; Bourscheidt, 2012.

É importante que essas atividades sejam orientadas pelo professor, que deve reforçar aspectos melódicos e rítmicos das canções (executando-as com os alunos) e, sempre que possível, acompanhar a prática vocal harmonicamente (com o uso do violão, por exemplo). Além disso, durante a execução de algumas dessas propostas (especialmente as brincadeiras de roda), é pertinente convidar as crianças a realizar um ostinato rítmico básico com palmas e/ou batidas nas coxas, por exemplo, ou ao menos sugerir que marquem o pulso. Outra possibilidade interessante é enriquecer a atividade com variações de andamento e dinâmica, explorando diferentes velocidades e volumes na execução. Incluindo essas variações, é possível tornar a realização das atividades mais completa e rica do ponto de vista musical.

Indicações culturais

Esses vídeos estão relacionados às propostas caracterizadas pelo uso de ostinatos, conforme apontado no Quadro 5.2:

BARBATUQUES. **Samba Lelê**. Disponível em: <https://www.youtube.com/watch?v=_Tz7KROhuAw>. Acesso em: 7 ago. 2020.

BARBATUQUES. **Peixinhos do mar**. Disponível em: <https://www.youtube.com/watch?v=xV1KB1iQsWM>. Acesso em: 7 ago. 2020.

Assista a esse vídeo para conhecer um exemplo de como trabalhar com o uso de canções, palavras e gestos, conforme indicado no Quadro 5.2:

PALAVRA CANTADA OFICIAL. **Imitando os bichos**. Disponível em: <https://www.youtube.com/watch?v=slShEL-N1mA>. Acesso em: 7 ago. 2020.

Assista a esse vídeo para conhecer um exemplo de experiência que integra execução musical (por meio da música corporal e da prática vocal) e ludicidade (conservando elementos do jogo):

TIQUEQUÊ - Lavar as mãos (ao vivo) ft. Palavra Cantada, Barbatuques. Disponível em: <https://www.youtube.com/watch?v=aWPL__BLZew>. Acesso em: 7 ago. 2020.

Algumas das atividades sugeridas (especialmente as atividades de eco, de perguntas e respostas e de exploração melódica e harmônica) requerem o uso de recursos instrumentais. Portanto, com relação às propostas embasadas no sistema Orff/Wuytack, precisamos mencionar o consagrado **Instrumental Orff**.

Trata-se de um conjunto de instrumentos idealizado por Carl Orff com o objetivo de proporcionar (desde a musicalização infantil) o envolvimento efetivo com a prática de conjunto musical, em uma dinâmica de funcionamento semelhante à de uma orquestra. Esses instrumentos – particularmente, os teclados de percussão Orff: xilofones e metalofones – foram desenvolvidos a partir de 1949 em colaboração com o alemão Klaus Becker, o então responsável pelo Studio 49 (fabricante que assinou os primeiros instrumentos Orff), sediado em Munique (Alemanha). Como esclarece Figueiredo (2012, p. 86), o conjunto de instrumentos Orff "inclui xilofones, metalofones, tambores e diversos instrumentos de percussão, além de violas da gamba e flautas doces; a experiência de tocar em grupo coloca as crianças em contato direto com o fazer musical", o que, segundo Fonterrada (2008, p. 149), "faz imergir numa sonoridade poderosa, que as motiva a executar música em grupo desde os primeiros estágios".

Indicação cultural

O Studio 49 ainda está em funcionamento. Para mais informações, consulte o *site* indicado a seguir.

STUDIO 49. Disponível em: <https://www.studio49.de/en/>. Acesso em: 7 ago. 2020.

Embora tal proposta seja frequentemente associada ao uso exclusivo dos teclados (xilofones e metalofones), essa concepção reducionista precisa ser superada, de modo a valorizar as diversas possibilidades do Instrumental Orff. A seguir, o Quadro 5.3 organiza esse conjunto de instrumentos em duas categorias: (i) instrumentos melódicos e harmônicos e (ii) instrumentos de pequena percussão (Bourscheidt, 2007).

Quadro 5.3 - Instrumental Orff: instrumentos melódicos e harmônicos e de pequena percussão

Instrumental Orff	
Instrumentos melódicos e harmônicos	**Instrumentos de pequena percussão**
Composto pelos teclados de percussão em madeira (xilofones) e metal (metalofones) - Figura 5.4 -, pela flauta doce (sopro), além de outros instrumentos melódico-harmônicos como a viola da gamba e o violoncelo.	Instrumentos de altura indefinida, como chocalhos (caxixi, ganzá), bem como de raspagem (reco-reco), idiofones (triângulo, clava, agogô) e membranofones (tambores em geral) - Figura 5.5.

Fonte: Elaborado com base em Bourscheidt, 2007.

Figura 5.4 – Teclados de percussão que integram o Instrumental Orff

À esquerda, de baixo para cima: metalofone soprano, contralto e baixo; à direita, de baixo para cima: xilofone soprano, contralto e baixo.

Figura 5.5 – Alguns instrumentos de percussão que integram o Instrumental Orff

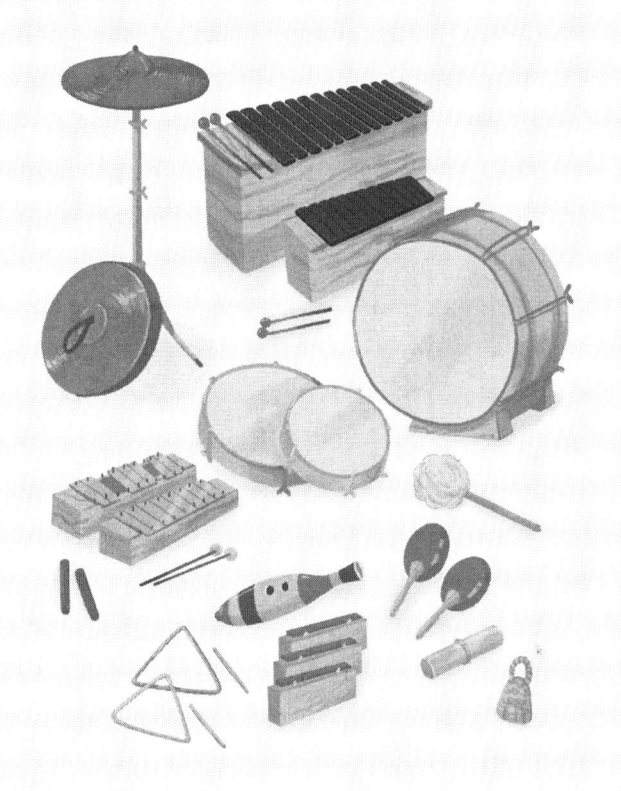

Ingrid Skare

📖 Indicação cultural

WHAT is Orff Schulwerk? 29 mar. 2014. Disponível em: <https://www.youtube.com/watch?v=vmaq06mT6ts>. Acesso em: 7 ago. 2020.

Assista ao vídeo para conhecer algumas das bases teórico-práticas da proposta Orff-Schulwerk, que integra movimento

> corporal, prática instrumental e vocal e aspectos característicos das culturas infantis, como a ludicidade.

Para resumir as considerações a respeito da primeira geração da educação musical no século XX, recorremos ao exposto por Penna (2012, p. 17) ao reforçar que "todos esses métodos [precursores, ativos e instrumentais] configuram propostas de 'como desenvolver uma prática de educação musical', estruturando-se sobre princípios, finalidades e orientações gerais explicitados em maior ou menor grau". Assim, eles "sistematizam as diferentes respostas que distintos pedagogos musicais encontraram, em sua prática educativa, para a questão de como ensinar música" (Penna, 2012, p. 22); todavia, não findam as problemáticas da educação musical ocidental. Foi nesse sentido que a segunda geração expandiu as valorosas contribuições da primeira, lidando com os desafios apresentados pela contemporaneidade.

5.4 A segunda geração da educação musical moderna

A segunda metade do século XX (especialmente as três últimas décadas) foi marcada por avanços e descobertas, bem como pela revisão de posicionamentos em diversas áreas. A esse respeito, destacamos os progressos no campo educacional e na psicologia que, graças a marcos como a revolução cognitiva, passou a iluminar "com maior perfeição processos que até pouco tempo atrás pareciam obscuros e complexos" (Gainza, 1988, p. 104).
Na arte musical, vislumbramos as novas técnicas de criação e

manipulação sonora – além de novas posturas estéticas e filosóficas – que emergiram nas décadas iniciais do século XX, sendo exploradas ao limite de suas possibilidades (veja-se o advento da música eletroacústica e de suas vertentes concreta e eletrônica). Podemos afirmar, portanto, que, enquanto a primeira geração da educação musical foi fortemente influenciada pelos princípios pedagógicos da Escola Nova e pelo paradigma das pedagogias ativas, a segunda geração (partindo das propostas da primeira) foi moldada pelos avanços em termos artísticos/musicais (incorporando a música contemporânea) e pelas fascinantes descobertas da psicologia (especialmente sobre o funcionamento da mente humana). Foi nesse período, a propósito, que a psicologia da música ganhou autonomia e representatividade.

Assim, a segunda geração das pedagogias em educação musical foi marcada pelos aspectos destacados na Figura 5.6. Tais elementos constituem períodos das pedagogias em educação musical delimitados histórica e epistemologicamente. Esses períodos serão abordados nas próximas subseções.

Figura 5.6 – Segunda geração das pedagogias em educação musical

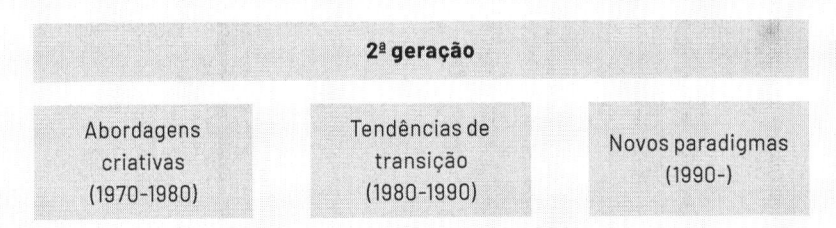

2ª geração		
Abordagens criativas (1970-1980)	Tendências de transição (1980-1990)	Novos paradigmas (1990-)

Diferentemente da primeira geração, na segunda, o termo *método* – representando "um conjunto de ideias, exemplos e sequências pedagógicas segundo o enfoque particular de um determinado especialista" (Gainza, 1988, p. 105) – foi frequentemente substituído por *abordagens/perspectivas/tendências/princípios pedagógicos*. Sob esse enfoque, não se pretende delinear "uma série de possibilidades fixas, estabelecidas e mais ou menos limitadas no que se refere à criatividade" (Gainza, 1988, p. 105), buscando-se, por outro lado, "uma gama infinita, e em constante mutação, de caminhos para a expressão e para a criação" (Gainza, 1988, p. 105).

5.4.1 Abordagens criativas (1970-1980)

Uma importante característica deste primeiro período foi o advento da geração de **compositores-educadores**, entre os quais se destacam o italiano Boris Porena (1927-), o inglês John Paynter (1931-2010) e o canadense R. Murray Schafer (1933-). Evidentemente, Carl Orff e Zoltán Kodály (importantes representantes da geração anterior) tiveram destaque como compositores que trabalharam em interface com o campo educacional e, a propósito, de maneira louvável. Não obstante, em suas propostas, os aspectos criativos estão associados aos procedimentos, recursos e materiais pedagógicos (mais próximos da perspectiva da improvisação dirigida), e a atuação dos alunos está mais voltada à execução/interpretação que aos processos essencialmente criativos, o que de forma alguma deve ser tomado como um demérito da primeira geração de educadores musicais. O fato é que, em contraste com seus antecessores, os compositores-educadores deste novo momento se interessaram menos pela formação musical centrada na escuta e na execução e mais pelo incentivo à prática da improvisação e criação musical (Fonterrada, 2012), bem como pelas abordagens integradoras dos diferentes modos do fazer musical – escuta, execução, criação (improvisação e composição) –, como veremos em Swanwick (2014), na seção que encerra este livro.

Conforme explica a educadora musical Violeta Gainza (2004, p. 78, tradução nossa), "nas décadas de 70 e 80, a música contemporânea é a proposta educativo-musical predominante". Todo tipo de fonte sonora (incluindo o uso do ruído) passou a representar um recurso de elevado valor. Assim, tornaram-se obsoletas as distinções entre sons musicais e ruídos (embora tais conceitos ainda estejam vigentes em alguns compêndios de teoria elementar da música). Nessa perspectiva, o ato de improvisar se liberou definitivamente das amarras e exigências técnicas e se consagrou como uma possibilidade de expressão sonoro-musical ao alcance de todos. A nova geração da educação musical moderna assumiu as responsabilidades de atualizar a compreensão do conceito de criatividade em educação musical (tornando-a ainda mais próxima da ideia de autonomia e autenticidade criativa) e de promover a aproximação entre o ensino de música e as tendências da música nova – que, como vimos em Delalande (1984), podem integrar naturalmente o universo musical das crianças. Resumidamente, os educadores da segunda geração priorizaram "as propostas que dão relevo à criatividade e à improvisação" (Fonterrada, 2012, p. 99). O desafio desses educadores, para além da diversidade de materiais e propostas, era "produzir música por meio da exploração de materiais, segundo regras estabelecidas previamente, ou criadas na hora da prática" (Fonterrada, 2012, p. 99).

Retornando a alguns nomes importantes desse período, encontramos em **Theophil Maier** a ênfase na ludicidade por meio do uso de jogos vocais, nos quais "os participantes são instigados a criar sonoridades vocais individualmente e em grupo e a produzir pequenas peças, a partir de poesias, movimentos, sons e ações (Maier, 1983, citado por Fonterrada, 2012, p. 98). Já em **Boris Porena** observamos a concepção do "ser criança" como um sinônimo (uma espécie de metáfora) do lúdico. Desse modo, Porena propôs "procedimentos assentados na ideia do jogo musical com regras, uma coleção de possibilidades abertas à vivência e experimentação" (Fonterrada, 2012, p. 98). Com **Murray Schafer**, houve o estabelecimento dos princípios da educação sonora (abordada no Capítulo 2, na Seção 2.3: "Explorar o mundo sonoro é improvisar"). Conforme argumentamos no capítulo mencionado, essa perspectiva tem como objetivo central "ensinar a ouvir" no mundo contemporâneo, marcado por uma complexidade acústica sem precedentes. Sob essa ótica, Schafer sustenta a bandeira da sensibilização e conscientização da escuta dos elementos constituintes da trilha sonora (e não apenas musical) que nos circunda. O autor propõe uma melhoria qualitativa da escuta em suas dimensões ambiental, perceptiva (cognitiva), fisiológica, estética e musical (Schafer, 2009). Ludicidade e criatividade também integram essa abordagem, aproximando-a das propostas dos demais autores desse período.

A seguir, apresentamos uma proposta de atividade inspirada em um exercício sugerido por Schafer (2009, p. 67), tendo em vista a abordagem da educação sonora.

Hora da prática musical

Os itens que compõem a figura a seguir se constituem a partir da aplicação de elementos básicos da linguagem visual – particularmente, o ponto, a linha, a forma e a textura –, que servirão de base para a realização da atividade aqui proposta.

Figura 5.7 – Figuras, formas e texturas visuais

Fonte: Schafer, 2009, p. 67.

Considere toda a complexidade acústica de um determinado ambiente (a paisagem sonora da sala de aula, por exemplo) e sugira aos alunos a realização de uma minuciosa pesquisa sonora em que eles associem cada som encontrado com as formas e texturas dispostas na Figura 5.7.

5.4.2 Tendências de transição (1980-1990)

Nas décadas finais do século XX, o cenário foi marcado, entre outros aspectos, pelos avanços tecnológicos que impulsionaram e consolidaram a era digital; pela globalização que amenizou as distâncias continentais e promoveu intercâmbios socioculturais em velocidade e quantidade nunca antes vistas; pela emergência das políticas neoliberais que afetaram diretamente o campo educacional e ocasionaram o fenômeno conhecido como *corporativismo educacional*; e pelo reencontro com a democracia (especialmente na região sul da América) ao término das ditaduras militares em países como Brasil e Argentina. Considerando esse contexto de efervescência social, cultural e política, alguns historiadores – entre os quais se destaca Hobsbawm (1994) – defendem que o século XXI teve seu início nos anos 1990, sendo a década de 1980 um período transicional entre os séculos.

> **Em alto e bom som**
>
> A ideia de **corporativismo educacional** está relacionada com o modelo amplamente vigente de educação, que "segue a ordem neoliberal do mercado, com ênfase na competitividade, e com pouco espaço para a expressão pessoal, a invenção e a criatividade" (Ilari, 2019, p. 12).

No domínio da educação musical, além das tendências recém-mencionadas, Gainza (2004) ressalta: o interesse cada vez maior pela **música contemporânea**, que passou a ocupar o espaço da sala de aula (influenciando as metodologias do ensino de música); a influência inevitável das **tecnologias** digitais (especialmente os recursos de gravação e reprodução sonora), que possibilitaram o registro das realizações musicais em qualidade inédita (e, em alguns contextos, ao alcance dos ambientes de ensino e aprendizagem); a visão sensível à **ecologia**, que se inseriu no âmbito da educação musical por meio da educação sonora schaferiana, trazendo à baila a saturação sonora nos meios urbanos contemporâneos; os avanços no campo da **psicologia da música**, da cognição musical e da musicoterapia (áreas que paulatinamente conquistaram autonomia epistemológica), entre outros fenômenos sociais, artísticos e culturais. Todas essas tendências culminaram na ampliação dos objetivos da educação musical, bem como de seus desafios (como a **transculturalidade**, uma demanda dos processos de globalização), que criaram a necessidade de uma formação musical suficientemente ampla, capaz de valorizar as identidades culturais regionais e de integrar outras culturas, práticas e músicas (ocidentais ou não).

A respeito dos aspectos pontuados, consideremos o uso de tecnologias digitais nas aulas de música a partir da análise da proposta de atividade apresentada a seguir.

Hora da prática musical

Considerando as fontes sonoras disponíveis (instrumentos, objetos, corpo/voz), sugira a sonorização da animação *A evolução humana em um minuto e meio*, disponível no link indicado na sequência.

Nesta proposta, os alunos serão artistas de *foley*, e a sala de aula se tornará um estúdio de criação e gravação. Para tanto, atente para as seguintes etapas: (i) a apresentação da animação (sem a trilha sonora original) quantas vezes forem necessárias para a assimilação dos detalhes do vídeo (recomenda-se a construção de um roteiro detalhado dos eventos visuais, incluindo a minutagem); (ii) o processo de seleção do material sonoro (criando uma espécie de banco de sons); (iii) a associação entre os materiais sonoros elaborados e cada evento/cena da animação; (iv) a execução com a sincronização entre os sons e a animação (pode-se realizar a gravação para posterior edição).

APE. Direção: Eustace Ng e Anita Yen. Canadá, 2015. Disponível em: <https://www.youtube.com/watch?v=LVzbxybVUSM&feature=youtu.be>. Acesso em: 7 ago. 2020.

Atente para os elementos que compõem essa narrativa visual e, na condução da atividade proposta, procure explorar todas as expressões potencialmente sonoras contidas na animação.

5.4.3 Novos paradigmas (1990-)

A aproximação com o século XXI reacendeu antigas discussões sobre as reformulações paradigmáticas em educação musical. Se por um lado, os avanços observados ao longo do século XX permitiram uma renovação das práticas educativas nos contextos de musicalização, o mesmo não se aplica à **formação musical especializada** (em nível técnico ou superior), que carece de novos ares. A esse respeito, Gainza (2004, p. 79, tradução nossa) afirma que "a maior parte das reformas educativo-musicais do século XX ocorreu no campo da educação geral ou da educação musical inicial, enquanto os conservatórios e as universidades permaneceram à margem das mudanças".

De acordo com Couto (2014), no Brasil, os movimentos de revisão das concepções tradicionais do ensino de música, especialmente no contexto universitário e conservatorial, ganharam força nas décadas finais do século passado (particularmente nos anos 1990) e estiveram relacionados, entre outros fatores, à necessidade de ampliação dos repertórios para além da música de concerto europeia, suscitando reflexões sobre como tais repertórios e seus conteúdos subjacentes vinham sendo ensinados. Isso favoreceu uma reformulação das metodologias de ensino consagradas historicamente, com a intenção de tornar o ensino musical um processo significante para os alunos. O aumento das pesquisas científicas em educação musical e áreas correlatas (possibilitado pela expansão dos programas de pós-graduação em música) contribuiu com essas tendências de renovação. Como explica Couto (2014, p. 239),

> É dessa maneira que se passou a discutir metodologias de ensino que se preocupavam em incluir as práticas de aprendizagem chamadas de "informais", a partir da constatação de que não só diferentes repertórios haviam sido excluídos e negligenciados durante muito tempo, mas também as habilidades técnicas e musicais que eles desenvolviam naqueles que os praticavam.

As práticas educativo-musicais do referido período (da década de 1990 à atualidade), especialmente nos contextos de formação especializada em música, têm sido marcadas pela coexistência de propostas tradicionais (que constituem o paradigma educacional que temos problematizado ao longo deste texto) e de novas abordagens (alinhadas às tendências construtivistas, à Escola Nova e às pedagogias ativas, já consagradas nas práticas de musicalização). Analisando essa realidade e propondo caminhos alternativos, Gainza (2011, p. 15, tradução nossa) esclarece que, atualmente, nas instituições de ensino de música,

> trabalha-se a partir de diferentes modelos pedagógicos – tradicionais e modernos – que deveriam ser convenientemente analisados, debatidos e eventualmente descartados ou correlacionados de acordo com as necessidades e expectativas dos alunos, tendo em conta suas capacidades e suas diferentes formas de aprender.

Nessa direção, a mesma autora alerta para o perigo do distanciamento entre os discursos "inovadores" (pautados na autonomia discente, no desenvolvimento criativo e nas experiências musicais integradoras) e as práticas ainda fragmentadas, predominantemente teóricas e ancoradas na repetição e no treino musical massivo.

Indicação cultural

PALESTRA – Saberes pedagógico-musicais necessários à educação musical do século XXI. 24 nov. 2014. Disponível em: <https://www.youtube.com/watch?v=AmnnxUJ7uDo>. Acesso em: 7 ago. 2020.

Esse vídeo resgata alguns dos aspectos recém-mencionados, contribuindo com as reflexões a respeito da formação de

> professores na atualidade, particularmente com relação ao contexto brasileiro.

5.5 Improvisação musical e as abordagens integradoras no ensino de música: proposições de Keith Swanwick

Considerado por muitos professores e pesquisadores um dos educadores musicais mais influentes das últimas décadas, Keith Swanwick (1937-) é professor emérito do Instituto de Educação da Universidade de Londres, regente, pesquisador e autor de obras de referência no campo da educação e cognição musical, com destaque para os livros: *Music, Mind, and Education*, publicado em 1988; *Musical Knowledge*, de 1994; e *Teaching Music Musically*, de 1999. As contribuições desse autor assumem um viés educativo-musical, psicológico e filosófico. Para este momento, porém, abdicaremos de um aprofundamento nas teorias sobre o desenvolvimento cognitivo-musical postuladas por Swanwick, entre as quais se destaca o modelo espiral de desenvolvimento musical. Sobre esse assunto, recomendamos a leitura de Swanwick (2014). Aqui, daremos ênfase às proposições para a elaboração de currículos e planejamento de aulas no âmbito do ensino de música.

Nosso foco residirá no **modelo C(L)A(S)P** – acrônimo que se refere aos termos em inglês *c*omposition (composição), *l*iterature studies (literatura acadêmica em música), *a*ppreciation (apreciação), *s*kills (habilidades técnicas) e *p*erformance (execução musical) –, esclarecendo sua natureza integradora e interativa no que concerne às diferentes modalidades do fazer musical.

> ### 🔊 Em alto e bom som
>
> No Brasil, adotou-se uma adaptação/tradução de C(L)A(S)P para (T)EC(L)A, em referência a **t**écnica, **e**xecução, **c**omposição, **l**iteratura e **a**preciação. Não obstante, parte da literatura especializada afirma que a tradução pode fragilizar a compreensão de princípios filosóficos e pedagógicos do modelo e, portanto, não é recomendada (França; Swanwick, 2002).

Não podemos nos aprofundar nessa perspectiva sem mencionar que a concepção do ensino de música a partir da integração das diferentes modalidades da experiência musical (compor, improvisar, ouvir, tocar, cantar, explorar) não deve ser atribuída exclusivamente à obra de Swanwick. Em alinhamento com as tendências educacionais que examinamos ao longo deste capítulo, podemos afirmar que um ensino de música que contemple o fenômeno musical em sua natureza holística (e multissensorial) e que valorize o desenvolvimento de múltiplas habilidades (visando à fruição estética e ao fazer artístico) só será possível se, como educadores musicais, superarmos a fragmentação das realizações em música, promovendo um contato direto com as diferentes formas de manipular e contemplar os fenômenos sonoro-musicais (Elliott; Silvermann, 2015). Conforme observa Plummeridge (citado por França; Swanwick, 2002, p. 8),

> a abordagem integrada dessas [diferentes] modalidades representa hoje uma forte corrente da teoria e da prática da educação

musical: para que sejam educadas musicalmente, as crianças [jovens e adultos] devem ser introduzidas nesses métodos, procedimentos e técnicas fundamentais do fazer musical.

Retomando a exposição do modelo aqui referenciado, precisamos pontuar suas pretensões, seus objetivos, bem como suas funções e contribuições. Essa abordagem não é um modelo no sentido de um produto/objeto a ser reproduzido e padronizado, tampouco representa um inventário de práticas de educação musical (um compêndio de estratégias e atividades para as aulas de música). Por outro lado, revela-se como uma visão filosófica (um posicionamento epistemológico em educação musical), com base na qual é possível elaborar propostas curriculares que orientarão os objetivos e conteúdos/competências a serem desenvolvidos, o planejamento das intervenções educacionais e os procedimentos didático-pedagógicos e avaliativos no ensino de música (especialmente em contextos formais). Sobre os princípios, valores e hierarquias estabelecidas pelo modelo C(L)A(S)P, França e Swanwick (2002, p. 18) atentam para os seguintes aspectos:

I. **C**omposição, **a**preciação e **p**erformance representam "os pilares do fazer musical ativo, e por isso são distribuídos simetricamente na sigla" (França; Swanwick, 2002, p. 18), o que sugere que essas modalidades devem ser trabalhadas de maneira equilibrada, sem que haja uma ênfase exclusiva na audição em detrimento da criação e da performance, por exemplo. Como em Beineke (2015, p. 43), compreendemos a composição "de forma ampla, incluindo trabalhos de improvisação e arranjo, pequenas ideias musicais organizadas espontaneamente pelas crianças e peças mais elaboradas, sem a exigência de algum tipo de notação". Embora essa proposta não rejeite a possibilidade de se focalizar determinada modalidade em uma atividade específica – considerando-se que uma tarefa pode estar mais a serviço da criação do que da apreciação, por exemplo –, é preciso ter em mente que a aprendizagem da música, segundo essa abordagem integradora, oportuniza uma aprendizagem musical abrangente e significativa. A formulação de currículos deve, portanto, levar tal aspecto em consideração.

II. As letras entre parênteses – representando as modalidades de literatura e habilidades técnicas (s*kills*) – ocupam intencionalmente uma posição secundária na sigla, isso porque, de acordo com os princípios pedagógicos e filosóficos desse modelo, tais modalidades não são centrais, mas subsidiárias, oferecendo suporte à criação, audição e execução musical, sem se sobreporem a essas experiências (como no caso de enfatizar aspectos teóricos e técnico-instrumentais em substituição ao fazer ativo possibilitado pelas práticas de criação, audição e execução musical).

III. A alocação da composição no início da sigla, de acordo com França e Swanwick (2002), justifica-se por ser esta uma dimensão do fazer musical "celebrada por pedagogos e compositores como John Paynter, George Self [representantes da segunda geração de método ativos] e o próprio Swanwick como fundamento primordial da educação musical" (França; Swanwick, 2002, p. 19). Os mesmos autores assumem a criação musical (composição e improvisação) como principal via para o desenvolvimento musical (sem deslegitimar as demais modalidades).

A seguir, na Figura 5.8, destacamos alguns desdobramentos e especificações relativos às modalidades do fazer musical (centrais e subsidiárias) propostas pelo modelo C(L)A(S)P.

Figura 5.8 – Modelo C(L)A(S)P

Composição	Literatura	Apreciação
• Composição • Improvisação • Exploração sonora (livre ou não)	• Literatura histórico-musical e apreciativa	• Processos de escuta musical • Audição musical ativa

Técnica	Performance
• Habilidades técnico-instrumentais • Leitura e escrita musical	• Manipulação do material sonoro • Execução em diferentes níveis

Na próxima seção, voltaremos a atenção aos processos de criação, com foco na composição e improvisação. Uma vez que no Capítulo 2 já oferecemos um aprofundamento sobre os processos de escuta e que, ao longo deste livro, temos enfatizado elementos relativos à *performance*/execução musical, não faremos aqui uma abordagem exclusiva dessas modalidades.

5.5.1 Criação musical: improvisação e composição à luz do modelo C(L)A(S)P

Partindo de uma definição bastante genérica, podemos considerar que uma **composição** se refere ao processo por meio do qual uma obra musical é criada, variando em complexidade, aspectos estilísticos e materiais utilizados. As considerações aqui apresentadas estão alinhadas ao exposto por Swanwick (1994, p. 85, tradução nossa) ao assumir que a composição abrange desde "as mais breves e espontâneas expressões, assim como criações de proporções maiores e ensaiadas, e isso acontece quando existe alguma liberdade para escolher a organização temporal da música, a utilização ou não de notação ou outras formas de instrução para *performance*". Ao encontro desse ponto de vista, França e Swanwick (2002, p. 9) reforçam que a "composição musical acontece sempre que se organizam ideias musicais elaborando-se uma peça, seja uma improvisação feita por uma criança ao xilofone com total liberdade e espontaneidade ou uma obra concebida dentro de regras e princípios estilísticos". Nessa perspectiva, a literatura em educação musical tem defendido o uso da composição como recurso/estratégia didático-pedagógica nas aulas de música (Green, 2012; Romanelli, 2014; Swanwick, 2014; Elliott; Silvermann, 2015). Autores do campo da criação musical também têm argumentado que a composição não é território exclusivo dos que se especializam nesse ramo, tampouco dos sujeitos dotados com qualidades excepcionais, conforme evidencia a citação a seguir:

> Composição não é um ramo especial do conhecimento que deve ser ensinado àqueles talentosos ou suficientemente

interessados. Ela é simplesmente a culminação de um sistema saudável e estável de educação, cujo ideal é formar não um instrumentista, cantor ou arranjador especialista, mas um músico com um conhecimento musical universal. (Hindemith, 1952, citado por França; Swanwick, 2002, p. 9)

Embora algumas vertentes do ensino especializado da composição considerem ênfases distintas nos processos de criação musical e nos produtos oriundos de tais processos, o mesmo não se aplica à concepção de composição na **educação musical abrangente**. Nesse domínio, processo e produto – meios e fins (que, a propósito, justificam-se mutuamente) – unem-se na compreensão, análise e avaliação da produção musical dos aprendizes.

Em alto e bom som

O conceito de **educação musical abrangente** faz referência à concepção educativo-musical proposta pelo modelo C(L)A(S)P e pelas abordagens integradoras equivalentes (Swanwick, 1994; França; Beal, 2004). Comporta, entre outros aspectos: (i) o fazer musical ativo; (ii) as experiências que integram e proveem a interação entre as modalidades da experiência musical; (iii) a associação entre compreensão musical e técnica; e (iv) o entendimento da música como uma forma de discurso (tendo em vista seu potencial expressivo).

Pontuamos a seguir alguns benefícios das práticas de criação (composição e improvisação) na aprendizagem musical. Assim, podemos compreender que **a criação musical**:

- **requer a manipulação dos elementos estruturantes da música** – as atividades de criação possibilitam um fazer musical efetivamente prático (antecedendo os saberes teóricos). Como observa Swanwick (citado por França; Swanwick, 2002, p. 9), "trabalhando-se a partir da matéria-prima [o material sonoro], pode-se 'decidir sobre a ordenação temporal e espacial dos sons, bem como sobre a maneira de produzir os sons e o fraseado'".
- **estrutura o pensamento e facilita a compreensão musical** – em virtude de sua relação intrínseca com a manipulação sonora (do ponto de vista organizacional, estrutural e expressivo), as atividades de composição e improvisação representam "uma ferramenta poderosa para desenvolver a compreensão sobre o funcionamento dos elementos musicais, pois permite um relacionamento direto com o material sonoro" (França; Swanwick, 2002, p. 9).
- **demanda uma postura ativa e autônoma, gerando engajamento** – o ato de compor/improvisar tem implicações positivas no engajamento criativo e na constituição da autenticidade musical, isso porque "estende ao máximo o exercício da tomada de decisão expressiva, habilidade determinante no fazer musical. Compor é 'uma forma de se engajar com os elementos do discurso musical de uma maneira crítica e construtiva, fazendo julgamentos e tomando decisões' (Swanwick, 1992, citado por França; Swanwick, 2002, p. 9).

Assumindo os muitos benefícios das práticas de criação nas aulas de música, podemos inferir que uma educação musical restrita à escuta e à reprodução de obras (especialmente de compositores do passado e de contextos sócio-históricos e culturais distantes das realidades dos alunos) distancia-se das oportunidades de: promover a construção de conhecimentos e experiências práticas acerca dos elementos estruturantes do discurso musical; facilitar a compreensão musical em níveis mais complexos; e desenvolver a autonomia criativa, as competências para autorregular o fazer musical (em nível artístico, emocional e cognitivo) e o engajamento com as realizações musicais. Nessa direção, Caregnato (2017b, p. 11) explica que "a improvisação, por sua proximidade com a composição, [...] [representa] uma atividade que provoca não apenas a produção e estruturação do discurso musical, mas também a sua compreensão". Dessa forma, compor/improvisar são "atividades que permitem o envolvimento direto do estudante com a música" (Caregnato, 2017b, p. 11).

E como os professores de música podem atuar para facilitar a aprendizagem musical por meio da composição/improvisação musical? O trecho apresentado a seguir indica alguns caminhos nessa direção, salientando a importância de instaurar ambientes de aprendizagem que estimulem a criação musical e pontuando alguns procedimentos e objetivos do uso da composição para uma educação musical abrangente:

> É crucial que as crianças tenham um ambiente estimulante onde possam **experimentar** com confiança e liberdade instrumentos e objetos, bem como suas próprias vozes. A educação musical deve preservar o instinto de **curiosidade, exploração e fantasia** com o qual as crianças vão para a aula. Elas são geralmente fascinadas pelos sons e, aquelas às quais é dada oportunidade, são introduzidas no caminho da composição por si mesmas

[...]. Nos estágios iniciais, **o objetivo deve ser brincar, explorar, descobrir possibilidades expressivas dos sons e sua organização**, e não, dominar técnicas complexas de composição, o que poderia resultar em um esvaziamento do seu potencial educativo. Nas aulas, muitas oportunidades para compor podem surgir a partir da **experimentação que demanda ouvir, selecionar, rejeitar e controlar o material sonoro**. (França; Swanwick, 2002, p. 10, grifo nosso)

Para encerrarmos esta exposição, devemos reforçar a articulação possível (e necessária) entre a criação e as demais formas de experienciar a música. Como exemplo, considere a **criação** de uma obra e a exposição dos resultados (integrais ou parciais) desse processo: quando executam suas composições (e mesmo antes, durante o planejamento da obra), os alunos se valem da **escuta** como um meio para regular e avaliar suas produções criativas (em uma espécie de *feedback* em tempo real), realizando comparações com os parâmetros que estabeleceram inicialmente. **Executar** as próprias peças, por sua vez, demanda a manipulação de instrumentos/vozes e demais recursos sonoros, o que deve ser considerado uma atividade performática na qual se busca utilizar os recursos instrumentais (algumas vezes por meio de um domínio técnico ainda básico, mas suficiente), para que a expressão das concepções musicais do aluno se efetive em termos sonoros. Nesse sentido, Mills (1991, citada por França; Swanwick, 2002, p. 16) ressalta:

> em uma abordagem integrada e coerente da educação musical na qual as crianças compõem, tocam e ouvem música, as fronteiras entre os processos musicais desaparecem. Quando elas

compõem, por exemplo, não há como deixarem de aprender enquanto performers e ouvintes, tanto quanto como compositores. Isso é a interdependência.

Com base nas reflexões aqui expostas, acreditamos que as experiências de criação/improvisação podem "levar os alunos a desenvolverem sua própria voz nessa forma de discurso simbólico" (França; Swanwick, 2002, p. 10) que a música, em sua amplitude, representa. Durante os processos de criação – aliados à escuta e execução musical – "ideias musicais podem ser transformadas, assumindo novos níveis expressivos e significados" (França; Swanwick, 2002, p. 10).

▷▷ Resumo da ópera

A seguir, a Figura 5.9 sintetiza as informações apresentadas ao longo deste capítulo, cuja organização foi orientada pela cronologia e pela natureza e relevância dos temas abordados.

Figura 5.9 – Síntese do Capítulo 5

- Século XIX: **paradigmas tradicionais** do ensino de música
- 2ª **geração**: improvisação musical e autonomia criativa
- Tendências da **música nova**, a **globalização** e as novas **tecnologias**
- Século XX: **novos paradigmas** educacionais
- 1ª **geração**: métodos precursores, ativos e instrumentais
- **Abordagens integradoras** do fazer musical
- Escola Nova, **pedagogias ativas** e **construtivismo**
- **Pedagogias ativas em educação musical**
- C(L)A(S)P: composição e improvisação no ensino de música

Teste de som

1. Considere a citação a seguir:

   > Sabemos que _____ tende a priorizar o desenvolvimento técnico instrumental e a tradição musical escrita [...], em detrimento de um fazer musical mais abrangente, com oportunidades para decisão criativa e exploração musical expressiva. Frequentemente os alunos são obrigados a enfrentar seguidos desafios técnicos [muitas vezes] sem que haja oportunidade para utilizarem tais recursos com expressividade e sentido musical. (França; Swanwick, 2002, p. 13)

Com base nos conteúdos trabalhados neste capítulo e nas informações dispostas na citação, assinale a alternativa que preenche corretamente a lacuna:

a) o paradigma tradicional do ensino de música.
b) o modelo (C)L(A)S(P).
c) o ensino musical criativo.
d) a educação musical abrangente.
e) a formação superior em música.

2. Considere a seguinte citação:

> [No último século] diversas propostas metodológicas tornaram-se conhecidas e aplicadas no mundo todo em função de sua coerência e alinhamento com novos modos de pensar sobre o ensino de música. O que grande parte das propostas desenvolvidas no século XX apresentam em comum é a revisão dos modelos de ensino praticados em períodos anteriores, ou seja, aqueles modelos de educação musical que focalizavam a formação do instrumentista, reprodutor de um repertório vinculado a uma tradição musical, a partir de concepções fortemente arraigadas na questão do talento e do gênio musical [...]. Os novos métodos apresentados na primeira metade do século XX, também denominados "métodos ativos", propõem uma nova abordagem em que todos os indivíduos seriam capazes de se desenvolver musicalmente a partir de metodologias adequadas. (Figueiredo, 2012, p. 85)

No trecho exposto, o educador musical brasileiro Sérgio Figueiredo descreve algumas tendências pedagógicas do ensino de música que emergiram ao longo do século XX. A respeito dessa temática e com base nos temas abordados neste capítulo, analise as afirmações a seguir e marque (V) para as verdadeiras e (F) para as falsas:

( ) Figueiredo recusa uma iniciação musical alheia à experiência musical direta e efetiva.
( ) O autor defende que a prática musical deve anteceder as aquisições técnicas.
( ) A abordagem referenciada por Figueiredo valoriza a integração entre saberes e habilidades artísticas/musicais.
( ) Figueiredo concebe a possibilidade do ensino de aspectos teóricos antecedendo a prática.

Agora, assinale a alternativa que apresenta a sequência correta:

a) F, V, V, V.
b) V, F, V, F.
c) V, V, F, F.
d) V, V, F, V.
e) V, V, V, F.

3. Com base nos conteúdos trabalhados neste capítulo – especialmente na Seção 5.3 –, relacione os métodos listados a seguir às respectivas informações:
   I) Métodos precursores
   II) Métodos ativos
   III) Métodos instrumentais

( ) Período: entre 1950 e 1960 (aproximadamente). Reuniram propostas que focalizaram o ensino de música por meio da prática (instrumental e/ou vocal), sem que o ato performático representasse um fim em si (mas um meio para a musicalização). Incluem abordagens dos educadores musicais Carl Orff, Zoltán Kodály e Shinichi Suzuki.

( ) Período: entre 1940 e 1950 (aproximadamente). Integraram contribuições dos educadores E. Jaques-Dalcroze (que enfatizou o ensino do ritmo a partir do uso integral do corpo, aliando música, gesto e movimento), Edgar Willems (que se dedicou à compreensão das bases psicológicas da educação musical) e Maurice Martenot (que propôs caminhos para o ensino do canto e da iniciação musical baseados na psicologia da criança).

( ) Período: até aproximadamente 1940. Estiveram fortemente apoiados nos movimentos educacionais em emergência nas décadas iniciais do século XX. Entre as principais contribuições, destacam-se: o modelo Tônica Sol-Fá, o ensino do solfejo a partir do Dó Móvel e o ensino do ritmo por meio da silabação rítmica.

Agora, assinale a alternativa que apresenta a sequência obtida:

a) III, I, II.
b) II, III, I.
c) I, III, II.
d) III, II, I.
e) I, II, III.

4. Considere a seguinte citação:

> O conceito de criatividade não surgiu de improviso na pedagogia moderna. Quase todos os métodos da primeira época da nova pedagogia musical do século XX [...] preocuparam-se em estimular e desenvolver a capacidade criadora da criança. Entretanto, **ultimamente, abrem-se novas perspectivas nesse aspecto, pois as pesquisas pedagógicas atuais deixam o educando em total liberdade para explorar e descobrir suas próprias formas de expressão, suas próprias regras de jogo, materiais e até técnicas e estilos**. (Gainza, 1988, p. 107, tradução e grifo nosso).

Tendo em vista os conteúdos trabalhados especialmente nas Seções 5.3 e 5.4, analise as asserções a seguir e assinale a alternativa que representa a corrente pedagógico-musical destacada na citação de Gainza:

a) A segunda geração das pedagogias ativas em educação musical, a qual oferece enfoque exclusivo na formação de compositores e instrumentistas.

b) Os métodos precursores, que reúnem estratégias e procedimentos didático-pedagogicos voltados essencialmente ao ensino do solfejo (Tônica Sol-Fá e Dó Móvel) e da rítmica (silabação rítmica).

c) A segunda geração das pedagogias ativas em educação musical, cuja centralidade é a associação entre criatividade, autonomia e autenticidade, incorporando aspectos da música contemporânea.

d) As tendências em educação musical que surgiram no início do século XX, atreladas às revisões epistemológicas nos campos da educação e da psicologia educacional.

e) As práticas historicamente consagradas, sintetizadas sob o rótulo de *paradigma tradicional do ensino de música*, cujo foco é a formação de instrumentistas de elite, compositores e regentes especializados na música de concerto europeia.

5. Veloso, Silva e Bento (2018, p. 7) esclarecem que "a partir da teorização sobre o desenvolvimento e a natureza psicológica das experiências musicais, Swanwick (1979 apud SWANWICK, 2014) apresentou o Modelo C(L)A(S)P, sigla que aglutina os termos *(C)omposition, (L)iterature, (A)ppreciation, (S)kill* e *(P)erformance*. Esta proposta oferece diretrizes para a elaboração de currículos, subsidia e fundamenta as práticas docentes e amplia as discussões a respeito da avaliação em música". A respeito das proposições de Keith Swanwick para o ensino de música, analise as asserções a seguir e assinale a **incorreta**:

a) As habilidades técnicas (*skills*) e os conhecimentos musicais acadêmicos (literatura) devem representar pretensões secundárias na elaboração de propostas de intervenção em educação musical, sem que sejam deslegitimadas, mas compreendidas como um suporte às modalidades centrais do fazer musical: criação, apreciação e *performance*.

b) O ensino de música não pode limitar-se à aquisição de habilidades para a execução instrumental. Embora a *performance* seja uma experiência de elevado valor para a aprendizagem da música, deve ser associada ao desenvolvimento de habilidades de escuta e de criação musical.

c) Composição, apreciação e *performance* devem ser trabalhadas em total equilíbrio nas atividades, evitando-se elaborar propostas nas quais um desses elementos – criar, ouvir ou executar – esteja em maior destaque.

d) Composição (incluindo a improvisação), apreciação (considerando-se os processos de escuta em diferentes níveis) e *performance* (execução musical, com foco na manipulação das fontes sonoras) representam o pilar do modelo de Swanwick.

e) A improvisação musical é uma forma orgânica de articulação entre composição, apreciação e *performance*, uma vez que envolve a criação, a execução e a audição simultaneamente durante o exercício improvisatório.

Treinando o repertório

Pensando na letra

Primeiramente, considere o relato de uma atividade baseada no modelo C(L)A(S)P apresentado por França e Swanwick (2002, p. 20):

> A primeira audição de música minimalista causou grande impacto sobre os alunos, despertando seu interesse com relação aos líderes, ideais e princípios desse movimento. Nesse caso, a informação sobre o estilo e a natureza da sua performance facilitou o engajamento dos alunos em uma segunda seção de apreciação. Passamos a experimentar a performance de trechos de peças minimalistas didaticamente selecionadas. Gradativamente, a atitude dos alunos e a qualidade musical das performances atingiu um refinamento satisfatório. Em outro momento, quando a linguagem minimalista estava bem compreendida, os alunos compuseram e realizaram pequenas peças musicalmente consistentes e interessantes.

Com base no exposto e em seus conhecimentos sobre o modelo C(L)A(S)P, reflita sobre as questões propostas a seguir:

1. Quais modalidades do modelo você conseguiu observar nessa atividade?
2. Considerando os eixos centrais – composição, apreciação e *performance* –, você notou uma ênfase em algum(ns) deles? Qual(is)?
3. A improvisação foi contemplada nessa atividade?
    - Se sim, de qual maneira?
    - Se não, como você adaptaria essa proposta para incluir a improvisação?

Som na caixa

1. Considere a partitura a seguir (Figuras 5.10 e 5.11) para a realização da atividade.

Figura 5.10 – Partitura da *1ª Sinfonia de Gustav Mahler* – *Tema do 3º Movimento*, arranjo de Flávio Denis Dias Veloso para teclados de percussão – parte I

Figura 5.11 – Partitura da *1ª Sinfonia de Gustav Mahler – Tema do 3º Movimento*, arranjo de Flávio Denis Dias Veloso para teclados de percussão – parte II (continuação)

Com base na partitura das Figuras 5.10 e 5.11, elabore uma proposta de atividade prática alinhada ao modelo C(L)A(S)P. Para tanto, observe as seguintes recomendações:

I) A atividade deve ser proposta para o contexto de uma aula coletiva de música.
II) Reelabore o arranjo explorando a utilização do instrumental de percussão Orff (especialmente as teclas e os instrumentos de pequena percussão) e do corpo de forma percussiva.
III) Inclua momentos de improvisação (preferivelmente rítmica) com o uso do corpo e dos instrumentos de percussão
IV) Atente aos seguintes aspectos no planejamento da atividade:

- Quais são as modalidades do fazer musical exploradas?
- Quais são os objetivos da atividade (as competências a serem trabalhadas)?
- Quais são os conteúdos musicais abordados?
- Quais recursos didáticos serão necessários?
- Quais procedimentos e estratégias de ensino serão mobilizados?
- Quais parâmetros serão utilizados para avaliar o desempenho dos alunos?

CONSIDERAÇÕES FINAIS

A relevância da presença da música na escola e nos espaços de ensino e aprendizagem de modo geral reside – entre tantos outros fatores – na importância dessa arte para a formação integral dos sujeitos e na necessidade humana de se expressar por meio dos sons, investigando possibilidades acústicas, explorando fontes sonoras, criando e improvisando musicalmente. Essa é a concepção filosófica e educativo-musical que sintetiza as contribuições teóricas, as provocações reflexivas e as proposições pedagógico-musicais apresentadas ao longo dos cinco capítulos da presente obra.

As considerações introdutórias da seção inaugural deste livro expuseram alguns dos desafios enfrentados em sua elaboração, com destaque para a seleção dos temas (e as implicações ideológicas, filosóficas e educacionais dessa tomada de decisão), a articulação entre saberes teóricos e práticos (reconhecendo-se que tais saberes estão em constante transformação) e o foco na interdisciplinaridade, de forma a promover a aproximação entre subáreas da musicologia, da educação musical e de disciplinas correlatas. Buscando superar alguns desses desafios, optamos por referenciar uma parcela significativa da literatura especializada e dos estudos científicos a respeito dos temas abordados. Além disso, apresentamos uma diversidade de indicações culturais para enriquecer o processo de construção de conhecimentos aqui almejado e procuramos oferecer aportes práticos para o exercício docente em música, sugerindo atividades e incentivando você, leitor, a elaborar as próprias propostas de intervenção pedagógico-musical.

Visando elencar os principais tópicos aqui trabalhados, destacamos primeiramente a abordagem apresentada no Capítulo 1, em que expusemos as dimensões teórico-conceitual, histórica e educacional da improvisação musical. Os Capítulos 2 e 3 focalizaram aspectos psicológicos, sociais e pedagógicos da improvisação musical na infância e na adolescência (referenciando estudos sobre cognição e desenvolvimento musical). Já no Capítulo 4, promovemos uma aproximação entre os estudos sobre criatividade em educação musical e a improvisação, buscando descrever os fenômenos relacionados aos processos criativos em música (sob a perspectiva de professores e alunos) e apresentar estratégias para o exercício docente. Por fim, o Capítulo 5 consistiu em uma incursão teórico-prática na primeira e segunda gerações das pedagogias musicais ativas, com destaque para as propostas voltadas à improvisação. Nesse capítulo, tratamos também da integração das diferentes modalidades do fazer musical, as chamadas *abordagens abrangentes do ensino da música*.

Com pretensões essencialmente didático-pedagógicas, procuramos organizar um conjunto de conhecimentos relacionados à improvisação musical com foco nas práticas de musicalização. Partindo desses aportes, acreditamos que o exercício docente em música deve se apoiar em iniciativas mediadoras que estimulem e orientem os aprendizes (particularmente na infância) em direção ao que é inerente à natureza humana: interessar-se pelas diversas fontes sonoras (corporais e instrumentais), vivenciar socialmente experiências musicais (de forma espontânea ou deliberada) e engajar-se em situações de exploração sonoro-musical por meio da improvisação. Parafraseando François Delalande (1984), cabe a nós, professores e demais interessados pelos processos de aprendizagem em música, auxiliar os aprendizes no envolvimento intrínseco com os comportamentos musicais improvisatórios, construindo ambientes e condições favoráveis e estimulando a criatividade e a autorreflexão nos processos de exploração sonora. Assim, é necessário estarmos atentos e dispostos a oferecer orientações para que qualquer brincadeira sonora assuma o caráter de uma autêntica expressão musical.

REFERÊNCIAS

ADDESSI, A. R. Interação vocal entre bebês e pais durante a rotina da "troca de fraldas". **Revista da ABEM**, Londrina, v. 20, n. 27, p. 21-30, jan./jun. 2012. Disponível em: <http://www.abemeducacaomusical.com.br/revistas/revistaabem/index.php/revistaabem/article/download/157/92>. Acesso em: 7 ago. 2020.

ALBINO, C. A. C. **A importância do ensino da improvisação musical no desenvolvimento do intérprete**. 207 f. Dissertação (Mestrado em Música) – Universidade Estadual Paulista, São Paulo, 2009.

ALONSO, C. **Improvisación libre**: la composición en movimiento. Baiona: Dos Acordes, 2008.

ALMEIDA, C. Concepções e práticas artísticas na escola. In: FERRREIRA, S. C. (Org.). **O ensino das artes**: construindo caminhos. Campinas: Papirus, 2001. p. 11-38.

ALVES, A. C.; FREIRE, R. D. Aspectos cognitivos no desenvolvimento da expertise musical. In: PERFORMA, 2013, Porto Alegre. **Anais**... Porto Alegre: Instituto de Artes da UFRGS, 2013. Disponível em: <https://www.academia.edu/3638990/Aspectos_cognitivos_no_desenvolvimento_da_expertise_musical>. Acesso em: 7 ago. 2020.

ALVES, B. M. Trilha sonora: o cinema e seus sons. **Novos Olhares**, v. 1, n. 2, p. 90-945, 2012. Disponível em: <http://www.revistas.usp.br/novosolhares/article/view/55404>. Acesso em: 7 ago. 2020.

ARAÚJO, R. C. de; ADDESSI, A. R. Um estudo sobre a improvisação musical de crianças num contexto musical interativo/reflexivo. **Revista do Programa de Pós-Graduação em Música da Universidade de Brasília**, ano VIII, v. 1, p. 76-91, 2014. Disponível em: <https://www.academia.edu/33542527/Um_estudo_sobre_a_improvisa%C3%A7%C3%A3o_musical_de_crian%C3%A7as_num_contexto_musical_interativo_reflexivo>. Acesso em: 7 ago. 2020.

ARAÚJO, R. C. de; CAMPOS, F. de A.; BANZOLI, C. R. V. de A. Prática musical infantil e teoria do fluxo: duas surveys em contexto brasileiro. **Epistemus**, v. 4, n. 2, p. 38-53, 2016. Disponível em: <https://revistas.unlp.edu.ar/Epistemus/article/download/2867/3385>. Acesso em: 7 ago. 2020.

ARAÚJO, R. C.; VELOSO, F. D. D.; SILVA, F. A. C. Criatividade e motivação nas práticas musicais: uma perspectiva exploratória sobre a confluência dos estudos de Albert Bandura e Mihaly Csikszentmihalyi. In: ARAÚJO, R. C. (Org.). **Educação musical**: criatividade e motivação. Curitiba: Appris, 2019. p. 17-40.

ARROYO, M. Escola, juventude e música: tensões, possibilidades e paradoxos. **Em Pauta**, Porto Alegre, v. 18, n. 30, p. 5-39, jan./jun. 2007. Disponível em: <https://seer.ufrgs.br/EmPauta/article/view/7465/4651>. Acesso em: 7 ago. 2020.

ASSIS, O. Z. M.; COLETO, A. P. Desenvolvimento e aprendizagem segundo o ponto de vista de Jean Piaget. In: BORUCHOVITCH, E.; AZZI, R.; SOLIGO, A. (Org.). **Temas em psicologia educacional**: contribuições para a formação de professores. Campinas: Mercado de Letras, 2017. p. 123-150.

BAILEY, D. **Improvisation**: Its Nature and Practice in Music. USA: Da Capo Press, 1993.

BAMBERGER, J. What Develops in Musical Development? In: MCPHERSON, G. (Ed.). **The Child as Musician**: Musical Development from Conception to Adolescence. Oxford: Oxford University Press, 2006. p. 69-91.

BANDURA, A.; AZZI, R. G.; POLYDORO, S. (Org.). **Teoria social cognitiva**: conceitos básicos. Porto Alegre: Artmed, 2008.

BARRETT, M. O conto de um elefante: explorando o quê, o quando, o onde, o como e o porquê da criatividade. **Música, Psicologia e Educação**, Porto, n. 2, p. 31-45, 2000. Disponível em: <https://parc.ipp.pt/index.php/rmpe/article/view/2400/561>. Acesso em: 7 ago. 2020.

BEINEKE, V. Ensino musical criativo em atividades de composição na escola básica. **Revista da ABEM**, Londrina, v. 23, n. 34, p. 42-57, jan./jun. 2015. Disponível em: <http://abemeducacaomusical.com.br/revistas/revistaabem/index.php/revistaabem/article/viewFile/531/441>. Acesso em: 7 ago. 2020.

BEINEKE, V. **Processos intersubjetivos na composição musical de crianças**: um estudo sobre a aprendizagem criativa. 289 f. Tese (Doutorado em Música) – Universidade Federal do Rio Grande do Sul, Porto Alegre, 2009.

BENNETT, R. **Elementos básicos da música**. Rio de Janeiro: Agir, 1990.

BENNETT, R. **Instrumentos de teclado**. Rio de Janeiro: J. Zahar, 1989.

BENNETT, R. **Uma breve história da música**. Rio de Janeiro: J. Zahar, 1986.

BEYER, E. Os múltiplos caminhos da cognição musical: algumas reflexões sobre seu desenvolvimento na primeira infância. **Revista da ABEM**, Londrina, v. 3, n. 3, p. 9-16, 1996. Disponível em: <http://www.abemeducacaomusical.com.br/revistas/revistaabem/index.php/revistaabem/article/view/488/398>. Acesso em: 7 ago. 2020.

BOAL-PALHEIROS, G. Funções e modos de ouvir música de crianças e adolescentes, em diferentes contextos. In: ILARI, B. (Org.). **Em busca da mente musical**: ensaios sobre os processos cognitivos em música – da percepção à produção. Curitiba: Ed. da UFPR, 2006. p. 123-145.

BOAL-PALHEIROS, G.; BOURSCHEIDT, L. A pedagogia musical ativa. In: MATEIRO, T.; ILARI, B. (Org.). **Pedagogias em educação musical**. Curitiba: InterSaberes, 2012. p. 305-335.

BOMFIM, C. C. Pensadores do início do século XX: breve panorama. In: JORDÃO, G. et al. (Org.). **A música na escola**. São Paulo: Alucci & Associados Comunicações, 2012. p. 82-84.

BONA, M. Carl Orff: Um compositor em cena. In: MATEIRO, T.; ILARI, B. (Org.). **Pedagogias em educação musical**. Curitiba: InterSaberes, 2012. p. 125-156.

BORGES-NETO, J. Música é linguagem? In: DOTTORI, M.; ILARI, B.; SOUZA, R. C. (Org.). **Anais do Primeiro Simpósio de Cognição e Artes Musicais**. Curitiba: DeArtes UFPR, 2005. p. 1-9.

BOURSCHEIDT, L. **Música elementar para crianças**: arranjos de canções infantis brasileiras para instrumentos Orff. Curitiba: DeArtes UFPR, 2007.

BRAGHIROLLI, E. M. et al. **Psicologia geral**. 35. ed. Petrópolis: Vozes, 2014.

BRAGHIROLLI, E. M. **Psicologia geral**. 36. ed. Petrópolis: Vozes, 2015.

BRASIL. Lei n. 11.769, de 18 de agosto de 2008. **Diário Oficial da União**, Poder Legislativo, Brasília, DF, 19 ago. 2008. Disponível em: <http://www.planalto.gov.br/ccivil_03/_Ato2007-2010/2008/Lei/L11769.htm>. Acesso em: 7 ago. 2020.

BRASIL. Lei n. 13.278, de 2 de maio de 2016. **Diário Oficial da União**, Poder Legislativo, Brasília, DF, 3 maio 2016. Disponível em: <http://www.planalto.gov.br/ccivil_03/_ato2015-2018/2016/lei/l13278.htm>. Acesso em: 06 set. 2020.

BRASIL. Ministério da Educação. **Educação integral**: educação infantil. Disponível em: <http://educacaointegral.mec.gov.br/educacao-infantil>. Acesso em: 7 ago. 2020.

BRITO, T. A. **Koellreutter educador**: o humano como objetivo da educação musical. São Paulo: Peirópolis, 2001.

BRITO, T. A. **Música na educação infantil**: propostas para a formação integral da criança. São Paulo: Peirópolis, 2003.

BURNARD, P. Commentary: Musical Creativity as Practice. In: MCPHERSON, G.; WELCH, G. (Org.). **The Oxford Handbook of Music Education**. New York: Oxford University Press, 2012. p. 319-336. v. II.

BURNARD, P.; MURPHY, R. (Ed.). **Teaching Music Creatively**. London: Routledge, 2013.

CAMBRIDGE ASSESSMENT INTERNATIONAL EDUCATION. **Active Learning**. Apr. 2020. Disponível em: <https://www.cambridgeinternational.org/images/271174-active-learning.pdf>. Acesso em: 7 ago. 2020.

CAREGNATO, C. Em busca da autonomia e da mobilização na aula de percepção musical. **Revista da ABEM**, Londrina, v. 23, n. 34, p. 95-109, jan./jun. 2015. Disponível em: <http://www.abemeducacaomusical.com.br/revistas/revistaabem/index.php/revistaabem/article/view/526/442>. Acesso em: 7 ago. 2020.

CAREGNATO, C. Memorização, percepção musical e cognição: oito questionamentos do dia-a-dia. **Revista Vórtex**, Curitiba, v. 5, n. 3, p. 1-19, 2017a. Disponível em: <http://periodicos.unespar.edu.br/index.php/vortex/article/view/2158/1431>. Acesso em: 7 ago. 2020.

CAREGNATO, C. Percepção musical e solfejo no nível pré-universitário: o planejamento curricular de um curso de extensão em Música. In: QUEIROZ, L. R. S.; LORENZO, S. (Org.). Congresso Nacional da ABEM, 23., 2017, Manaus. **Anais**... Manaus: UFAM, 2017b.

CAREGNATO, C. Relações entre a teoria espiral do desenvolvimento musical e a epistemologia genética. **Schème: Revista Eletrônica de Psicologia e Epistemologia Genéticas**, v. 5, n. 1, p. 128-146, 2013. Disponível em: <http://www2.marilia.unesp.br/revistas/index.php/scheme/article/view/3179>. Acesso em: 7 ago. 2020.

CARL, R. **Terry Riley's In C**. 14 Jan. 2010. Disponível em: <https://nmbx.newmusicusa.org/terry-rileys-in-c/>. Acesso em: 7 ago. 2020.

CASTRO, T. G.; GOMES, W. B. "Como sei que eu sou eu?" Cinestesia e espacialidade nas conferências husserlianas de 1907 e em pesquisas neurocognitivas. **Revista da Abordagem Gestáltica**, v. 17, n. 2, p. 123-130, jul.-dez. 2011. Disponível em: <http://pepsic.bvsalud.org/pdf/rag/v17n2/v17n2a02.pdf>. Acesso em: 7 ago. 2020.

CERQUEIRA, D. L.; ZORZAL, R. C.; ÁVILA, G. A. de. Considerações sobre a aprendizagem da performance musical. **Per Musi**, Belo Horizonte, n. 26, p. 94-109, 2012. Disponível em: <http://www.scielo.br/pdf/pm/n26/10.pdf>. Acesso em: 7 ago. 2020.

CIAVATTA, L. O passo: corpo e mente no mesmo andamento. In: MATEIRO, T.; ILARI, B. **Pedagogias brasileiras em educação musical**. Curitiba: InterSaberes, 2016. p. 208-230.

COPLAND, A. **Como ouvir e entender música**. Rio de Janeiro: Artenova, 2011.

CORTI, A. P.; SOUZA, R. **Diálogos com o mundo juvenil**: subsídios para educadores. São Paulo: Ação Educativa, 2005.

COUTO, A. C. N. do. Repensando o ensino de música universitário brasileiro: breve análise de uma trajetória de ganhos e perdas. **Opus**, Porto Alegre, v. 20, n. 1, p. 233-256, jun. 2014. Disponível em: <http://www.anppom.com.br/revista/index.php/opus/article/view/111/89>. Acesso em: 7 ago. 2020.

CRAFT, A. **Creativity in Schools**: Tensions and Dilemmas. London: Routledge, 2005.

CRAFT, A.; JEFFREY, B. Learner Inclusiveness for Creative Learning. **Education**, v. 32, n. 2, p. 39-43, 2004.

DAVIDSON, J. W. Developing the Ability to Perform. In: RINK, J. (Ed.). **Musical Performance**: a Guide to Understanding. Cambridge: Cambridge University Press, 2002. p. 89-101.

DeNORA, T. **Music in Everyday Life**. Cambridge: Cambridge University Press, 2000.

DELALANDE, F. **La musique est un jeu d'enfant**. Paris: Buchet/Chastel, 1984.

DEL-BEN, L. Educação musical no ensino médio: alguns apontamentos. **Música em Perspectiva**, v. 5, n. 1, p. 37-50, dez. 2012. Disponível em: <https://revistas.ufpr.br/musica/article/view/30141/28673>. Acesso em: 7 ago. 2020.

DEL BEN, L.; HENTSCHKE, L. Educação musical escolar: uma investigação a partir das concepções e ações de três professoras de música. **Revista da ABEM**, Porto Alegre, n. 7, set. 2002. Disponível em: <http://abemeducacaomusical.com.br/revistas/revistaabem/index.php/revistaabem/article/view/431>. Acesso em: 7 ago. 2020.

DICCIONARIO de la música Labor. Barcelona: Labor, 1954.

DICIONÁRIO Grove de música. Rio de Janeiro: Zahar, 1994.

ELLIOTT, D. J.; SILVERMAN, M. **Music Matters**: a Philosophy of Music Education. 2. ed. New York: Oxford University Press, 2015.

ESPERIDIÃO, N. Educação profissional: reflexões sobre o currículo e a prática pedagógica dos conservatórios. **Revista da ABEM**, Porto Alegre, v. 7, p. 69-74, set. 2002. Disponível em: <http://www.abemeducacaomusical.com.br/revistas/revistaabem/index.php/revistaabem/article/view/433/360>. Acesso em: 7 ago. 2020.

FIGUEIREDO, S. L. F. A educação musical do século XX: os métodos tradicionais. In: JORDÃO, G. et al. (Org.). **A música na escola**. São Paulo: Alucci & Associados Comunicações, 2012. p. 85-87.

FONTERRADA, M. T. O. Apresentação. In: SCHAFER, R. M. **Educação sonora**. São Paulo: Melhoramentos, 2009. p. 7-11.

FONTERRADA, M. T. O. **De tramas e fios**: um ensaio sobre música e educação. 2. ed. São Paulo: Ed. da Unesp; Rio de Janeiro: Funarte, 2008.

FONTERRADA, M. T. O. Educação musical: propostas criativas. In: JORDÃO, G. et al. (Org.). **A música na escola**. São Paulo: Allucci & Associados Comunicações, 2012. p. 96-100.

FRANÇA, C. C. Performance instrumental e educação musical: a relação entre a compreensão musical e a técnica. **Per Musi**, Belo Horizonte, v. 1, p. 52-62, 2000. Disponível em: <https://www.meloteca.com/wp-content/uploads/2018/11/performance-instrumental-e-educacao-musical.pdf>. Acesso em: 7 ago. 2020.

FRANÇA, C. C.; BEAL, A. D. D. Redimensionando a performance instrumental: pesquisa-ação no ensino de piano de nível médio. **Em Pauta**, v. 14, n. 22, p. 65-84, jun. 2004. Disponível em: <https://seer.ufrgs.br/EmPauta/article/view/8521/4947>. Acesso em: 7 ago. 2020.

FRANÇA, C. C.; SWANWICK, K. Composição, apreciação e performance na educação musical: teoria, pesquisa e prática. **Em Pauta**, v. 13, n. 21, p. 5-41, dez. 2002. Disponível em: <https://seer.ufrgs.br/EmPauta/article/view/8526/4948>. Acesso em: 7 ago. 2020.

GABRIELSSON, A. Music Performance Research at the Millenium. **Psychology of Music**, v. 31, p. 221-272, 2003.

GAINZA, V. H. de. Educación musical siglo XXI: problemáticas contemporáneas. **Revista da ABEM**, Londrina, v. 19, n. 25, p. 11-18, jan./jun. 2011. Disponível em: <http://www.abemeducacaomusical.com.br/revistas/revistaabem/index.php/revistaabem/article/view/186/118>. Acesso em: 7 ago. 2020.

GAINZA, V. H. de. **Estudos de psicopedagogia musical**. São Paulo: Summus, 1988.

GAINZA, V. H. de. La educación musical en el siglo XX. **Revista Musical Chilena**, Buenos Aires, ano 58, n. 201, p. 74-81, enero-jun. 2004. Disponível em: <https://revistamusicalchilena.uchile.cl/index.php/rmch/article/view/12449/12762>. Acesso em: 7 ago. 2020.

GAINZA, V. H. de. **La improvisación musical**. Buenos Aires: Ricordi, 1983.

GALVÃO, A. Cognição, emoção e expertise musical. **Psicologia: Teoria e Pesquisa**, Brasília, v. 22, n. 2, p. 169-174, maio-ago. 2006. Disponível em: <http://www.scielo.br/pdf/ptp/v22n2/a06v22n2.pdf>. Acesso em: 7 ago. 2020.

GAUNT, H.; HALLAM, S. Individuality in the Learning of Musical Skills. In: HALLAM, S.; CROSS, I.; THAUT, M. (Ed.). **The Oxford Handbook of Music Psychology**. 2. ed. Oxford: Oxford University Press, 2011. p. 274-284.

GORDON, E. **Teoria de aprendizagem musical para recém-nascidos e crianças em idade pré-escolar**. 3. ed. Lisboa: Calouste Gulbenkian, 2008.

GREEN, L. Ensino da música popular em si, para si mesma e para "outra" música: uma pesquisa atual em sala de aula. **Revista da ABEM**, Londrina, v. 20, n. 28, p. 61-80, 2012. Disponível em: <http://www.abemeducacaomusical.com.br/revistas/revistaabem/index.php/revistaabem/article/view/104/87>. Acesso em: 7 ago. 2020.

GREEN, L. **How Popular Musicians Learn**. London: Ashgate, 2001.

GRIEG, E. **Erste Orchestersuite aus der Musik zu "Peer Gynt"**: dramatische Dichtung von H. Ibsen – Op. 46. Leipzig: Edition Peters, 1926. Disponível em: <http://conquest.imslp.info/files/imglnks/usimg/9/94/IMSLP36764-PMLP02533-Grieg_Peer_Gynt_Suite_I_Op.46_Peters_7190.pdf>. Acesso em: 7 ago. 2020.

GRIFFITHS, P. **A música moderna**: uma história concisa e ilustrada de Debussy a Boulez. Rio de Janeiro: J. Zahar, 1998.

GROUT, D. J.; PALISCA, C. V. **História da música ocidental**. 5. ed. Lisboa: Gradiva, 2007.

HALLAM, S.; JORGENSEN, H. Practising. In: HALLAM, S.; CROSS, I.; THAUT, M. (Ed.). **Oxford Handbook of Music Psychology**. Oxford: Oxford University Press, 2011. p. 265-273.

HARDER, R. Algumas considerações a respeito do ensino de instrumento: trajetória e realidade. **Opus**, Goiânia, v. 14, n. 1, p. 127-142, jun. 2008. Disponível em: <http://www.anppom.com.br/revista/index.php/opus/article/download/240/220>. Acesso em: 7 ago. 2020.

HARGREAVES, D.; ZIMMERMAN, M. Teorias do desenvolvimento da aprendizagem musical. In: ILARI, B. (Org.). **Em busca da mente musical**: ensaios sobre os processos cognitivos em música – da percepção à produção. Curitiba: Ed. da UFPR, 2006. p. 231-269.

HOBSBAWM, E. **A era dos extremos**: o breve século XX. São Paulo: Companhia das Letras, 1994.

HODGES, D. The Child Musician's Brain. In MCPHERSON, G. (Ed.). **The Child as Musician**. 2. ed. Oxford: Oxford University Press, 2016. p. 52-66.

HUMMES, J. M. Por que é importante o ensino de música? Considerações sobre as funções da música na sociedade e na escola. **Revista da ABEM**, Porto Alegre, v. 11, p. 17-25, set. 2004. Disponível em: <http://www.abemeducacaomusical.com.br/revistas/revistaabem/index.php/revistaabem/article/view/343/273>. Acesso em: 7 ago. 2020.

IAZZETTA, F. A música, o corpo e as máquinas. **Opus**, v. 4, n. 4, p. 27-44, ago. 1997. Disponível em: <http://www.anppom.com.br/revista/index.php/opus/article/view/36/32>. Acesso em: 7 ago. 2020.

ILARI, B. A música e o cérebro: algumas implicações do neurodesenvolvimento para a educação musical. **Revista da ABEM**, Porto Alegre, v. 9, p. 7-16, set. 2003. Disponível em: <http://www.abemeducacaomusical.com.br/revistas/revistaabem/index.php/revistaabem/article/view/395/322>. Acesso em: 7 ago. 2020.

ILARI, B. **Música na infância e na adolescência**: um livro para pais, professores e aficionados. Curitiba: Ibpex, 2009.

ILARI, B. Prefácio. In: ARAÚJO, R. C. (Org.). **Educação musical**: criatividade e motivação. Curitiba: Appris, 2019. p. 11-14.

ILARI, B.; AGNOLO, V. D. O desenvolvimento do canto em crianças de 2 a 6 anos de idade. In: ENCONTRO ANUAL DA ABEM, 14., 2005, Belo Horizonte. **Anais**... Belo Horizonte: ABEM, 2005. p. 1-5.

JANZEN, T. B. Pistas para compreender a mente musical. **Cognição & Artes Musicais**, v. 3, n. 1, p. 42-49, 2008.

JEFFREY, B.; WOODS, P. **Creative Learning in the Primary School**. London: Routledge, 2009.

JORDÃO, G. et al. (Org.). **A música na escola**. São Paulo: Alucci & Associados Comunicações, 2012.

KEBACH, P. F. C. **Expressão musical na educação infantil**. Porto Alegre: Mediação, 2013.

KOELLREUTTER, H. J. **Contraponto modal do século XVI**. Brasília: Musimed, 1996.

KUEHN, F. M. C. Interpretação – reprodução musical – teoria da performance: reunindo-se os elementos para uma reformulação conceitual da(s) prática(s) interpretativa(s). **Per Musi**, Belo Horizonte, n. 26, p. 7-20, 2012. Disponível em: <http://www.scielo.br/pdf/pm/n26/02.pdf>. Acesso em: 7 ago. 2020.

LACERDA, O. **Compêndio de teoria elementar da música**. 15. ed. São Paulo: Ricordi, 1961.

LEVEK, K. S. **Modelo de ensino fluxo-criativo**: uma proposta teórico-prática a partir de estudo cross-cultural multicasos com programas de musicalização infantil. 138 f. Tese (Doutorado em Música) – Universidade Federal da Bahia, Salvador, 2016.

LEVITIN, D. J. Em busca da mente musical. In: ILARI, B. (Org.). **Em busca da mente musical**: ensaios sobre os processos cognitivos em música – da percepção à produção. Curitiba: Ed. da UFPR, 2006. p. 23-44.

LINO, D. L. Barulhar: a música das culturas infantis. **Revista da ABEM**, Porto Alegre, v. 24, p. 81-88, set. 2010. Disponível em: <http://abemeducacaomusical.com.br/revista_abem/ed24/revista24_artigo9.pdf>. Acesso em: 7 ago. 2020.

LUBART, T. **Psicologia da criatividade**. Porto Alegre: Artmed, 2007.

MADALOZZO, T.; COSTA, V. S. Musicalização infantil no Brasil: um estudo sobre cursos de educação musical para crianças vinculados a instituições de ensino superior. In: ENCONTRO REGIONAL SUL DA ABEM, 17., 2016, Curitiba. **Anais**... Curitiba: Unespar, 2016.

MADALOZZO, T. et al. **Fazendo música com crianças**. Curitiba: Ed. da UFPR, 2011.

MADEIRA, L. R. B. **Estratégias de autorregulação da aprendizagem no ensino instrumental**. 90 f. Dissertação (Mestrado em Ensino de Música) – Universidade de Aveiro, Aveiro, 2014.

MAFFIOLETTI, L. A. **Diferenciações e integrações**: o conhecimento novo na composição musical infantil. 247 f. Tese (Doutorado em Música) – Universidade Federal do Rio Grande do Sul, Porto Alegre, 2005.

MARIANO, F. L. R. **Música no berçário**: formação de professores e a teoria da aprendizagem musical de Edwin Gordon. 259 f. Tese (Doutorado em Educação) – Universidade de São Paulo. São Paulo, 2015.

MATEIRO, T.; ILARI, B. **Pedagogias em educação musical**. Curitiba: Ibpex, 2012.

MCPHERSON, G. E.; HALLAM, S. Musical potential. In: HALLAM, S.; CROSS, I.; THAUT, M. (Ed.). **Oxford Handbook of Music Psychology**. Oxford: Oxford University Press, 2016. p. 433-448.

MCPHERSON, G. E.; NIELSEN, S. G.; RENWICK, J. M. Self-Regulation Interventions and the Development of Music Expertise. In: BEMBENUTTY, H.; CLEARLY, T. J.; KITSANTAS, A. (Ed.). **Applicattions of Self-Regulated Learning Across Diverse Disciplines**: a Tribute to Barry J. Zimmerman. Charlott: Information Age Publishing, 2013. p. 355-382.

MED, B. **Teoria da música**. Brasília: Musimed, 1986.

MED, B. **Teoria da música**. 4. ed. Brasília: MusiMed, 1996

MEIRELLES, A.; STOLTZ, T.; LÜDERS, V. Da psicologia cognitiva à cognição musical: um olhar necessário para a educação musical. **Música em Perspectiva**, v. 7, n. 1, p. 110-128, jun. 2014. Disponível em: <https://revistas.ufpr.br/musica/article/view/38135/23291>. Acesso em: 7 ago. 2020.

MENUHIN, Y.; DAVIS, C. **A música do homem**. São Paulo: M. Fontes, 1981.

MERLEAU-PONTY, M. **O visível e o invisível**. São Paulo: Perspectiva, 1999.

MICHELS, U. **Atlas de música**. Madrid: Alianza, 1985. v. 1.

MICU, A. Musical Training Makes Your Brain Better at Paying Attention. **ZME Science**, 27 Mar. 2019. Disponível em: <https://www.zmescience.com/science/brain-music-attention-92353635/>. Acesso em: 7 ago. 2020.

MORAES, M. C. **O paradigma educacional emergente**. Campinas: Papirus, 1997.

MORATO, C. T.; GONÇALVES, L. N. Observar a prática pedagógico-musical é mais do que ver! In: MATEIRO, T.; SOUZA, J. (Org.). **Práticas de ensinar música**. 3. ed. Porto Alegre: Sulina, 2014. p. 119-132.

MUSZKAT, M. Música, neurociências e desenvolvimento humano. In: JORDÃO, G. et al. (Org.). **A música na escola**. São Paulo: Alucci & Associados Comunicações, 2012. p. 64-72.

NACHMANOVITCH, S. **Ser criativo**: o poder da improvisação na vida e na arte. São Paulo: Summus, 1993.

NIÉRI, D. A improvisação livre na educação infantil: algumas reflexões a partir das ideias da Profª Drª Chefa Alonso. In: SEMINÁRIO BRASILEIRO DE EDUCAÇÃO MUSICAL INFANTIL, 2., 2011, Salvador. **Anais**... Salvador: UFBA, 2011.

PATRÍCIO, M. F. Por uma escola centrada na aprendizagem e ordenada para promover o poder criador do homem. In: PATRÍCIO, M. F. (Org.). **Escola, aprendizagem e criatividade**. Lisboa: Porto, 2001. p. 235-250.

PENNA, M. A função dos métodos e o papel do professor: em questão, "como" ensinar música. In: MATEIRO, T.; ILARI, B. (Org.). **Pedagogias em educação musical**. Curitiba: Ibpex, 2012. p. 13-24.

PIMENTEL, A. Vygotsky: uma abordagem histórico-cultural da educação infantil. In: OLIVEIRA-FORMOSINHO, J.; KISHIMOTO, T. M.; PINAZZA, M. A. (Org.). **Pedagogia(s) da infância**: dialogando com o passado, construindo o futuro. Porto Alegre: Artmed, 2007. p. 219-248.

PRASS, L. **Saberes musicais em uma bateria de escola de samba**: uma etnografia entre os "Bambas da Orgia". 211 f. Dissertação (Mestrado em Música) – Universidade Federal do Rio Grande do Sul, Porto Alegre, 1998.

PRIOLLI, M. L. de M. **Princípios básicos da música para a juventude**. Rio de Janeiro: Casa Oliveira de Músicas, 2006. v. 1.

PSCHEIDT, J. F.; ARAÚJO, R. C. Interação reflexiva e criatividade: uma experiência com alunos iniciantes em bateria. In: SIMPÓSIO INTERNACIONAL DE COGNIÇÃO DE ARTES MUSICAIS, 13., 2017, Curitiba. **Anais**... Curitiba: UFPR, 2017.

ROCHA, V. C. da; BOGGIO, P. S. A música por uma óptica neurocientífica. **Per Musi**, Belo Horizonte, n. 27, p. 132-140, 2013. Disponível em: <http://www.scielo.br/pdf/pm/n27/n27a12.pdf>. Acesso em: 7 ago. 2020.

RODRIGUES, M. C. P. Apreciação musical através do gesto corporal. In: BEYER, E.; KEBACH, P. (Org.). **Pedagogia da música**: experiências de apreciação musical. Porto Alegre: Mediação, 2009. p. 37-50.

ROMANELLI, G. B. **A música que soa na escola**: estudo etnográfico nas séries iniciais do ensino fundamental. 214 f. Tese (Doutorado em Educação) – Universidade Federal do Paraná, Curitiba, 2009.

ROMANELLI, G. B. Antes de falar as crianças cantam! Considerações sobre o ensino de música na educação infantil. **Revista Teoria e Prática da Educação**, Maringá, v. 17, n. 3, p. 61-71, set./dez. 2014. Disponível em: <http://periodicos.uem.br/ojs/index.php/TeorPratEduc/article/view/28208>. Acesso em: 7 ago. 2020.

SANTIAGO, D. Estratégias e técnicas para a otimização da prática musical: algumas contribuições da literatura em língua inglesa. In: ILARI, B.; ARAÚJO, R. C. (Org.). **Mentes em música**. Curitiba: Ed. da UFPR, 2010. p. 137-157.

SANTIAGO, P. F. A integração da prática deliberada e da prática informal no aprendizado da música instrumental. **Per Musi**, Belo Horizonte, n. 13, p. 52-62, 2006. Disponível em: <http://musica.ufmg.br/permusi/permusi/port/numeros/13/num13_cap_04.pdf>. Acesso em: 7 ago. 2020.

SANTOS, C. B. dos. Aula de música e escola: concepções e expectativas de alunos do ensino médio sobre a aula de música da escola. **Revista da ABEM**, Londrina, v. 20, n. 27, p. 79-92, jan./jun. 2012. Disponível em: <http://www.abemeducacaomusical.com.br/revistas/revistaabem/index.php/revistaabem/article/view/162>. Acesso em: 7 ago. 2020.

SCHAFER, R. M. **Educação sonora**. São Paulo: Melhoramentos, 2009.

SCHAFER, R. M. **O ouvido pensante**. São Paulo: Ed. da Unesp, 1991.

SCHROEDER, S. C. N.; SCHROEDER, J. L. As crianças pequenas e seus processos de apropriação da música. **Revista da ABEM**, Londrina, v. 19, n. 26, p. 105-118, jul./dez. 2011. Disponível em: <http://www.abemeducacaomusical.com.br/revista_abem/ed26/revista26_artigo9.pdf>. Acesso em: 7 ago. 2020.

SEEGER, A. **Why Suyá Sing**: a Musical Anthropology of an Amazonian People. Cambridge: Cambridge University Press, 1988.

SHIFRES, F. El pensamiento musical en el cuerpo. **Epistemus: Revista de Estudios en Música, Cognición y Cultura**, v. 3. n. 1, p. 45-56, 2015. Disponível em: <https://revistas.unlp.edu.ar/Epistemus/article/view/2938/2670>. Acesso em: 7 ago. 2020.

SILVA, F. A. C. **Motivação e criatividade em aulas de musicalização infantil sob a perspectiva da teoria do fluxo**. 115 f. Dissertação (Mestrado em Música) – Universidade Federal do Paraná, Curitiba, 2019.

SILVA, W. M. Zoltán Kodály: Alfabetização e habilidades musicais. In: MATEIRO, T.; ILARI, B. (Org.). **Pedagogias em educação musical**. Curitiba: InterSaberes, 2012. p. 55-87.

SLOBODA, J. A. **A mente musical**: a psicologia cognitiva da música. Londrina: Eduel, 2008.

SLOBODA, J. A. et al. The Role of Practice in the Development of Performing Musicians. **British Journal of Psycology**, v. 87, n. 2, p. 287-309, 1996.

SMALL, C. **Music, Society, Education**. London: JO Clader, 1977.

SOUZA, J. (Org.). **Aprender e ensinar música no cotidiano**. Porto Alegre: Sulina, 2008.

SOUZA, J. et al. **Arranjos de músicas folclóricas**. 2ª Ed. Porto Alegre: Sulina, 2012.

STERNBERG, R. J.; STERNBERG, K. **Psicologia cognitiva**. 2. ed. São Paulo: Cengage Learning, 2016.

STIFFIT, K. Apreciação musical: conceito e prática na educação infantil. In: BEYER, E.; KEBACH, P. (Org.). **Pedagogia da música**: experiências de apreciação musical. Porto Alegre: Mediação, 2009. p. 27-36.

STOROLLI, W. M. A. O corpo em ação: a experiência incorporada na prática musical. **Revista da ABEM**, Londrina, v. 19, n. 25, p. 131-140, jan./jun. 2011. Disponível em: <http://www.abemeducacaomusical.com.br/revistas/revistaabem/index.php/revistaabem/article/view/196/128>. Acesso em: 7 ago. 2020.

SUZIGAN, G. O.; SUZIGAN, M. L. C. **Educação musical**: um fator preponderante na construção do ser. 6. ed. São Paulo: G4, 2003.

SWANWICK, K. **Música, mente e educação**. Belo Horizonte: Autêntica, 2014.

SWANWICK, K. **Musical Knowledge**: Intuition, Analysis and Music Education. London: Routledge, 1994.

TEIXEIRA, J. F. **O que é filosofia da mente**. 2. ed. Porto Alegre: Fi, 2016.

TOURINHO, C. Ensino coletivo de instrumentos musicais: crenças, mitos, princípios e um pouco de história. In: ENCONTRO NACIONAL DA ABEM, 16., 2007, Campo Grande. **Anais...** Campo Grande: UFMS, 2007.

TOURINHO, C. Possibilidades de mercado de trabalho para egressos dos cursos de bacharelado em violão: um estudo de duas IES brasileiras. In: CONGRESSO DA ANPPOM, 21., Uberlândia. **Anais...** Uberlândia: UFU, 2011. p. 341-345.

UNLP - UNIVERSIDAD NACIONAL DE LA PLATA. Facultad de Bellas Artes. Secretaría de Asuntos Académicos. Departamento de Música. **Educación Auditiva**: Programa 2018. 2018. Disponível em: <https://drive.google.com/file/d/12L_AFo61EaoMd11GLYEusJYIYjXQOvMv/view>. Acesso em: 7 ago. 2020.

VELOSO, F. D. D. **Autorregulação da aprendizagem instrumental**: um estudo de caso com uma percussionista. 184 f. Dissertação (Mestrado em Música) – Universidade Federal do Paraná, Curitiba, 2019.

VELOSO, F. D. D.; ARAÚJO, R. C. Desafios da prática instrumental e autorregulação: um estudo com percussionistas. **Revista Vórtex**, Curitiba, v. 5, n. 2, p. 1-19, 2017. Disponível em: <http://periodicos.unespar.edu.br/index.php/vortex/article/view/2142/1415>. Acesso em: 7 ago. 2020.

VELOSO, F. D. D.; SILVA, F. A. C.; ARAÚJO, R. C. Motivation, Self-Regulation and Creativity in Music Education: Contributions of a Case Study for Teacher Practice. In: INTERNATIONAL CONFERENCE ON MUSIC PERCEPTION AND COGNITION, 15.; TRIENNIAL CONFERENCE OF THE EUROPEAN SOCIETY FOR THE COGNITIVE SCIENCES OF MUSIC, 10., 2018, Graz; La Plata; Montreal; Sydney.

VELOSO, F. D. D.; SILVA, F. A. C.; BENTO, V. L. A trilha sonora na sala de aula: um relato de experiência no contexto do ensino médio. In: ENCONTRO REGIONAL SUL DA ABEM, 18., 2018, Santa Maria. **Anais**... Santa Maria: UFSM, 2018.

WEBSTER, P. R. Big Ideas in Music Teaching and Learning: Implications for Cognitive Research and Practice. **Revista da ABEM**, Londrina, v. 24, n. 37, p. 8-16, jul./dez. 2016. Disponível em: <http://www.abemeducacaomusical.com.br/revistas/revistaabem/index.php/revistaabem/article/view/670/471>. Acesso em: 7 ago. 2020.

WISNIK, J. M. **O som e o sentido**: uma outra história das músicas. São Paulo: Companhia das Letras, 1989.

ZAGONEL, B. Métodos ativos de educação musical. In: FONZAR, J. (Org.). **Educação, concepções e teorias**. Curitiba: Ed. da UFPR, 1984. p. 15-43.

ZORZAL, R. C. Propostas para o ensino e a pesquisa em cursos de graduação em instrumento musical: bases para uma reformulação do bacharelado. **Per Musi**, Belo Horizonte, n. 34, p. 62-88, 2016. Disponível em: <http://www.scielo.br/pdf/pm/n34/1517-7599-pm-34-0062.pdf>. Acesso em: 7 ago. 2020.

BIBLIOGRAFIA COMENTADA

ARAÚJO, R. C. (Org.). **Educação musical**: criatividade e motivação. Curitiba: Appris, 2019.

> Essa obra compila oito textos de autores (professores e pesquisadores) da área da educação musical. Os capítulos que compõem o livro têm em comum a exposição de resultados de investigações de natureza teórica e empírica e o foco nos processos criativos e/ou motivacionais no âmbito do ensino e da aprendizagem da música. Um olhar sensível voltado às práticas de improvisação musical em contextos educacionais pode ser observado nos capítulos de Viviane Beineke, Leda Maffioletti e Jean Pscheidt, Rosane Cardoso de Araújo e Anna Rita Addessi.

JORDÃO, G. et al. (Org.). **A música na escola**. São Paulo: Alucci & Associados Comunicações, 2012.

> Esse livro é fruto de um projeto que reuniu alguns dos principais nomes da educação musical brasileira para uma análise crítica e reflexiva, bem como para a elaboração de proposições referentes ao ensino de música no Brasil no contexto posterior à promulgação da Lei n. 11.769/2008 (que estipulou a obrigatoriedade

do ensino de música na educação básica e, mais tarde, foi substituída pela Lei n. 13.278/2016). A obra está estruturada em duas partes, sendo que a primeira oferece contribuições teórico-reflexivas, e a segunda focaliza proposições práticas, com ênfase nas etapas da educação básica. Para todas as etapas – educação infantil, ensino fundamental e ensino médio – são indicadas atividades que contemplam a improvisação musical.

BOURSCHEIDT, L. **Música elementar para crianças**: arranjos de canções infantis brasileiras para instrumentos Orff. Curitiba: DeArtes UFPR, 2007.

Essa obra trata das proposições do sistema Orff-Wuytack, comportando um breve histórico da metodologia proposta por Carl Orff e ampliada por Jos Wuytack. Além disso, o livro traz uma apresentação detalhada do Instrumental Orff e de noções básicas das técnicas de execução, a exposição de alguns procedimentos metodológicos baseados no sistema Orff-Wuytack e, por fim, a apresentação de um conjunto de arranjos destinados ao Instrumental Orff, incluindo recomendações e propostas de atividades que contemplam iniciativas de improvisação musical dirigida.

BRITO, T. A. de. **Música na educação infantil**: propostas para a formação integral da criança. São Paulo: Peirópolis, 2003.

Nessa obra, a autora apresenta contribuições teórico-reflexivas (baseadas em autores como François Delalande, Raymond Murray Schafer e Hans-Joachim Koellreutter) e propostas práticas para o trabalho docente no âmbito da educação musical, com destaque para o ensino de música para crianças (particularmente em idade pré-escolar) em contextos formais e informais. No capítulo "Fazendo música", especificamente no subcapítulo "Jogos de improvisação", é possível encontrar considerações teóricas e recomendações práticas para a condução de atividades de improvisação musical.

MADALOZZO, T. et al. **Fazendo música com crianças**. Curitiba: Ed. da UFPR, 2011.

Esse livro compila 44 atividades de prática musical – envolvendo audição musical ativa, atividades de execução e criação musical, jogos musicais com engajamento corporal ativo, entre outras abordagens – desenvolvidas por professores do extinto curso de Musicalização Infantil da Universidade Federal do Paraná (UFPR). O material apresenta as partituras das obras referenciadas na maioria das atividades, além de áudios em CD. Trata-se de um livro que se destina a professores de música (particularmente da educação infantil e do ensino fundamental) interessados em praticar música com crianças, bem como a demais aficionados do universo infantil.

MATEIRO, T.; ILARI, B. **Pedagogias brasileiras em educação musical**. Curitiba: InterSaberes, 2016.

Esse livro representa uma das mais relevantes contribuições para o campo da metodologia do ensino de música nos últimos anos no Brasil. Reúne textos de 12 autores em dez capítulos, cada um com foco exclusivo em um dos importantes educadores musicais da primeira e segunda gerações dos métodos ativos em educação musical, a saber: Émile Jaques-Dalcroze, Zoltán Kodály, Edgar Willems, Carl Orff, Maurice Martenot, Shinichi Suzuki, Gertrud Meyer-Denkmann,

John Paynter, Raymond Murray Schafer e Jos Wuytack. A liberdade exploratório-musical e improvisatória – embora em diferentes níveis e com distintas ênfases – é abordada em todos os capítulos, em consonância com as concepções teóricas e práticas das pedagogias ativas.

DELALANDE, F. **A música é um jogo de criança**. São Paulo: Peirópolis, 2019.

Esse livro apresenta, como propostas centrais, o fazer musical ativo, o engajamento musical na infância e a aproximação entre música e ludicidade, com destaque para os elementos do jogo e as relações sociais estabelecidas a partir das experiências lúdicas que assumem a função mediadora entre a criança e seu desenvolvimento. No tocante à improvisação musical, a obra de François Delalande salienta a relevância das explorações sonoras que devem acompanhar o desenvolvimento da criança desde as fases inicias. Tais explorações incluem, por exemplo, as realizações vocais elementares (como o balbucio) e as experiências sensoriais primárias (relacionadas à manipulação sonora do corpo e/ou de objetos) ao longo da primeira infância.

RESPOSTAS

Capítulo 1

Teste de som

1. e
2. c
3. b
4. b
5. e

Capítulo 2

Teste de som

1. a
2. b
3. d
4. e
5. b

Capítulo 3

Teste de som

1. c
2. b
3. e
4. a
5. d

Capítulo 4

Teste de som

1. c
2. e
3. b
4. c
5. e

Capítulo 5

Teste de som

1. a
2. e
3. d
4. c
5. c

SOBRE O AUTOR

Flávio Denis Dias Veloso é professor auxiliar dos cursos de Licenciatura em Música e Produção Musical da Pontifícia Universidade Católica do Paraná (PUCPR) e professor colaborador do curso de Licenciatura em Música da Universidade Estadual do Paraná (Unespar/Embap). É doutorando em Música (Cognição/Educação Musical), mestre em Música (Cognição/Educação Musical) e graduado em Música (Licenciatura) pela Universidade Federal do Paraná (UFPR). Além disso, é bacharelando em Música (Instrumento/Percussão) pela Escola de Música e Belas Artes do Paraná (Unespar/Embap). Também é integrante do grupo de pesquisa Processos Formativos e Cognitivos em Educação Musical (Profcem/UFPR), além de professor/pesquisador associado à Associação Brasileira de Cognição e Artes Musicais (ABCM), à Associação Brasileira de Educação Musical (Abem) e à Associação Nacional de Pesquisa e Pós-graduação em Música (Anppom). No momento, atua na docência (PUCPR; Unespar/Embap) e na produção de materiais didáticos para o ensino superior (graduação e pós-graduação) no Centro Universitário Internacional Uninter. Seus interesses de formação e atuação se concentram nas áreas de educação musical, cognição musical, *performance* musical e percussão sinfônica.

Impressão:
Setembro/2020